U0368223

政务热线运营管理的理论与实践

石 云 沈 波 葛舜卿 著

清华大学出版社

北 京

内 容 简 介

本书是一本深入探讨政务热线运营管理的综合性专著,旨在为政务热线运营管理提供有效的实践参考和理论指导。本书从政务热线运营管理的概念、历史发展、现状分析、组织管理、服务质量管理、服务宣传等方面,深入探讨了政务热线运营管理的理论与实践。书中还指出了政务热线运营管理的发展趋势,为政务热线的运营管理提供了有效的指导意见。

本书既可作为高等院校行政管理、政府管理和公共管理等相关专业本科生或研究生的教材,也可为从事政民互动、政务热线研究的学者提供参考。

图书在版编目 (CIP) 数据

政务热线运营管理的理论与实践 / 石云,沈波,葛舜卿著 —北京:清华大学出版社,2023.11

ISBN 978-7-302-64809-3

Ⅰ.①政… Ⅱ.①石… ②沈… ③葛… Ⅲ.①地方政府－行政管理－研究－中国 Ⅳ.① D625

中国国家版本馆 CIP 数据核字 (2023) 第 195168 号

责任编辑:陈 莉
装帧设计:方加青
责任校对:马遥遥
责任印制:沈 露

出版发行:清华大学出版社
   网 址:https://www.tup.com.cn,https://www.wqxuetang.com
   地 址:北京清华大学学研大厦 A 座   邮 编:100084
   社 总 机:010-83470000   邮 购:010-62786544
   投稿与读者服务:010-62776969,c-service@tup.tsinghua.edu.cn
   质 量 反 馈:010-62772015,zhiliang@tup.tsinghua.edu.cn
印 装 者:三河市东方印刷有限公司
经 销:全国新华书店
开 本:170mm×240mm 印 张:14 字 数:243 千字
版 次:2023 年 11 月第 1 版 印 次:2023 年 11 月第 1 次印刷
定 价:88.00 元

产品编号:102513-01

本书编委

石云，博士、CC-CMM 国际标准组织执行理事、国内客户管理领域知名刊物编委，上海财经大学金融科技研究院高级研究员、复旦大学计算机软件学院客座讲师、中国信息协会数字经济专委会数据产业研究部首席顾问；曾发表国际一流期刊论文 3 篇 (SCI 一区 1 篇，SCI 二区 2 篇)、国内一流期刊论文 2 篇，在清华大学出版社出版专著 4 部，获发明专利 2 项；在政务服务热线及相关领域出版和发表《客服域人工智能训练师》《客户中心能力成熟度模型》《CC-CMM 客户中心能力成熟度标准与专业术语表》《中国客户中心产业发展报告》《基于客户中心的绩效管理与数据分析》等作品；具有 20 年以上政务热线及相关公共服务热线的管理、运营和咨询经验，曾为国内多家政府服务热线提供管理咨询、设计优化等服务；擅长公共服务领域的管理框架设计、战略定位、流程优化与再造、服务质量设计与管理、绩效提升等工作。

沈波，广州市服务贸易与服务外包行业协会呼叫中心及客户关系管理委员会副主任、广东省服务外包产业促进会专家委员会专家；曾任中国电信广东政务热线运营中心副总经理；广州、深圳、惠州等多个城市 12345 政务热线项目的项目经理，参与广州等多个城市政务热线的规划咨询、机制建设、运营管理、标准化建设、大数据分析、智能化建设、热线评价体系、文化建设等的全面实践工作，在全国首次提出了政务热线"三民治"理论体系，创新性地将政务热线的发展分为三个阶段和层次，并在全国首次提出政务热线全新的评价体系——九维成熟度评价体系；具有丰富的政务热线建设和运营实战经验，是进行前瞻性理论研究的政务热线管理实践者、资深政务热线专家；获"金耳唛杯"中国客户中心产业发展二十周年杰出成就奖、广州服务贸易与服务外包行业协会十周年十大风云人物奖等。

葛舜卿，CC-CMM 标准组织执行理事、中国信息协会数字经济专委会数据产业研究部副主任、复旦大学客座讲师、客户世界研究院资深专家顾问、国家发改委中国呼叫中心产业能力建设管理规范工作组专家委员会委员、《客户世界》杂志编辑委员会委员、上海市青年企业家协会会员；长期致力于国内外客户服务营销、服务外包、大数据挖掘及管理领域的研究和发展工作，出版《呼叫中心管理案例集》《呼叫中心能力成熟度模型》《呼叫中心设计与规划》等著作；服务的客户涵盖政务服务、公用事业、互联网、通信、金融、汽车等行业；2006 年起，参与撰写并负责推广 CC-CMM 国际标准，该标准已经成为中国最佳呼叫中心"金耳唛杯"评选的评测标准，并成为全球呼叫中心联盟 Contactcenterworld 全球评选的合作标准；2008 年起，成为产业旗帜月刊《客户世界》的编委会委员，并发表了几十篇专业文章；多次作为专家评委参加"金耳唛杯"和全球最佳呼叫中心评选，并现场打分。

让政务热线成为一片生态沃土

政府服务热线（简称政务热线）诞生于改革开放之初，作为信访渠道的补充，帮助政府了解民意、民情，承担了协调各种利益及矛盾的作用。随着我国社会经济的发展和社会结构的变化，在"一个号码管服务"的政府公共服务新机制的建设要求下，基于互联网及信息技术，12345 政务热线的职能逐渐向公共服务延伸，成为政府实施社会治理的重要工具。

经过近四十年的发展变迁，12345 政务热线已经成为全国发展最快、普及范围最广、整合度最高的公共服务热线之一。在庆祝改革开放 40 周年大会上，习近平总书记提出："必须坚持以人民为中心，不断实现人民对美好生活的向往。""互联网 + 政务"的新型社会治理模式正是对这一执政理念的践行。通过顶层设计，构建基于"互联网 + 政务"架构的一体化创新平台，让 12345 政务热线承载更多的社会职能是政务热线转型升级的总趋势。

在大数据、人工智能（artificial intelligence，AI）技术的助力下，政务热线向互联网线上服务转型，提供多媒体受理渠道，大大提升了市民的便利度和满意度，也赋予了这一平台巨大的数据汇集能力。当前，全国各城市基于互联网平台的 12345 政务热线主要发挥以下作用：沟通、传达民意；监督政府机构服务效能；进行大数据研判，及时发现城市管理中的难点、热点，助力社会精准治理。在数字政府的大生态建设中，12345 政务热线将城市治理、企业服务、民生诉求和紧急联动结合，日益成为优化政府服务、打造"响应政府"的有力抓手和驱动引擎。

目前，大部分城市的 12345 政务热线能够实现对本市热点问题的数据统计和公布，内容涉及热线诉求运营情况、市民反映的热点问题，以及尚未解决的重点、难点问题，并将其发布在各市政务热线官方网络平台上供市民参考和监督。部分城市会通过政务热线收集市民反映的热点问题，进一步推进疑难事项的解决。近年来，各地 12345 政务热线以主动协调为抓手，打造疑难事项督办的新模式，实现全方位、多层次监督的联合共建模式。每年，多地 12345 政务热线会根据大数据平台分析得出社情民意焦点问题，并公布下一年度十大民生实事选项，由市民投票决选。日常工作中，12345 政务热线坚持"以人民为中心"，贯彻便民、智能、高效的服务理念，对于市民诉求，在立即响应、快速处理问题的同时探索并挖掘诉求背后的真正民意，找到根源，从根本上解决问题，高效、优质地服务于民。

全书共分四篇，第一篇追溯了政务热线的制度渊源、发展历程、运营方式及技术发展阶段，同时介绍了国外政务热线发展概况及我国数字政府的建设背景，探讨了政务热线发展过程中遇到的困境与挑战；第二篇介绍了大数据和 AI 技术对热线运营的意义、数据的使用方法、AI 技术在热线中的主要应用，以及如何实现数据共享共治，并列举丰富、翔实的案例进行说明；第三篇引入全国多家政务热线标杆案例，对当前政务热线的定位、整合度、贡献度及运营情况进行介绍、分析，总结成果，探讨问题，同时详细描述了各地 12345 政务热线的建设历程，如何打造有呼必应的服务体系，以及创造千万服务量背后的各种举措；第四篇重点介绍综合治理理论的思考逻辑、实践案例，政务热线如何对政务服务进行全体系赋能的思考与实践，以及九维成熟度评价体系，并针对政务热线运营提出了基于支持度、开放度、影响度、价值度进行评价的思路，从与政府、专业机构的合作深度、广度和在市民中的影响力等角度来衡量政务热线运营水平及社会贡献。

从单一的政务中心转变为数据驱动的生态社会治理模式，综合治理理论体系及其所构建的政务体系生态合作模式为政务热线运营探索出一条新的路径，未来之路或许艰辛漫长、充满挑战，但只要"以人民为中心、服务社会"的初心不改，热线人创新的脚步就永远不会停歇。

发展来源于创新，创新的动力在于价值贡献。伴随智慧城市的建设浪潮，12345 政务热线构建的政务生态链条将为政府机构提供助力，让政府机构的工作更有效率，让居民生活更方便、惬意，更有幸福感、获得感和参与感。

如果将政务热线比喻为一片生态沃土，那么政策就是气候和环境，数据是河流，而战略定位就是整体规划和布局，服务设计是描绘愿景的蓝图。

如果将政务热线比喻为一片生态沃土，那么科技就是种子，各种管理创新、服务创新则是树木和花朵。

如果将政务热线比喻为一片生态沃土，那么呼叫中心管理体系的迁移就如植物的扦插、繁衍与生长，是核心能力的输出与新物种的培育。

编者

2023 年 9 月

第一篇　政务热线的前世今生

第二篇　大数据+AI技术赋能政务服务

第三篇 政务热线经典案例

第四篇 综合治理的理论体系——中国 12345 政务热线的思考与探索

《 第一篇 》
政务热线的前世今生

在过去的十年间，随着中国经济的高速增长和向生态文明社会的发展转型，中国城市的面貌发生了巨变。人们普遍感受到市容环境越来越整洁、有序，公园、绿地越来越多，便民设施越来越完备，公共服务体系越来越完善，民众生活、出行越来越便利。

第一章 政务热线与民声

科技的发展、理念的进步、人文素质的提升，不断推动公共服务和社会治理水平提升并向精细化发展。如今，如果民众在生活中遇到各种民生问题，只需要拨打一个电话就能快速获得响应；如果涉及多个管理部门，往往还会接到这些部门的满意度回访电话。

"12345，有事找政府"，12345 政务热线的发展与演进，印证了我国改革开放以来社会治理方式的重大变革。

第一节 政务热线的起源

一、热线简史

热线服务起源于 20 世纪 50 年代的美国。1956 年，泛美航空公司设立全球首家规模化客户中心被视为热线服务发展史上的标志性事件。1967 年，AT&T 推出了第一个用于电话营销的呼出型客户中心，并正式运营 800 被叫付费业务。从此，这种利用通信技术开展咨询投诉、售后服务、市场营销、宣传推广的商业行为快速兴起，并逐渐扩散至全球各地。

20 世纪 80 年代，我国的许多城市开通了 110、112、114、119 等公共服务热线，早期的热线服务只是利用普通电话机通过小交换机向客户提供简单的人工咨询服务。

20 世纪 90 年代，我国电信业务快速增长，随着 IVR(interactive voice response，交互式语音应答)、CTI(computer telecommunication integration，计算机电话集成) 等客户中心关键技术的引入，800、400 电话开始兴起，热线服务技术被企业及政府机构广泛应用，客户中心产业进入规模化发展阶段。

从最初的人工应答 +IVR 语音自助平台到基于 CTI 技术的软硬件平台系统，再到互联网全 IP 软交换构架，当前已经升级到人工智能技术 + 大数据赋能的智能客服系统，客户中心在我国近三十年的发展过程也是与最新技术融合的过程。

从服务形态看，客户中心从单一的以处理电话为主的服务模式，发展到融合电话、多媒体、视频等综合渠道，以在线、自助方式为主的全媒体服务模式。目前，线上文本和语音智能客服机器人的应用已经非常广泛。随着 5G 技术和设备的广泛应用，未来融合音频、视频、图像及人工智能等的应用场景会越来越多。

从业务流程看，客户中心通过与在线服务系统、工单系统、智能化管理系统、物流系统等根据企业或机构自身情况定制的业务系统的有机结合，将客户数据、业务数据和业务流程融合起来形成超级服务大脑，为企业提供更高层次的决策服务。

从经营方式看，越来越多的企业从自建客户中心转向外包客户中心。

从实现方式看，分散式部署的云模式客户中心正逐渐替代或融合传统集中式解决方案，成为主流。

云模式客户中心系统如图 1-1 所示。

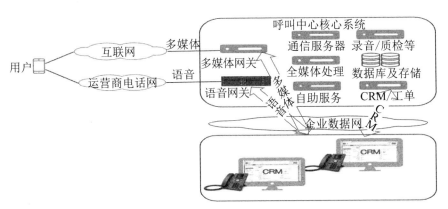

图 1-1　云模式客户中心系统示意图

注：CRM 即 customer relationship management，客户关系管理。

客户中心的本质是与客户沟通和交流。随着技术的发展和应用的创新，为了让交流更加人性化和便捷，并使成本更低，客户中心的服务理念、管理理念也在随之发展、演变。

从运营管理的角度看，客户中心产业内部已经发展出多套标准体系，通过对客户中心发展水平的评估和规范管理，帮助企业优化流程和提升服务能力，推动产业整体服务水平的提升。

从战略管理的角度看，新技术的冲击、基于互联网的全新商业模式的影响，以及以客户为中心的经营理念，都将客户中心推向企业管理架构中的更高层级。目前，很多客户中心已经发展为客户体验中心，承担覆盖整个客户生命周期的交互管理职责。

当前，客户中心和服务外包产业已经融入了几乎所有行业，可以说是现代服务业中规模最大、成长最好、应用最广的重要产业之一。根据全球战略与管理咨询公司 A. T. Kearney 发布的 2019 年全球外包服务地区指数 (GSLI) 看，亚洲继续主导着全球市场，其中印度、中国和马来西亚在全球服务价值链中排名前三。同时，相关统计数据表明，中国的客户中心从 2002 年的 14 万座席发展到 2018 年的 168 万座席，座席规模每年以 20% 左右的增长速度不断扩大，算上云座席及微小座席，保守估计座席数量为 350 万～ 600 万。

未来，人工智能技术的发展、行业数据的持续积累与客户业务的深度融合，将助力客户中心进一步实现质的飞跃，实现从被动服务到主动联络，从劳动密集型到智慧型的历史性转变。

二、12345 热线的诞生

1937 年，英国诞生了世界第一部公共热线。起因是当时的伦敦经常发生火灾，出于对消防工作的重视，英国伦敦最早启用了统一的紧急救助电话 999。

1967 年，美国正式启用统一的紧急救助电话 911，并且由美国国会通过法案规定全国只用一个报警号码，打破了多个特别服务号码共存的状况。

1983 年，沈阳开通了我国第一部紧急公共热线——110 报警电话，这是一个建设在警力联动机制上的客户中心系统，大大提升了警务工作效能。此后，112、114、119 等公共信息服务台、火警服务台陆续在全国各个城市开通。

同年，沈阳开通了我国第一部市长公开电话。作为当前非紧急类公共服务热线 12345 的前身，市长公开电话的诞生有着特殊的社会背景。

20 世纪 80 年代初，随着我国经济建设的不断发展和政治体制改革的逐步深入，各种纷繁复杂的社会矛盾凸显，在当时行政体制存在政令不畅、信息不对等、公共政策执行偏差、公众监督乏力的情况下，亟须寻找一条能够帮助政府推行、解决各种社会公共问题，尤其是社会与政府的摩擦问题的有效渠道，市长公开电话由此应运而生。1984—1989 年，重庆、西安、长春、郑州、太原、深圳等数十个大中城市相继设立了市长公开电话。20 世纪 90 年代，电话走进千家万户，市长公开电话在全国各地迅速发展。

这一时期开通的市长公开电话职能较为单一，主要作为信访工作的补充渠道，受理群众对政府部门及工作人员的投诉和举报，帮助民众解决生活中遇到的困难和问题。

1999 年 6 月，全国第一部冠名 12345 的市长热线电话在杭州诞生。在此之前，杭州市的市长专线电话是 24008，开通于 1988 年。自开通之日起，这部电话就与当时全市 6 个城区以及同群众生活联系密切的 42 个市级委、办、局建立了专线电话网络，形成了一个以市长专线电话为中心的全市专线电话网络，通过市长专线统一接收民众的投诉与建议并给出反馈。

1999 年 4 月，杭州市的一位领导去社区做调研，家住金桂花园的一位大婶反映市长专线电话不好打也不好记，如果改成 12345 这样的号码就好记多了。市领导回去之后马上召集相关部门认真研究，广泛征求意见后决定将杭州市长热线电话定为 12345。同年 6 月 15 日，12345 市长热线电话通过了当时国家工信部的审批，国家工信部启用这一号码作为全国统一的政务热线号码。

"12345，有事找政府"，这句关于市长热线的宣传语在今天的中国几乎家喻户晓。从第一部市长热线电话开通，到如今在各大中城市的普及，市长热线电话已走过了 30 多年的历程，成为一种人民群众熟知的公众表达、行政救济的政府回应机制，也是政府了解社会动态、监督职能部门及其工作人员、维护群众利益、缓解政府部门与人民群众之间矛盾的一种重要方式。

时至今日，我国政府通过对多个政务部门的热线电话实施整合，设置成统一的市政热线，打造构建一体化政府的一项有效工具，使社会、市民与政府各部门之间的沟通更加畅通。

百度百科对"12345"做出了这样的定义，"12345，即非紧急救助服务系统，用来帮助诉求人解决生活、工作中所遇困难和问题，是市委、市政府关注民生、倾听民意的平台"。

作为一项新生事物，各城市政府都是在探索中建设。受当地行政机构的设置情况、经济发展水平、政府的重视程度、公众的认同等不同条件的影响，各地市长热线电话在发展水平上存在很大差异，在机构规格、工作职责、人员配备、经费保障等方面参差不齐。

近年来，各级政府根据公共服务型政府建设的要求，围绕"以人为本、执政为民"的行政理念，在社会保障体系建设，突发公共危机处理，政务信息公开，科学、民主、依法决策，行政集中审批等公共服务方面均迈出了坚实的步伐。特别是各级政府高度重视并积极构建以政府为主导、各种社会主体共同参与的热线网络新体系，开通了为民办实事的绿色通道，在更直接地收集各种社会信息，建设公众信息反馈机制，提升政府决策管理水平，向公众提供优质、高效的政府服务等方面做出积极贡献。从各城市实践看，市长热线电话及其热线网络以独特的信息传递反馈优势，在公共服务型政府体系建设中发挥着积极的社会作用，政府服务效益明显。

第二节　从民声制度到民生工程

一、信访——民声直诉制度探源

我国早期开通的市长公开电话，如沈阳第一部市长公开电话和全国第一部启用 12345 号码的杭州市长热线，在行政上都隶属于信访局。作为与信访渠道并行的公开传递民声、民意的重要渠道，政务热线从诞生之初就在管理方式上继承和延续了较为成熟的信访制度。直至今天，在大多数城市政务网站上，市长信箱与12345 政务热线仍然是政府机构与市民沟通的主要窗口。

信访作为一种直诉制度可以追溯到我国远古时期，受文化水平和纸张的限制，先有"访"后有"信"，是统治者解决中枢管理机构与基层信息不对称的重要手段。当时的政府通过广开言论获取民声、民意来解决民生问题，以保障社会的稳定运行。

重视民生，以民为本的思想，在我国古代政治思想史上源远流长。

《荀子》言："君者，舟也；庶人者，水也。水则载舟，水则覆舟。"《尚书》中记载："皇祖有训，民可近，不可下。民惟邦本，本固邦宁。""民为贵，社稷次之，君为轻"则是孟子民本思想的重要体现。

"得民心者得天下"，人民是国家的根本，根本稳固了国家才会安宁。民众中的每一个个体都应当受到尊重。

在古代，每个朝代的命运都与民意密切相关，或是重视民意，顺应民意，推动经济与社会的不断发展；或是严重违背民意，压制民声，加速自身政权灭亡，加快改朝换代的历史进程。

从尧舜时期的"进善之旌""敢谏之鼓""诽谤之木"，到春秋战国时期的"采风制""巡视制""谏诤制"，核心统治机构通过这些直诉制度可以充分了解政绩的优劣、吏治的清浊、百姓的好恶、人心的向背、政治的善恶等一系列的社会现状。

唐朝武则天时创设匦使院，首开了一条使民间下情大量上达中央政府的信访渠道，上访书信分养民劝农、议论时政、陈诉冤屈、告天文密策四类，掀起了一个历史上信访活动的高潮，建立了比较正规的信访制度。信访从此兼具"直诉"与"京控"两个管理特点。

古代历朝的信访工作通常由行政系统和监察系统两个系统负责。一般投书由行政系统受理，有关刑名断狱的信访案件则由监察系统负责，这与当代检举揭发性的和申诉冤案的来信来访通常由司法机关和监察部门受理颇为类似。

中华人民共和国成立以后，中央政府本着"密切联系人民群众、巩固党的政治合法性、摒弃官僚主义"的目的建立信访制度，并逐步形成归口管理、统一领导、统筹全局的原则。改革开放后，随着市场经济的发展，国家对社会的治理更多依靠专业化的国家科层体系。从 20 世纪 90 年代开始，国家对信访制度实施改革，将归口管理转向属地管理，如 2005 年颁布的《信访条例》规定，"坚持属地管理，分级负责，谁主管、谁负责，依法、及时、就地解决问题与疏导教育相结合的原则"。同时将信访受理范围界定为"行政信访"，明确了信访人的责任、义务，信访办理程序及信访责任追究制度。2014 年，国务院办公厅印发《关于依法处理涉法涉诉信访问题的意见》，进一步明确实行诉讼与信访分离制度，建立涉法涉诉事项导入司法程序机制，严格落实依法按程序办理制度，信访制度由此实现法治化转型。

诞生于改革开放之初的政府服务热线，作为信访渠道的补充，方便了广大群众与政府的联系，承担了政府感受民生冷暖和协调各种利益及矛盾关系的责任。通过设立 12345 热线电话，政府可以及时了解民众对政府的意见，了解政府自身在实际运作中存在的问题及整个社会发展的动态信息，从而更有效地履行政府的行政职能。可以说，设立 12345 热线是一项非常经济的收集社情民意的路径选择。

随着社会经济的发展和社会结构的变化，政务热线经过三十年的发展，从工作理念、工作内容到工作手段都发生了深刻的变化。尤其是近年来随着信息化技术的发展，国家"放管服"改革的实施，在"一个号码管服务"的政府公共服务新机制的建设要求下，12345 热线逐渐整合各类非紧急公共服务热线，成为统一的政务咨询投诉举报平台。12345 热线的职能逐渐向公共服务延伸，成为政府实施社会治理的重要工具。

政务热线制度的推行，在一定程度上打通了政府与市场、政府与社会、政府与市民之间的沟通"壁垒"，弥补了信访工作的一些不足。看起来是各部门协调联动的一小步，但实际上可以说是迈出了城市治理的一大步，提升了社会的整体治理水平。

二、政务热线新角色

在经济全球化的社会发展背景下，当代社会日益呈现整体性、系统性、不确定性等特点。社会治理理论作为西方公共管理学科下的重要理论之一，兴起于20 世纪 90 年代，其核心命题在于如何从系统论、非线性复杂系统的角度来看待社会管理。

中国自改革开放以来，特别是进入 21 世纪以后，不仅经济体制、行政体制发生了深刻变革，在社会治理领域也同样发生了许多意义深远的变化。当前中国大部分城市已经经历了工业化、城市化、市场化、信息化、全球化的"五化"过程，截至 2022 年底，人均 GDP 已超过 1.27 万美元，达到小康水平。

快速的工业化发展过程导致大量新的社会问题和不确定因素出现，使得社会的系统性风险加大，或者说使得社会的脆弱性加剧。当前，中国社会已经从整体性社会转变为多样化社会，即经济成分和经济利益格局多样化、社会生活多样化、社会组织形式多样化、就业岗位和就业形式多样化。这些变化都在冲击着传统的社会管理模式。

党的十六大中，作为社会建设的重要内容，社会管理和社会管理创新被放在构建社会主义和谐社会的国家战略高度而提出。随着理论与实践的发展，党的十八届三中全会首次使用了社会治理的概念，提出"加快形成科学有效的社会治理体制，确保社会既充满活力又和谐有序"的目标要求。党的十八届五中全会进一步强调，"加强和创新社会治理。建设平安中国，完善党委领导、政府主导、社会协同、公众参与、法治保障的社会治理体制，推进社会治理精细化，构建全民共建共享的社会治理格局"。

党明确提出了"坚持以人民为中心"的发展思想。习近平总书记在庆祝中国改革开放 40 周年大会上指出："必须坚持在发展中保障和改善民生，鼓励共同奋斗创造美好生活，不断实现人民对美好生活的向往。"由此，"以人民为中心"成为新时期政务工作的总方针。在新的执政理念引领下，以往承担社会矛盾疏导工作的政务热线，正日益成为广大群众参与公共治理的重要途径。同时，作为收集民声数据的重要来源和提供政务服务的重要渠道，政务热线在云计算、大数据、人工智能等前沿技术的支撑下，正成为推动国家社会治理模式转型的重要工具。各地政府纷纷将 12345 政务热线的建设作为一项重点民生工程来实施。

近年来，网格化管理模式兴起，成为建设服务型政府的重要举措。网格化管理作为一种综合服务管理体系，按地理位置将城市划分成单元网格，将网格内的人、事、物、组织全部纳入小网格管理范畴。通过配备网格员，全面进行信息采集和提供社会服务。网格化管理的落地让社会管理由粗放式向精细化转变。目前，许多城市通过将政务热线与网格化管理手段结合来创新社会治理模式，取得了突出的效果。通过 12345 政务热线"一号对外"，统一接收市民诉求，借助网格化管理手段实现诉求工单的协作办理、全面覆盖，市民服务热线可以更高效地为民众提供优质服务并及时、准确地获得民众的反馈和评价。

【案例】

虹口区建立社区事务自下而上评价机制，拓宽评价政府部门的范畴

上海虹口区溧阳路的一根下水管道堵塞，居委会通过网格化平台反映给街道，水务部门很快派人来修，两天多全部完工。居委会干部感慨说："这速度在以前根本不敢想象。"

变化的根源在于全区评价机制的根本性转变。2015 年 2 月，虹口区在曲阳路街道探索实践的基础上制定了《建立社区事务自下而上评价机制（试行）》，并配套 5 个实施细则，以所服务的广大群众为评价主体，将区绿化市容局、房管局、建交委等 19 个与群众工作相关的政府职能部门和 8 个街道纳入评价范围。

这套自下而上的评价机制中，一改以往自上而下的单向考核，评价内容包括 12345 市民服务热线、网格化综合管理、居委会"一点通"，以及社区代表会议满意度测评和政风行风评议等。

2016 年 2 月，有市民反映邻居家私自敲毁承重墙，希望相关部门处理。区

12345 热线平台派遣至区房管局，房管局回复："根据《上海市城市管理行政执法条例实施办法》，从 2016 年 1 月 15 日起，关于敲承重墙的问题应由城管执法部门牵头执法处理，已反馈至城管部门。"结果市民不满意。案件被 12345 热线平台提交到双周联席会议上，区领导明确"管理在先"，由区房管局牵头，需要执法的，以"双向告知单"通知区城管执法局配合处置；要求区城管部门主动与各部门协商接洽，做好热线工作，并要求网格化综合管理中心对此类案件进一步细化流程；同时，要求面对群众投诉，不仅要电话回复，还要面对面上门服务。之后，几个"后进部门"的成绩明显提高。

案例来源：上观网

第三节　政务热线的工作机制

作为政府关注民生、获取民意，实施精细化社会治理的重要平台，12345 政务热线的工作职责包括：宣传政府的方针政策，受理群众对政府工作的批评、意见、建议和要求；协调、解决群众在日常生活中遇到的困难和问题；反映社情民意，协助政府机构处理重要社会问题和重大突发事件；负责对辖区政府各部门及公共服务等单位受理和办理案件情况进行检查、监督、指导。政务热线的具体实施策略如下。

(1) 将辖区范围内涉及各类咨询、建议、投诉举报等公共服务和便民服务事项的部门，纳入 12345 政务热线系统，进行统一的网络处理，实现联动办理。

(2) 优化、完善热线知识库。所有处办单位的涉及政策、法律法规、相关职能、办事流程、常见问题解决方式等信息要形成一问一答的标准化格式及时上传至热线系统知识库，实现信息资源的共享共用。

(3) 加强过程监管和绩效评估，统一效能监察。由主管单位对 12345 热线平台的办件处理实施分级、同步电子监察，重点加强对热线处办单位办件效率、效果的监察。同时，根据职能部门处理咨询的业务量、群众满意度、被投诉查实等情况开展绩效评估，并把评估结果纳入该部门的年度目标考核。

12345 政务热线的工作流程 (见图 1-2)：市民通过电话、网站、App 或微信等服务渠道向平台提出诉求；平台根据诉求分类进行答复或者派单处理，并根据制度对办理单位处理及回复时间做出限定；回访组根据工单处理情况对市民进行回访；工单办结归档。

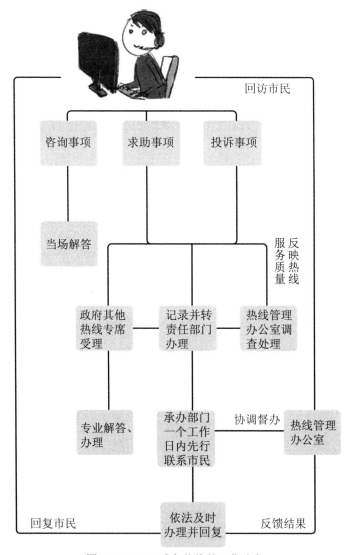

图 1-2 12345 政务热线的工作流程

第二章　政务热线的运营

第一节　实施专业外包的市场化管理

利用市场化手段提高公共服务质量、降低成本，已经是发达国家成熟的政府运作思路。西方发达国家早在 20 世纪 70 年代就开始通过引入市场机制来提高政府公共服务供给的效率和质量。日本自 2009 年 7 月份开始进行公共部门改革，几乎所有的政府服务项目都可以外包，进行竞争性招标，成为日本历史上规模最大的公共部门改革行动。根据日本相关法律规定，政府需要对公共服务项目进行"市场测试"，来检验民众对私营经济部门所提供的服务是否更满意。日本是发达国家，其政府全面采用外包服务的形式，给拥有合适专业技术的服务企业带来数十亿美元的营收。

根据《国务院关于印发 2015 年推进简政放权放管结合转变政府职能工作方案的通知》(国发〔2015〕29 号)的文件精神，关于"深入推进监管方式创新，着力优化政府服务"中提及"创新公共服务提供方式，引入市场机制，凡是企业和社会组织有积极性、适合承担的，通过委托、承包、采购等方式尽可能发挥社会力量作用；确需政府参与的，也要更多采取政府和社会力量合作方式"。随着近年来中国经济不断发展，政府职能转变，公共服务外包是当代公共管理改革的重要潮流与趋势，也是推动公共服务改革与创新的重要的政策工具。

地方政府购买公共服务是政府职能发展、完善的必然结果。党的十八大以来，我国确立了建设服务政府、有限政府的目标，转变政府职能已经成为我国深化改革的重要目标。大众需求的快速变化和不断提升促使地方政府购买公共服务。地方政府要直接面对数量庞大的基层群众，无法依靠自身力量来完全满足大众的各种公共服务需求，而且若地方政府包揽各项公共服务的供给，必然会产生公共服务供给量不足且质量不高、效率低下等问题，其本质是地方政府无法履行自身职能的体现。因此，面对群众需求的变化，地方政府需要改变原本一元化的公共服务供给方式，采取向社会第三方购买公共服务的多元方式，提升地方政府公共服务的供给水平和供给效率。

另外，社会管理体制的改革也在一定程度上推动了地方政府购买公共服务的进程。创新社会管理体制是我国政府的改革方向之一，将政府资源与民间资源整合是政府创新管理的一种新尝试，在这种管理模式中，政府起主导作用，而企业的高效、专业性也能够对社会管理起正面作用，推动政府管理方式的进一步优化。地方政府向社会购买公共服务，并非是政府不再履行自身职能，而恰恰是政府从服务群众的角度出发承担自身职责的一个表现。这种管理模式的创新不仅使政府提高了公共服务供给的质量和效率，还能鼓励各类社会组织进入公共服务生产领域，推动我国社会管理体制的改革。

经过在基础设施建设项目外包等方面的积极探索，公共服务外包这种不同于政府自办服务的模式逐渐应用到更多的公共服务层面，包括体育服务、教育、医疗、养老、残疾人服务、城市管理等。政务热线也属于公共服务，也是客户中心行业中的一个分支。客户中心的运营管理是一件非常专业的事情，涉及多种专业管理方法学，如组织机构战略的设计、应急管理、信息安全、质量管理、现场管理、话务预测、人力资源管理、绩效管理、客户体验管理等。客户中心行业内流传着这么一句话："能够运营好客户中心的管理人员开一家公司绰绰有余。"而对于政府管理人员而言，运营一家政务热线则是"门外汉管门内事"，这意味着让政务热线步入正轨需要耗费很多额外的精力、时间并会造成更多资源上的浪费。一方面，政府和群众对热线的要求越来越高，《国务院办公厅关于印发2018年政务公开工作要点的通知》(国办发〔2018〕23号)中提及"整合各类政务热线电话。……加强政务热线日常值守和督办考核，提高热线服务水平。"另一方面，专业的外包公司运营能够给热线管理部门带来很多增值服务。首先，专业的外包公司能够根据管理部门的要求为其提供整体客户中心解决方案，包括系统、场地、人员等，管理部门只要把需求提交给外包公司，外包商就能够在短时间内帮助管理部门成功地进行业务运营。其次，外包公司一般具有相应的运维人员，可以提供良好的运营维护，保障系统的稳定运行。客户中心系统涉及通信技术及IT技术等多方面的集成技术，对于具备一定规模的客户中心，运维难度大，且对运维团队要求较高。再次，这给热线服务工作带来一定的灵活性，在增加座席数量上更为便捷，如果当地政府需要合并其他政务热线时，外包公司能够快速完成任务。最后，外包公司能够为热线管理部门提供更为专业的客户中心运营管理，这样能够帮助热线管理部门从繁忙的运营事务中解脱出来，使其将工作重点放到更重要的事情上去。

经过二十多年的发展，中国外包客户中心行业得到了长足的发展。据统计，截至 2022 年，中国共有 4000 多家客户中心外包企业和 20 万左右的座席。近几年来，越来越多运营高度专业化的企业也加入了外包行列，如中国电信、联通、移动等。这些通信行业的企业在场地、通信网络资源、系统设备方面具有巨大优势，同时，在长期向大量客户提供服务的过程中也积累了丰富的运营经验，能够帮助企业迅速步入正轨。而老牌外包企业如第一线集团、泰盈科技集团、SYKES、北京九五太维、上海飞翔集团、润迅通信等也通过向客户提供更多综合性、增值性服务来提升企业的竞争力以扩大盈利空间。经过长时间的竞争，中国外包客户中心企业之间的竞争已经从"人海战""价格战"转变为增加业务附加价值、提供专业化服务和提高企业核心竞争力等方向的竞争。

外包企业的发展也给政务热线的发展带来了新的契机。越来越多的政务热线增加了服务渠道，除了日常通过热线受理群众的政务咨询、诉求、政务预约，还使微博、网上信访、短信、App、微信等多种途径受理成为可能，这大大提升了市民的便利性和满意度。同时，随着云计算、大数据、人工智能技术的应用，专业的外包企业能够为热线管理部门提供更多的业务价值，例如协助热线管理部门搭建大数据平台，通过智能技术的应用更好、更高效地收集市民的诉求，分析城市管理中出现的难点、热点，提升城市管理水平。

第二节   政府对热线运营中心的管控

研究数据表明，我国大部分的政务热线已实现购买专业外包公司的服务，那么如何实现对热线运营中心的管控呢？一般来说，各地方政府从以下两方面进行管控。

一、建立常态化沟通机制

一般来说，地方政府会设置专门的管理机构来对接政务热线运营中心，例如设置 12345 政务热线管理部门来对接热线运营中心。由于热线管理部门不仅负责政务热线运营中心的正常运作，它往往还需要对接与热线相关的承办单位来确保各承办单位及时将需要发布的新政策和其他相关信息传递给热线运营中心。同时，当市民遇到棘手问题需要跨部门协调时，热线管理部门起到穿针引线的作用，积极协调各相关承办单位来帮助市民解决实际问题。很多地方政府成立了12345热线督办科来推进热点、难点事件的有效解决。例如，某地督办科发现当地12345热线33.4%的话务都与人力资源和社会保障（以下简称"人社"）业务相关。为了推进人社相关问题的解决，督办科进一步整理了人社部门事项，并发现从单一问题来看，查询社保卡制作进度的话务量占比最大。经过深入研究和分析发现，这应该是社保卡制卡、发卡的查询渠道不完善所致。最终，热线管理部门结合若干年以来市民反映强烈、咨询量大的来电情况，梳理出社保卡申领和补办、制卡发卡进度查询、医保功能启用和使用等问题，并及时将这些问题和相应建议交办给了人社局。随后，经过人社局的努力，采取优化社保卡自助查询展示内容、扩展自助查询渠道、采用短信通知领卡、增设业务服务网点、压缩办卡时长、即时补换卡等措施，提高了社保卡的制卡、发卡效率及用卡便利性。那么，如何监督热线运营中心的运营情况呢？一般来说，热线管理部门会与热线运营中心建立较为完善的沟通机制，热线运营中心需要每天将运营情况以每日简报的形式向热线管理部门汇报，每周及每月也要将当周或当月的运营情况、咨询受理热点及时提交给热线管理部门，这样热线管理部门能够及时掌握热线运营中心的运营情况，并给出指导建议。同时，当热线运营中心遇到棘手问题时，也会积极与热线管理部门的相关对接人进行沟通来确保问题的及时解决。

当然，仅仅建立沟通机制是不够的，为了确保外包企业能够高质量地运营热线运营中心，热线管理部门需要建立完善的绩效评估体系。

二、建立绩效评估体系

政务热线作为政府为民众提供的公共服务的重要部分，其工作效率和服务质量的不断提高是服务型政府建设的重要一环。因此，如何提高公共服务热线的工作效率和服务质量，以及政府的服务形象，是摆在所有政务热线管理部门面前的一个难题。提高工作效率和服务质量的基础是充分了解影响工作效率和服务质量的关键因素，制定全面、客观的绩效评估体系就是将热线工作效率和服务质量进行量化、分解的一个有效途径。

　　大部分地方政府在衡量外包企业的运营情况时，会采用关键绩效指标体系对热线的运营效果进行衡量。关键绩效指标是对组织内部流程的输入端、输出端的关键参数进行设置、取样、计算、分析，用于衡量工作人员工作绩效表现的量化指标，也是绩效计划的重要组成部分。政府部门通过引入关键绩效指标考核体系，让管理层和公众更清晰地了解服务运行过程中的问题，促进政务热线服务的运营管理向专业方向发展。关键绩效指标考核有利于政务热线服务不规范行为的预防和及时纠正，也是质量体系监测的重要手段之一。

　　一般从运营能力、服务质量及满意度这三个方面来衡量热线运营中心的运营情况。

　　运营能力是热线管理部门最为关注的指标，一般来说，热线管理部门最关注的是热线的接通情况、工单转派是否及时及回访成功率。

　　"12345，有事找政府"，拨打电话却不通，不免让人心里窝火。原本是加强政民互动的好事，反而制造了不满情绪，背离了政府设立热线的初衷。作为政府服务热线，在正常情况下，能否快速接通是衡量一个政府是否足够重视热线服务，是否足够重视民声的重要因素之一。随着服务型政府理念的逐步深入，政府的市民服务意识越来越强，对政务热线的重视程度也越来越高。根据第三方调研机构对全国335条12345政务热线服务质量的监测与分析发现，一线城市及沿海发达地区的热线接通率最高，其他地区政府对热线的重视程度也在逐步加强。第三方调研机构连续5期的监测发现，"死线"数量逐年降低，并在2021年达到历史新低（注：2022年由于新冠疫情等原因，数据有所失真，预计后期会恢复正常）。因此，地方政府要加强对接通率的重视程度。

　　与企业热线不同的是，政务热线除了为致电市民解答政府政策、公共制度，以及其他与公共服务相关的问题，也肩负着为市民解决问题的职责。举个例子，有些市民会拨打12345热线来咨询养老政策、退休金申请等一系列相关问题，针对这些咨询，热线受理人员直接进行解答即可。然而，很多市民也会致电寻求解决实际问题，例如小区附近的照明设施坏了，某某街道的垃圾常年堆积，地铁站附近存在乱摆摊位影响市容……这些问题涉及民生，如果相关部门不能够及时响应，那么不仅会影响市民的生活质量，也会让市民质疑政府的服务能力。而工单的转派涉及两个环节，一是运营部门是否及时生成了工单并进行转派，二是承办部门是否及时回应。前者是地方政府热线管理部门需要考核运营中心的指标，而后者往往是地方政府考核各职能部门的指标。

为了确保市民致电求助的问题得到切实解决，地方政府往往要求热线运营中心对完结工单进行回访，向市民确认问题是否真的解决及满意度，因此工单回访成功率也是考核热线运营中心的指标之一。

除了运营能力，服务质量也是地方政府非常重视的指标。问题是否能被直接解答，以及解答是否正确，都会直接影响市民对热线的信赖度。举个例子，市民致电 12345 热线询问身份证遗失需要提交哪些材料进行申请，如果热线话务员答错了，这就意味着市民可能会白跑一趟职能部门，从而导致市民质疑热线的权威性，如果这个知识点在知识库中，但话务员仍然生成了工单让职能部门进行跟进，那么不仅职能部门会产生不满，市民也会对热线所能起到的作用产生疑问。因此，地方政府在考核热线运营中心的服务质量时，需要考虑咨询解决率、工单转派准确率，以及是否出现了由话务人员而导致的市民投诉。

另外需要考虑的是市民满意度评价。党的十八大报告提出要加快形成"党委领导、政府主导、社会协同、公众参与、法治保障的社会管理体制"，这就是说，政府的社会管理事务，"公众"应当"参与"。绩效评估中的公众参与是公众通过一定的方式、途径，参与评价指标设定、评价实施和评价结果发布的过程。政府做决策时应综合考虑公众的利益要求，从而使评估能够科学、有效地实施。为了客观衡量市民对热线的满意度，热线运营中心往往采用服务结束后进行 IVR 满意度调研的形式来了解市民的满意度，这样得到的结果较为客观，数据也可以从系统中直接提取。这样的数据能够直接反映市民对热线的满意度。IVR 满意度调研的缺点是无法获取市民的反馈，只能得到 1～5 分的数据。因此，地方政府可以定期邀请第三方调研公司对接受过服务的市民进行电话满意度回访调研，来了解市民的真实想法。

第三节　政务热线运营中心的管理

一、政务热线运营中心管理的特点

政务热线运营中心是各地方政府提升现代政务服务水平、改善社会环境和经济环境、提高城市综合服务及保障能力的一项重要措施，受到政府通信管理部门的高度重视。政务热线运营中心的服务特点、运营要求，以及政务热线运营中心需要实现的其他功能对政务热线运营中心的管理提出了更高的要求。

1. 业务范围广，突发情况多

为了顺应我国政府机构改革，简政放权，精简机构和人员、编制，提质增效的趋势，以及达成建设服务型政府，进一步提供便民服务的目标，越来越多的政务热线进行了合并，这意味着政务热线所提供的服务范围越来越广。以 12345 热线为例，大部分一线城市的 12345 热线完成了公共服务热线的合并工作，逐步整合、优化了全市 50 多个部门 70 多条非紧急类政府服务专线，基本实现全市公共服务由 12345 统一接听的工作格局；上海将 190 多条热线统一接入 12345，不仅如此，2020 年之后，上海已初步实现长三角一体化受理；除了市人力社保局 (12333)、市税务局 (12366)、市交通运输热线 (12328) 三个分平台，北京 12345 已完成其他所有非紧急公共服务热线的整合。除了北上广，大部分城市的 12345 热线平台都在开展公共服务热线合并工作来为市民提供更便利的服务。这对热线运营中心的管理提出了更高的要求。

(1) 需要建立一套人员培养机制，对热线受理人员及各级管理人员进行专业培训，不断提高工作人员的专业素养和技能。一旦有新的业务或者新的政策下发，培训团队需要迅速出击，将业务知识吃透并将其转训给一线团队，并通过考试、抽测等方式帮助一线团队尽快掌握新知识，为市民提供精准的解答。

(2) 需要建立一套标准化的管理机制。在不同的条件下，针对不同的问题，需要采用不同的制度进行处理。各级热线管理部门应全面梳理各项工作制度、工作流程，根据实际运营管理情况进行补充和完善。对于尚未完成并线的热线运营中心，需要建立一套并线管理机制。一旦需要合并热线，需要对接哪些部门、收集哪些材料、做哪些系统方面的准备、制定哪些流程、进行哪些培训、实施哪些测试等，都要有明确的指引，这样一来就能够帮助热线运营中心顺利完成对接工作。

(3) 需要加强知识管理建设。对于政务热线的一线受理人员来说，通过一次培训就掌握新的业务知识是不现实的，他们手上唯一可用的"武器"就是知识库系统。而大部分政务热线的知识库系统中存放的文章都是由各承办单位上传或者提交给热线运营中心知识采编团队进行审核、上传，由于各承办单位行文的要求不同，当涉及政策法规时，知识采编团队通常不能对其进行编辑和修改，以防出现误读。一线受理人员找到相关内容后，需要根据自己的理解解释给市民听，这在一定程度上降低了问题解决的效率。因此，热线运营中心需要基于一线受理人员的要求对知识文章进行二次编译，来提高知识的使用效率及员工的工作效率。

与一般企业客户中心相比，政务热线遇到的突发情况更多，主要有以下几类：①市民出现非理性行为。随着政务热线口碑的不断提升，很多市民将热线视为一个能够真正解决自己实际难题的途径。少数市民在问题无法得到解决时，可能会产生一些非理性的行为，例如扬言自杀等。出现这种情况，就需要一线受理人员对市民进行安抚、劝解，如果受理人员判断问题未完全解决的，就需要立即联系相关部门处理问题，以防极端事件的发生。②市民出现了紧急情况，如电梯断电无法下楼、家中停水等。遇到这些情况，受理人员需要尽快联系相关部门为市民解决民生问题。③突发性事件。如某新闻热点引发的热点问题等。

为了能够及时、准确地处理市民反映的问题，政务热线运营中心需要针对以上情况制定紧急事件处理机制，包括应对话术、处理时限的特殊要求、上报机制等，并且识别运营中心可能遇到的影响运营的风险，制定相应的处理机制，对于不常发生的风险，还需要进行定期的演练以保证应急机制的有效性。除了普通热线运营中心常遇到的话务剧变风险、系统故障风险、地域性自然灾害风险，由于政务热线运营中心在一定程度上也属于政府机构，因此也要考虑遭受恐怖袭击的可能性，并制定相应的应急机制。近年来，传染疾病的频发也是政务热线运营中心需要考虑的因素，由于热线运营中心属于人员密集型机构，因此一旦发生传染疾病，就会对机构造成重大影响，2020 年 3 月 10 日，韩国首尔市九老区的一家客户中心出现 50 例感染新型冠状病毒的确诊病例，导致整个客户中心被直接关闭，该客户中心所在大楼被封，韩国防疫部门对与这 50 例病例直接接触的 207 名员工进行流行病学调查和病毒检测，并且对附近社区进行排查。如果这样的传染疾病发生在政务热线运营中心，那么会导致整个热线停止运行，并且造成非常恶劣的影响。

2. 代表民声，实现治理功能

政务热线服务作为社会管理和公共服务的重要载体，在满足市民需求，化解市民矛盾，提升市民满意度，建设高效、廉洁、透明政府方面起着桥梁和纽带的作用。有学者认为，公众参与是影响政治发展的重要变量，公众参与的程度和规模是衡量一个社会政治现代化的重要尺度。政务热线不仅是政府提供公共服务的有效载体，也是政府了解社情民意、与市民进行互动沟通的重要平台，而热线接收到的市民诉求恰恰是当今经济发展、社会管理和政策执行中存在的盲点和不足之处。因此，应定期对热线来电进行分析，找出热点问题，发现现有制度中的不足之处进行持续改善。

目前，大部分12345政务热线能够实现对该市热点问题的数据统计和公布，内容涉及热线诉求运营情况、市民反映的热点问题，以及尚未解决的重点、难点问题，并将其发布在各市热线官方网络平台上以供市民参考和监督。

部分城市更进一步，不仅统计出市民热点问题，还会推动疑难事项的解决。某地依托政务热线大数据平台分析提出的社情民意焦点问题，确定当年十大民生实事，其中将通过热线联合各区解决民生热点、难点问题列为其中一项，由政府热线管理部门从104万件诉求中梳理出110件疑难事项，交各区办理。截至目前，全市110件民生实事已全部完成。若干地市定期公布热线问题受理情况，并针对热点问题进行回复，公布具体的处理方案。

在社会经济不断发展、社会管理日益复杂、任命需求逐渐多元化的今天，政务热线时刻面临新的要求和挑战，只有实现精细化管理，不断持续改进，通过技术和制度的革新，才能提升热线"治理能力"，为健全社会管理体制、打造服务型政府添砖加瓦。

二、政务热线运营中心的管理体系

除了以上特点，政务热线运营中心与企业客户中心一样都需要建立完善的管理体系，主要包括以下模块。

1. 流程管理

流程是热线运营中心运营的脉络，高效的流程能够有效理顺任何一项工作从开始处理到最终圆满处理完毕的过程，从而确保工作的效率和质量。流程管理对热线运营中心来说是非常重要的，完善的流程管理能够帮助热线运营中心实现标准化运营。热线运营中心的流程包括业务处理流程及管理流程(包括现场管理、质量管理、知识管理、人员管理、数据管理、客户体验管理等)。

对于热线运营中心涉及的所有流程，尤其是更新速度较快的业务处理类流程，也需要一套针对流程的管理规范，来约束不同类别下所有明细流程从梳理制定、投入使用，到日常变更、定期审计、定期更新，直至最终淘汰全过程各个节点上的"标准动作"。针对流程的管理规范，其根本目的在于保证流程的管理规范(文字版本)，与各岗位人员在日常工作中的实际落地应用"动作"保持一致，从而确保各类流程规范真正达到其制定和贯彻实施的初衷与目的。

另外，要以市民体验为中心设计业务流程，流程要涵盖咨询、受理、工单转派、办结回访等各个环节，保证流程的闭环。好的业务流程不仅能够帮助管理人员了解实际工作活动，消除工作过程中多余的工作环节、合并同类活动，使工作流程更为经济、合理和简便，从而提高工作效率，也能帮助业务人员迅速熟悉业务全貌，对其系统地掌握业务知识起到促进的作用。

2. 现场管理

现场管理包括话务预测与排班、现场调度管理及现场走动管理。对于绝大多数的热线运营中心来说，都必须进行话务预测和排班管理，这是保证接通率和人员利用效率的重要前提。大部分热线运营中心在业务稳定后，其话务情况能够呈现出一定的规律性，现场运营团队需要根据历史数据摸清话务规律，建立话务预测模型，并根据话务预测结果来计算需要的人力并进行排班，保证接通率与人员利用效率的最佳平衡。

虽然从整体数据看，话务数据能够呈现出一定的规律性，但由于每天的业务情况不同，话务会出现波动，这就需要现场管理人员进行现场调度来保证接通效率及现场人员的有序性。有些无法预估影响量且不可控的因素容易导致话务量突增，这需要建立一套完备的话务应急方案，包含实时监控调度、建立并适时启动应急梯队、预警机制及应急干预机制。当话务突增情况出现时，现场管理人员需要根据制度进行调控，来保证接通率。

现场的一线员工在进行话务处理时，会遇到各种突发情况，例如遇到疑难问题、遭到客户负面情绪的宣泄等，这就需要现场的班组长进行走动管理来帮助班组人员解决问题，同时通过不定时的走动管理也可以关注到员工的状态并进行即时管理。

3. 质量管理

质量管理是每个热线运营中心运营管理中非常重要的部分。质量管理的目的是管控热线运营中心的服务水平。通过业务监控来发现员工个体及流程层面的问题，并积极推进问题的解决，从而实现对质量的持续改进。热线运营中心的质量管理制度至少要包括业务监控流程（质检流程）、员工申诉流程、校验流程等内容。由于大多热线运营中心的质检仍使用抽样质检，因此对热线运营中心整体层面的打分应避免使用百分制，以免影响评估的准确性。质量打分标准包括三个方面：回答的准确性、是否遵循流程、服务人员的服务态度。

质量检查往往是质量管理组工作量最大的工作，但并不是最重要的。质量管理的重点是推动服务质量的提升，从质量检查中发现系统、流程甚至制度上需要优化和改进的地方，并进行调整，从而使整体服务质量再上一个台阶。

4. 知识管理

知识管理是热线运营中心非常重要的工作内容，有效的知识管理能够帮助员工缩短从新手到合格员工的培养周期。一篇内容明确、表达清晰的文章能够帮助员工提高工作效率。因此，建立统一、规范、有效的知识管理体系是非常重要的。知识管理体系包括三个模块：知识管理制度、知识管理绩效、知识库系统。

(1) 知识管理制度。知识管理制度包括知识更新流程和知识年度审核流程。知识更新流程要求知识管理人员对知识进行采编，而不仅仅是审核和上传。来自其他部门的知识表达往往较为书面化或技术化（包含很多行业术语），这就加大了一线人员理解的难度。因此，知识采编人员要对文章进行重新编译，使其更加通俗易懂。除了日常的新增、维护，为了保证知识的易用性，知识管理团队还需要定期对知识库进行年审，主要检查知识的准确性和知识库的易用性，根据审核结果对知识库进行全面优化，包括文章的优化、知识树的优化，甚至增加新的模块。只有根据一线员工的反馈进行持续不断的知识优化，才能够使知识库发挥更大的作用。

(2) 知识管理绩效。如何激励知识管理人员甚至一线员工对知识进行更积极、更及时的维护，需要建立合适的绩效激励机制。知识管理绩效的作用不仅是对知识管理专职人员的工作进行客观、有效的评估，也能对一线员工起到激励作用。对一线员工绩效激励的设置要符合当前消费水平，笔者曾经看到某热线运营中心对一线员工提供一篇有效的知识奖励仅为一元，这不仅起不到激励的作用，甚至会使员工出现反感。

(3) 知识库系统。对于一个规模小、业务非常简单的热线运营中心来说，其需要的知识库承载物可以是一个 Word 文档，也可以是一个 Excel 文档。对于业务较复杂的热线运营中心来说，知识库系统是非常必要的。基于目前的技术水平，热线运营中心可以直接购买智能知识库来实现更好的支撑功能。

5. 人员管理

对于热线运营中心来说，人员管理涉及人员的方方面面，要进行有效的人员管理，就要建立闭环的人员管理体系，包括人员的招聘、入职、新人培养、日常沟通管理、关爱活动、情绪管理、职业生涯管理、在职培训管理、满意度管理、考核评估管理、离职管理等。

移动互联网等技术的发展需要高素质员工队伍，员工队伍建设需要突破传统管理理念，转变现有管理思维模式，使员工更好地发挥自身的能力，为企业创造更多的利润。为了提高员工的自我发展意识、责任感和使命感，企业需要培养员工的自主学习能力，并辅导员工审视自己未来的发展路线，培养员工掌握更多的技能，从而具备向多方向发展的可能性，进而提升员工对企业的认同感，并为企业做好人才储备。热线运营中心的领导人员要通过多种沟通方式来了解员工的需求，并让基层员工与领导阶层相互合作，这样有助于员工最大限度地发挥自身的能力，也能够强化企业的整体形象及企业的服务能力。热线运营中心的工作人员，受工作性质影响，相互之间的沟通比较少，管理部门会采用考核的方式了解热线运营中心的人员，并对人员的实际工作情况进行分析和说明，通过有效的考核提高工作人员的积极性。但是，单纯的考核已经不能满足现有热线运营中心的管理需求，所以在制定考核制度的过程中，需要利用有效的激励方式对考核的模式进行调整。热线运营中心管理人员需要注重将精神奖励和物质奖励相结合，正确引导员工的思想观念，端正员工的工作态度。与此同时，还需要关注员工的个人生活及工作环境，通过慰问等形式了解员工的实际状态，这样不仅可以改善员工的精神状态，还能够让员工了解企业的文化和理念；领导层还可以通过定期的思想沟通会议进行企业文化的宣传，让员工了解企业的未来发展路线并规划自身的未来发展方向。

6. 数据管理

热线运营中心要建立完善的数据与绩效管理体系，包括面向整个部门的绩效指标体系、面向各个岗位的绩效指标体系，同时要建立数据采集、管理制度，对部门内部指标的定义、采集的负责人、采集来源、是否需要复核等进行明确的规定，同时需要明确生成哪些报表、以什么形式呈现（如果已经固化到系统中，可以不写在制度里）等，报表要以易用、便于管理的形式呈现，例如给一线班组长的报表中仅需要涵盖与其管理相关的指标，过多的指标数据反而会产生干扰。除此之外，还要规定什么情况下需要进行数据的分析，这些都能够帮助数据分析专职人员更好地完成自己的工作。

管理人员要能够实现通过数据分析来进行管理而不是仅仅从对员工的观察或者几个录音监听的结果中得出结论，否则会出现头痛医头，脚痛医脚的情况。

7. 客户体验管理

客户是企业服务的对象，也是企业最重要的资产。对于政务热线来说，客户也很重要，政务热线是政府和市民进行市政沟通的重要桥梁，城市建设、公共服务的有力支撑，社情民意的直通渠道，社会和谐稳定的重要基础，也是群众工作的重要组成部分。2019 年 1 月，时任南京市市长的蓝绍敏在《政府工作报告》中提到"坚持客户思维，注重客户体验，努力锻造'更优质'的政府服务"。什么是客户思维？如何了解客户体验呢？客户思维，简单来说就是"以客户为中心"，针对客户的各种个性化、细分化需求，提供各种针对性的产品和服务，真正做到"客户至上"，做到"客户就是上帝"。

因此，除了通过 IVR 调研了解市民满意度，政务热线管理部门还需要通过多种方式来收集和分析市民的反馈。首先，热线运营中心要坚持统计和分析市民工单诉求，并形成专项报告定期向管理部门汇报。如果热线运营中心已经部署了智能质检系统，也可以通过智能质检系统来提取和分析市民诉求，提出改进方向，向管理部门汇报。其次，热线运营中心也需要定期通过电话或者其他媒体渠道对市民进行深度的满意度调研，了解导致市民不满意的具体原因，并进行持续的改善和跟进。

第三章 数字化政府建设背景

数字技术已在政府部门得到广泛应用，目前已形成电子政府、网络政府、数字政府、智慧政府等诸多概念。在不同的技术支撑条件、发展理念、运行模式及国家发展导向下，各国政府对数字化的理解各有差异。

第一节 我国政府的数字化转型

我国政府早在 20 世纪 80 年代中期就已清醒意识到信息技术革命将对世界产生巨大的冲击，因而便开始在一些政府部门尝试利用计算机技术辅助实施一些最基础的政务活动，如管理档案、处理公文等，这便是大家通常所说的 OA(办公自动化) 工程。继美国提出"信息高速公路计划"之后，世界各地掀起"信息高速公路"建设的热潮，中国也迅速做出反应。1993 年底，中国正式启动了国民经济信息化的起步工程——"三金工程"，这是中央政府主导的以政府信息化为特征的系统工程，目的是建设信息化的基础设施，为重点行业和部门输送数据和信息。"三金工程"即金桥工程、金关工程、金卡工程。金桥工程的具体内容是建立国家共用经济信息网，具体目标是建立一个覆盖全国并与国务院各部委专用网连接的国家共用经济信息网。金关工程是对国家外贸企业的信息系统进行联网，推广电子数据交换技术 (EDI)，实行无纸贸易的外贸信息管理工程。金卡工程则是以推广使用信息卡和现金卡为目标的货币电子化工程。

1998 年，随着网络技术的快速发展和信息基础设施的不断完善，我国政府提出了政府上网的构想，并将 1999 年定为"政府上网年"，从而揭开了我国电子政务建设发展的序幕，电子政务也开始成为人们关注的焦点。2002 年，第九届全国人民代表大会第五次会议《政府工作报告》中提出，"加快政府管理信息化建设，推广电子政务，就像很多改革开放时期的新鲜事物、新情况一样，具有中国特色的电子政务建设也应该有一个解放思想、努力学习的过程。"2006 年 1月 1 日零时，中华人民共和国中央人民政府网 (以下简称中国政府网) 的开通吸引了世界的目光，中国政府网是中国各级政府在互联网上发布政务信息和提供在线服务的综合平台，网站设置了政务信息区、办事服务区、互动交流区和应用功能区等区域，链接了 48 个政府部门，整合了各大政府部门网站的信息资源为网站导航，打开栏目首页时犹如站在各大政府部门的入口，网民可以找到每个部门的地址、电话、网址，并即刻办理部分网上业务。

"十一五"期间，国家电子政务快速发展，电子政务在改善公共服务、加强社会管理、强化综合监管、完善宏观调控等方面发挥了重要作用，促进了政府职能转变，已成为提升党的执政能力和建设服务型政府不可或缺的有效手段。电子政务建设过程中也存在一些比较突出的问题，一是政府职能转变的融合度不够，电子政务战略意义并未凸显；二是业务联动、资源整合难度大，影响效能发挥；三是部门管理功能强化，公共服务功能相对薄弱；四是推进信息化走的是传统路子，主要由业务部门和技术部门发起，没有通过部门的日常管理和服务融合起来一起推进。

针对这些问题，我国电子政务下一步的发展要抓住融合、整合、渗透的趋势。融合是指信息技术要与政务目标、国家和地方的经济发展目标进一步融合。整合是指从网络层、资源层、应用层跨部门整合推进，解决宏观矛盾。渗透是指电子政务的应用面要扩展，使所有公务员、民众都在电子政务的应用中受益，进一步用好信息通信技术，建设效能型电子政务。所谓融合战略，是指信息化要支持和引领政务发展目标。融合是信息化的高级阶段，融合的电子政务与以前的电子政务既有联系，又有区别。所谓整合战略，是指通过信息化整合政务资源，推进政府向扩展型/服务型政府转型，大幅度提升公共管理和服务水平，以及政府管理的创新能力。比如食品安全问题，不是仅靠哪一个部门就可以管好，而是牵涉十几个，甚至二十几个部门，这就要求政府将服务部门整合，让民众吃到放心的食品，企业生产出安全的食品，使政府成为值得信任的有信用的政府。这就是政府的服务型目标，也是政务资源整合的含义。所谓渗透战略，是指信息化持续发展的方向，可以分为技术导向型渗透和业务导向型渗透。其中，技术导向型渗透是要充分发挥新技术的利用潜力，业务导向型渗透是将信息化向广度和深度发展，打造人人受益的电子政务。

2012 年，政府依据《2006—2020 年国家信息化发展战略》和《中华人民共和国国民经济和社会发展第十二个五年规划纲要》制定了《国家电子政务"十二五"规划》，以此作为"十二五"期间推动国家电子政务发展的指导性文件。该文件对国家电子政务顶层设计的方向、地方电子政务覆盖率和管理水平、电子政务技术服务能力，以及信息安全保障能力都做了明确的规定。

2014 年底，我国已经初步实现系统数字化建设，地方电子政务覆盖率得到了显著提升。2015 年开始，国家政务管理进入了发展新阶段。

2015 年 3 月 5 日，在十二届全国人大三次会议上，时任国务院总理李克强在政府工作报告中首次提出，"制定'互联网 +'行动计划，推动移动互联网、云计算、大数据、物联网等与现代制造业结合，促进电子商务、工业互联网和互联网金融健康发展，引导互联网企业拓展国际市场"。

党的十八大以来，以习近平同志为核心的党中央高度重视以信息化推进国家治理体系和治理能力现代化，强调要加快推动电子政务，打通信息壁垒，构建全流程一体化在线服务平台，助力建设人民满意的服务型政府。国务院将"互联网 + 政务服务"作为深化"放管服"改革的关键环节，专门印发文件，做出全面部署。自 2015 年以来，政府出台了一系列政策和指导意见 (见表 3-1)，深入推进"互联网 + 政务服务"，加强信息共享，优化政务流程，引领政务服务创新改革不断取得新成效，深化"放管服"改革，进一步推进"互联网 + 政务服务"，加快构建全国一体化网上政务服务体系，推进跨层级、跨地域、跨系统、跨部门、跨业务的协同管理和服务，推动企业和群众办事线上"一网通办"(一网)，线下"只进一扇门"(一门)，现场办理"最多跑一次"(一次)，让企业和群众到政府办事像"网购"一样方便。

表 3-1　政府出台的政策和指导意见列表

时　　间	政策和指导意见
2015 年 7 月 4 日	《国务院关于积极推进"互联网 +"行动的指导意见》国发〔2015〕40 号
2016 年 4 月 26 日	《国务院办公厅关于转发国家发展改革委等部门推进"互联网 + 政务服务"开展信息惠民试点实施方案的通知》国办发〔2016〕23 号
2016 年 5 月 24 日	《国务院关于印发 2016 年推进简政放权放管结合优化服务改革工作要点的通知》国发〔2016〕30 号
2016 年 9 月 29 日	《国务院关于加快推进"互联网 + 政务服务"工作的指导意见》国发〔2016〕55 号
2017 年 1 月 12 日	《国务院办公厅关于印发"互联网 + 政务服务"技术体系建设指南的通知》国办函〔2016〕108 号

续表

时　间	政策和指导意见
2017 年 5 月 18 日	《国务院办公厅关于印发政务信息系统整合共享实施方案的通知》国办发〔2017〕39 号
2017 年 6 月 8 日	《国务院办公厅关于印发政府网站发展指引的通知》国办发〔2017〕47 号
2017 年 6 月 30 日	《国务院办公厅关于印发全国深化简政放权放管结合优化服务改革电视电话会议重点任务分工方案的通知》国办发〔2017〕57 号
2018 年 4 月 24 日	《国务院办公厅关于印发 2018 年政务公开工作要点的通知》国办发〔2018〕23 号
2018 年 6 月 22 日	《国务院办公厅关于印发进一步深化"互联网＋政务服务"推进政务服务"一网、一门、一次"改革实施方案的通知》国办发〔2018〕45 号
2018 年 7 月 31 日	《国务院关于加快推进全国一体化在线政务服务平台建设的指导意见》国发〔2018〕27 号
2018 年 9 月 6 日	《国务院办公厅关于加强政府网站域名管理的通知》国办函〔2018〕55 号
2018 年 11 月 9 日	《国务院办公厅关于印发《政府网站集约化试点工作方案》的通知》国办函〔2018〕71 号

2018 年，中国电子政务水平已有显著提高。2018 年，日本早稻田大学数字政府研究所与国际 CIO 学会 (IAC) 联合发布的《第 14 届 (2018) 国际数字政府排名评价报告》指出，中国位列世界第 32 名，相较于 2017 年第 44 名上升 12 个名次。大部分一、二线城市能够实现电子政务平台化，部分省份如广东、江苏、浙江、贵州、上海、安徽等在数字政府建设方面处于世界一流水平。

2017 年底，广东省政府率先在全国部署"数字政府"改革建设，探索与数字经济发展相适应的政府治理新模式。腾讯与三大运营商合资组建的数字广东公司深度参与广东"数字政府"改革建设的技术支持工作。由数字广东公司负责开发的粤省事微信小程序一经推出，就成为政务服务领域的爆款应用，目前已经可以一站式办理 680 多项的政务服务，还融合了身份证、社保、驾驶证等近 60 种电子证照功能。目前，粤省事的实名客户已经超过 1300 万，大约每 9 个广东人就有 1 个在使用。国务院办公厅电子政务办公室委托国家行政学院电子政务研究中心评估并发布的有关报告显示，2018 年广东省级政府网上政务服务能力指数排名从 2017 年的第四名一跃登顶，成为全国第一。据了解，广东省数字政府改革建设采用"全省一盘棋"的制度设计，推动政务云、大数据、公共支撑平台等信息基础设施的省级统筹，打破条块分割，实现协同共享，通过一体化集约管理来降本增效；探索"政企合作、管运分离"的建设运营模式，把数字政府建设的技术支持工作交由一家全新的混合所有制企业来承担，从采购工程向采购服务转变，这在全国还没有先例。随着社会进步，群众和企业也会要求政务服务与社会治理的颗粒度越来越精细化。政务民生服务正在逐步从打通"最后一公里"向打磨"最后一米"迈进。

上海已建成上海政务"一网通办"总门户。对面向群众和企业的所有线上、线下服务事项，逐步做到一网受理、只跑一次、一次办成，逐步实现协同服务、一网通办、全市通办，逐步实现网上办理事项全覆盖，实现全市网上政务服务统一入口和出口，全市通办率达到99%，市、区两级涉企审批事项90%实现只跑一次。建设统一的数据共享交换平台，推进线上、线下政务服务流程再造、数据共享、业务协同，形成融合一网受理、协同办理、综合管理为一体的政务服务体系，实现政务服务减环节、减证明、减时间、减跑动次数，真正做到从"群众跑腿"到"数据跑路"，从"找部门"到"找政府"，提升群众和企业获得感。

数字政府的概念，浙江提得早，也落实得早。从支付宝水电煤缴费开始，到后来的浙江政务服务网、最多跑一次，浙江一直走在全国前列。2009年，杭州率先开通了掌上政务服务，实现通过支付宝水电煤缴费，开启数字政府1.0时代，此后不久，浙江全省居民都实现了通过支付宝进行缴费。目前，全国已有442个城市（含县级市和省直辖县）将政务服务搬上了支付宝平台。一个窗口或一个操作步骤的背后是数据化运营和政府部门的流程再造。以办理出生证为例，以前需要申请人填写60项信息，提交20份材料，跑5个窗口，如今只需要在浙里办App填写9项信息，提交1份材料。除了以上业务，更多数字化实践也已在浙江展开。借助城市大脑的技术能力，杭州在全国率先建设了几十个无杆停车场，车子进出都没有杆，收费自动无感完成。此外，杭州还在医疗行业试点"最多付一次"，病人从就诊到离院只付一次钱，甚至可以回家后再付。依托阿里数据中台和业务中台，政务服务数据系统的打通与资源的整合，正让数字时代的便利惠及千家万户。

《第14届(2018)国际数字政府排名评价报告》在分析中国数字政府发展态势的部分多处提到，中央网信办的成立对中国数字政府的建设起到了积极、有效的作用。"'数字政府'是'数字中国'的优质组成部分，和治理能力、现代化水平共同构成政府运行的新形态。"国家互联网信息办公室时任副主任杨小伟认为，作为电子政务发展高级阶段的"数字政府"，将成为"数字中国"和国家信息化的重要基础。

此外，多项权威报告明确指出，中国的"数字政府"建设日趋成熟。复旦大学联合提升政府治理能力大数据应用技术国家工程实验室、国家信息中心数字中国研究院发布的《2018中国地方政府数据开放报告》显示，2018年中国省市数据开放平台上线46个，比2017年增加27个。

5G、AI等新一代信息通信技术给电子政务的发展带来了新的契机，新技术构建新一代网络基础设施，并以数据为驱动，强化政府数据能力建设。政府进一步打造开放平台、汇聚社会资源，将大大提升服务和监管能力，由5G和AI技术赋能的"数字政府"将为各级政府提供良好的服务平台，政府纳税服务、采购服务、政府数据将会公开。数字化使得中国未来的公共服务更精简、更强大，并让业务熟练、适应性强的公务员处于服务提供和创新的前沿。未来，居民使用公共服务可以在方便的地方一次性解决问题。

目前，我国部分省市已逐渐从提供一体化平台服务向数字政府、智慧政府转变。2020年2月，上海市发布了《关于进一步加快智慧城市建设的若干意见》，目标是将上海建设成为全球新型智慧城市的排头兵、国际数字经济网络的重要枢纽，引领全国智慧社会、智慧政府发展的先行者，智慧美好生活的创新城市。坚持全市"一盘棋、一体化"建设，更多运用互联网、大数据、人工智能等信息技术手段，推进城市治理制度创新、模式创新、手段创新，提高城市科学化、精细化、智能化管理水平。科学集约的"城市大脑"基本建成，全量汇聚的数据中枢运行高效；政务服务"一网通办"持续深化，群众办事更加方便，营商环境进一步优化；城市运行"一网统管"加快推进，城市治理能力和治理水平不断提高；数字经济活力迸发，新模式新业态创新发展；新一代信息基础设施全面优化，网络安全坚韧可靠，制度供给更加有效；城市综合服务能力显著增强，成为辐射长三角城市群、打造世界影响力的重要引领。

根据《广东省"数字政府"建设总体规划(2018—2020年)》和现实实践，广东省数字政府建设的规划思路可以分为两个方面：一方面是整体性，即打破各部门内部业务壁垒，以全局、整体的思路整合资源、优化流程，提高跨部门协同能力；另一方面是智慧化，以一体化、便捷化、智能化的管理和服务，进一步提升企业和群众获得感。整体性和智慧化就是建设目标，分别在政府管理职能和服务职责上加以体现。整体性意为强化管理方式的创新、体制机制的健全，着眼于建设一体化高效运行的"整体政府"。管理职能上打破了各部门内部业务壁垒，以全局、整体的思路整合资源、优化流程，提高跨部门协同能力，实现"纵向到底、横向到边"的制度创新。智慧化强调服务供给思维、技术支撑体系的创新，认真践行以人民为中心的发展思想，进一步提升企业和群众获得感。在服务职能上，按照"以客户为中心"的原则，运用互联网思维便民利企；在政府购买服务上，实现政府"端菜"向群众"点菜"转变。最终，从总体上推动实现网上政务服务模式，由分散向整体转变、由粗放向精准转变。

第二节　国外电子政务改革趋势

一、国外关于电子政务发展阶段的划分

电子政务的发展就其深度和广度而言，是一个从低级向高级、由局部向整体、从分散到集中的逐步推进的过程。国内外许多研究者和研究机构根据不同国家、地区电子政务发展的种种特点，探讨和归纳了共同的发展轨迹，从而形成对电子政务发展阶段的看法。从这些研究中可以发现大部分国家的发展有一定共同之处，进而总结出电子政务发展的一般规律。其中美国政府在电子政务建设方面遇到的问题与中国有很多相似之处，其解决思路尤其值得借鉴。

1. Gartner 对电子政务发展阶段的划分

早在 2000 年，Gartner 就提出将电子政务的发展分为四个阶段 [1]。

(1) Web 展现阶段：特征是在互联网上提供关于政府机关的一般信息，也就是我国通常所说的政府上网的阶段。

(2) 交互阶段：政府网站提供电子表格下载等服务，使公民能访问重要信息，但是仍然需要到政务机关去办理业务。

(3) 交易阶段：公民可以通过网站提供的在线服务应用系统实现网上办事。

---

[1]　Baum C, Di Maio A. Gartner's four phases of e-government model. Gartner Group, 2000.

(4) 转型阶段：以公民为中心，对公共服务机构和流程进行重组。

2.IBM 对电子政府发展阶段的划分

2005 年，IBM 在《随需而变的政府》中提出将电子政府的发展分为四个阶段[①]。

(1) 在线的政府，以信息和服务上网为特征。网上提供表格和服务清单是相对简单的工作，可由单个部门独立完成，无须太多的跨部门协作。大多数政府都已实施了在线政府的许多应用。

(2) 互动的政府，即政府组织信息和服务，以进一步方便公民和企业访问，提高了公民及企业与政府的互动能力。由于每个机构都提供在线服务，涌现了大量容易令人混淆的网站，使访问者很难找到具体信息的正确位置。这时，合理的解决方案是门户网站。

上面两个阶段中，几乎或根本没有出现任何流程转型。政府如常开展工作，只是添加了更便利的服务途径。

(3) 整合的政府，指政府内部整合，将工作重点从上网提供政府机构服务和信息转向整合流程以提供客户所需的服务。客户包括公民、企业、员工、其他政府，以及与特定政府实体互动的其他利益群体。在这个阶段，项目以客户为中心，始终围绕如何满足特定客户的理想体验目标，以及如何整合流程以实现该目标。关注点是创建高效的内部流程，以便大幅度降低运行成本，并根据需求提供更多服务。与前两个阶段相比，第三个阶段更难实施，但它能实现丰厚回报。成功地整合政府业务流程，可以创造就业机会、提高社会公益服务的成效、提高员工生产率。

(4) 随需而变的政府，即政府业务流程不仅实现了全政府机构的整合，而且与主要合作伙伴、供应商及公民端到端整合。这种政府能够灵活、高效地响应任何公民需求、机会或外部威胁。

3. 欧盟对电子政务发展阶段的划分

欧盟在 2003 年提出将电子政务的发展分为四个阶段。

(1) 信息发布阶段：能够提供有关如何获取在线公共服务所必需的信息。

---

① James Cortada W, Vivian Nix A, Lynn Reyes C. Opening up government. IBM, 2005.

(2) 单向交互阶段：能够提供表格下载服务。

(3) 双向交互阶段：允许在线提交表格，具备个人身份认证功能。

(4) 事务处理阶段：公共服务能够完全在线处理和提供，相关的主要流程也能在线实现。

2008 年增加了第五个阶段——个性化阶段：可以个性化定制符合公民自身需求的公共服务，完全实现以公民为中心的在线服务。根据欧盟 2007 年的电子政务评估报告，欧盟整体的电子政务发展水平处于第四阶段。[①]

4. 联合国对电子政务发展阶段的划分

联合国在 2002 年提出将电子政务的发展分为五个阶段。

(1) 萌芽阶段：建立在线官方政府。

(2) 提升阶段：政府网站增多，信息动态化。

(3) 交互阶段：客户能通过网站下载表格，与官员进行电子邮件沟通及相互交流。

(4) 事务处理阶段：客户能在线实现服务支付和其他交易。

(5) 无缝化阶段：跨越行政界限享受充分的综合电子服务。该阶段在 2008 年修订为互联阶段。

二、国外电子政务案例

美国政府数字化建设起源于 20 世纪 90 年代初，主要受到两方面的影响。一方面，传统政府的组织结构模式是政府自上而下地统一规划管理层次和管理幅度，政府内部有一个金字塔形的部门结构，高层垄断信息，造成管理效率低下；另一方面，数字技术的应用多集中在提高政府内部现存操作效率或者提供单向的信息传播，而不是改善机构和民众与政府之间的互动关系。1993 年，克林顿政府成立国家绩效评估委员会，该组织通过大量的调查和研究得出了《创建经济高效的政府》和《运营信息技术改造政府》两份报告，提出利用先进的信息网络技术克服美国政府在管理和提供服务方面的弊端，拉开美国"电子政府"建设的序

① 　Billestrup, J., Stage, J. (2014). E-government and the Digital Agenda for Europe. In: Marcus, A. (eds) Design, User Experience, and Usability. User Experience Design for Diverse Interaction Platforms and Environments. DUXU 2014. Lecture Notes in Computer Science, vol 8518. Springer, Cham.

幕。通过十多年的发展，截至 2006 年，美国电子政务建设已达到全球领先地位。通过电子政务建设，1992—1996 年美国政府员工减少了 24 万人，减少开支 1180 亿美元。在国民和企业的服务方面，政府确立了 3000 条服务标准，作废了 1.6 万页过时的行政法规，简化了 3.1 万多条各项规定。通过政务系统的精简，大大节省了人财物，提高了政务透明度，堵住了徇私舞弊的渠道，同时拉近了国民与政府之间的距离。芝加哥大学管理学院国家质量研究中心在 2001 年进行的"全美客户满意指数"调研显示，美国民众对联邦政府的满意度比前一年提高了 3.5 个百分点。该中心主任认为，电子政务在时空效应、信息价值及便捷性等方面的优势，使得越来越多的民众提高了对政府的信心。

2015 年 10 月，白宫发布了《美国创新战略》，其中提到的创新战略中就包括智慧城市战略，投入财政预算用于相关研究设计规划和基础设施部署。在其指导下，美国构建了现代化的城市智能电网、联邦智能交通系统、电子健康记录系统、智能停车系统、智能道路照明工程、智能社区等。近年来，美国政府对物联网技术的投资达到历史最高水平，公共部门是仅次于私营企业的物联网技术第二大采用者。在政府中，物联网最重要的作用是降低成本、提高效率。预计到 2025 年，联邦、州和地方政府将会有 225 亿件物联网设备，这说明政府将大力推动该技术并将其应用于公共服务领域。美国在政府数字化转型过程中强调：第一，让公众能够随时随地通过任何设备便捷地获取政府的高质量服务；第二，政府要适应数字化的发展进程，能够经济、安全、有效地管理数据和资产；第三，强调社会创新和对创新工具的及时应用。

新加坡从 20 世纪 80 年代起就开始发展电子政务，现在已成为世界上电子政务最发达的国家之一。新加坡国家电脑局 (NCS) 成立于 1981 年，1996 年独立成为新加坡最大的应用服务公司。从 80 年代开始，NCS 在发展部属新加坡民事服务电脑化的规划和建设中发挥了关键的作用。NCS 一直密切关注最新的电子政务行业发展趋势、政府监管规定和新兴技术，以提供包括业务战略、流程、技术和创新等关键元素在内的、满足本国各政府机构需要的电子政务解决方案。NCS 拥有一整套经过时间和项目验证的可靠方法，支持业务流程规划、变革管理规划、战略 IT 规划、项目管理、系统托管和维护等，为新加坡实施超过 1000 个大型项目，涵盖政府所有领域，包括公共服务、家居生活、医疗卫生、公共安全、教育文化、科学技术、工商贸易、交通物流、电信等。

作为政府主导型的电子政务发展模式，新加坡政府专门设立了资讯通信发

展局 (IDA)，是新加坡政府主要的信息技术服务供应商，专门从事电子政务的全面协调发展。这一机构隶属于新加坡交通与资讯科技部，是 Infocomm21 计划的具体实施部门，也是促进电子政务系统、电子商务发展和网络信息安全的管理部门。另外，新加坡政府专门组织成立了由各大委、局等机构共同参与的、跨部门的委员会——国家电子商务行动委员会，统一负责协调和推动实现电子经济、电子政府和电子社会的目标。这一机构的设立，对避免电子政务发展中的各自为政、单打独斗的现象起到了重要的作用，使得新加坡各级政府的电子政务发展更加有序、协调一致。

目前，普通公民在家里通过政府的电子公民中心网站即可处理各种日常事务，例如查询自己的社会保险余额、申请报税、为新买的摩托车上牌照、登记义务兵役等。新加坡电子政务的应用和开展，显著地提高和改进了政府各部门的工作效率，降低了政务活动的成本。有关测算表明，新加坡的电子政务每年大约可以为政府节省 2300 万美元，新加坡政府期望今后电子政务每年能够节约的办公费用再翻一番，达到 4600 万美元的水平。新加坡目前使用频率最高的电子政务服务是个人所得税的在线申报，实施电子政务后，相关部门每处理一笔业务平均可以节约 1.54 美元的办公费用，年累计可以节约 34.3 万美元。

电子政务对改进审批工作也起到了积极作用。新加坡生产力和标准局对中小企业技能发展基金的审批业务进行重组后，审批周期从原来的 42 天缩短到 5 天，对产品的测试也从原来的 22 天缩短到 10 天。另外，2000 年，新加坡政府借助互联网和新的人口统计系统的帮助，完成了第 4 次全国人口普查工作，期间动用了 600 名统计工作人员，花费 2400 万新元，统计公报在普查结束 6 个月后对外发布。如果按照传统的人工普查办法，至少需要 6000 名统计工作人员，花费 7000 万新元，统计公报在普查结束一年后才能对外发布。

2014 年 9 月，新加坡发布了"智慧国家 2025"的计划，推进搭建"智慧国平台"，通过覆盖全国的数据采集系统分析、处理数据，从而预测公民需求，提出移动电子政务的新理念，从而进一步扩大数据政府的广度和深度；通过智能解决方案为公民及企业提供更完善的服务，其中包括智能化的交通、生态、医疗、监测等。2017 年，新加坡成立智慧国及数字政府工作团，建设覆盖全国的数据收集、连接和分析的基础设施与操作系统，以便进一步了解和预测公民的需求，从而提供更好的公共服务。

第四章 政务热线的发展与转型

第一节 政务热线发展的困境与挑战

随着我国在电子政务方面的发展，越来越多的省市以 12345 市长电话为基础，整合 110 平台外的政府各职能部门非警务类求助服务平台资源，建设统一的非紧急社会公共服务平台，为群众提供"只拨一个号"服务。12345 政务热线经过了三十多年的发展、演进，已经成为政务服务和政民互动的重要平台，在提升政府服务水平、推进经济高质量发展、创新社会治理方式方面有着独特的价值。

市长电话的建设初衷是构建一条帮助政府了解社会信息、解决民生问题的渠道。市长热线电话从出现就承担着超过其本身职能边界的工作内容，它不但是政府与市民沟通的渠道，也是解决各种社会问题的有效渠道。通过热线电话制度，可以在一定程度上解决因政府有效制度供给缺乏而出现的问题。但热线电话由于其特有的运行方式，以及其所触及的广泛的社会领域，导致其自身在实践发展中面临着很多亟待解决的困境和难题。

一、热线整合中的瓶颈

我国从 20 世纪 80 年代陆续开通的 119、110、120、114 等公共服务热线号码大多为 3 位数，受当时通信技术发展水平和电话普及率较低的限制，公共服务热线能够受理和提供的服务极其有限。2000 年前后，各地公共服务热线的开通达到高潮，其快速发展的原动力来自经济的发展和社会的进步，民众对公共服务的需求日益增强。许多城市在原有的 110、120 和 119 热线的基础上，相继开通了城管、市政、卫生、民政、规划、工商、环保、价格、税务等服务热线，受理来自市民的咨询、投诉、建议和求助等各类电话。这一时期的政府公共服务热线大多以 5 位号码为主。据统计，高峰时期这些公共热线超过 5000 条。

截至 2010 年，仅浙江台州市涉及公共服务的热线电话就有 100 多条。在这些热线中，有些部门的行政管理投诉类公共服务热线电话号码相近，都以 12 开头，容易混淆，一些公共服务热线不仅号码相近，部分职能也交叉相近，而且市县重复开通，致使投诉与受理时有重复现象。因此，将政务类和公用事业类部分服务热线整合，成为公共服务改革的首要举措。

通过 12345 热线整合非经营性质的公共热线是解决公共服务碎片化供给、提高政府服务效能的有效途径。实行"一号对外"，既为市民提供方便、快捷的问题反应渠道，避免陷入投诉无门、久诉不决的困境，又能提供咨询和建议，方便市民了解与政府服务相关的信息。然而，在实践中却面临以下方面的问题。

(1) 政务热线权力较弱。很多由市长公开电话发展、演变而形成的政务热线都隶属于信访局，受理人员只是政府体制内的普通工作人员，对于市民的各种诉求，通常只是按流程受理、转办、督办和反馈，并没有真正的行政权。同时，"市长热线"并非一个专门的、正式的职能部门，并不能参加正式的市长办公会议或者政府常务会议这样的核心决策过程。权威性的不足必然导致与其他部门协调能力的不足。

(2) "组织惯性"引发监督失灵。我国行政机关曾长期存在"条块分割"的问题，形成了一种蜂窝状的组织结构，城市政府各部门之间的横向沟通壁垒较多，运行成本较高，导致提供公共服务的部门间协作性不够，遇到问题容易发生推诿扯皮现象。热线开通后，传统型响应方式中造成梗阻的因素依然存在。官僚主义、职能不清、跨部门协调困难这三方面的问题依旧是长期困扰公共服务热线发展的问题。

(3) 传统公共服务热线运营体制存在弊端。热线整合初期，大部分公共服务热线管理部门属于事业单位，在与其他部门进行沟通时，往往会出现环节冗杂、进程缓慢的问题，从而影响事件的处理速度，降低民众的满意度。

同时，公共服务热线在绩效考核体系建设方面还存在缺陷，已有的绩效考核体系并没有有效地结合为民服务这一根本宗旨，与市民对公共热线服务的要求存在较大差距。

(4) 热线建设软件投入仍显不足。与热线硬件系统高成本的投入相比，公共服务热线在建设组织文化、提高话务员素质、改进绩效考核、提升服务水平等方面的投入仍显不足，许多热线出现"一流的设备、二流的话务员、三流的服务质量"的情况，从而阻碍了热线的良性发展。

二、跨部门协作的挑战

自从亚当·斯密将劳动生产力的增进视为分工和专业化的结果后，分工和专业化便成为现代社会的一个主要标志。在政府管理领域，专业化分工、分层级的组织架构，在工业化时代体现了效率优先的原则，也带来了政府服务的分裂性，成为现代官僚体制形成的内在根源。

随着网络技术、信息技术的快速发展和普遍应用，技术推动组织变革和公共管理方式转型的趋势越来越明显，部门分割管理模式的弊端也更加突出。比如，当完整的业务流程被分割后，增加了部门间的交流难度，增加了运作时间和协调成本；导致受部门利益的局限，忽视了整体的使命和目标；部门间利益的冲突进一步导致公共服务的低效和资源的浪费。

20世纪90年代，西方学者提出整体政府的理论，结合当代政府管理面临的新问题创新出一种整体政府的组织模式及方法，开辟了后公共管理背景下政府改革的新视野，对我国形成整体性社会治理体系产生重要影响。作为对新公共管理理论的修正，整体性社会治理思想倡导增进部门间的整合与协作，要求公共部门以公众需求为向导、以提升满意度为目标，在行政部门之间构建整合机制，运用信息化和网络化工具推进流程再造，促进资源共享，使各部门作为相互关联的整体进行运作，提升回应性、增进各类公共服务相互衔接，形成无缝隙的公共服务体系。

政务热线的集中整合作为实现整体性社会治理的重要途径，带来了跨部门协作的革命，包括组织结构整合、信息资源整合、业务整合、服务与提供途径整合等多个方面。政务热线的集中整合以结果为导向，依照网络化治理原则并且将政府制度与人民所需科技和资源高度整合起来，具体体现为公平、公正的公共服务目标，联合的公共服务方法，协调的公共服务政策，也许在实际落地过程中还有所不足，但瑕不掩瑜。

政务热线的受理范围涉及行政管理各领域，要求了解和掌握方方面面的公众信息，从利用现有资源的要求出发，跳出行政管理边界划分等问题的框框，打破单位之间、系统之间的壁垒，积极、主动地加强与各单位的联系和沟通，树立全局意识，统一思想认识，主动寻求各单位的配合和支持；充分利用公共管理部门提供的各种社会资源，打破条、块分隔，改善各自为政的"信息孤岛"局面；利用政务信息方面的现代化办公手段，建立统一的信息平台，收集有关劳动、环保、工商、物价等政府部门信息，合理调配各职能部门工作积极性，从而为公众提供方便、快捷的服务。

党的十八大提出，"建设职能科学、结构优化、廉洁高效、人民满意的服务型政府"，进一步将服务型政府建设的内容具体化，服务型政府的建设进入全面深化的崭新阶段。党的十八届三中全会提出"使市场在资源配置中起决定性作用和更好发挥政府作用"，明确把服务型政府建设作为国家治理体系和治理能力现代化的重要组成部分。党的十九大提出，建设人民满意的服务型政府。在这个阶段，各级政府牢牢抓住简政放权这个"牛鼻子"，以全面深化"放管服"改革为引领，加强监管创新，优化政府服务，提高办事效率，加强各类公共服务供给。

2016年，浙江正式启动"最多跑一次"改革，相关实践被作为典型经验在全国推广。

2018年2月，浙江杭州市成立了"浙江省最多跑一次改革办公室"，该部门的主要职责是通力协调各部门的关系，减少不必要的流程和烦琐手续，贯彻落实浙江省的最多跑一次改革，让政府的办事效率最大限度地高效化。在群众准备的材料完备、资质齐全、符合法律规定的情况下，要求所有部门，不能让群众跑第二次。其中一个规定很亮眼，所有部门"办结最多一个工作日、现场等候最多一小时"。

为了从群众体验出发，实现真正的"最多跑一次"。杭州市政府将所有部门的数据全部打通，尽可能地简化办事流程，同时把淘宝小二的评价体系活学活用到了公务员身上。公务员的工作能力、办事效率、服务态度全部通过评价体系来考核，获得了极高的好评率。

政务热线虽然并不是政策执行的组织者，不负责政策执行的组织和指挥，但往往能通过人民群众反映的情况，及时发现政策执行过程中，政府各职能部门之间信息沟通不畅、协调配合不到位的情况，这时热线的沟通与协调就显得十分重要。比如一个城市最常见的马路上的窨井盖管理就存在这一现象，涉及市政、污水、供水、供电、供气、供热、电信移动、联通、网通、铁通等大小20多家部门和单位，如果某处一窨井盖被盗或被损，就要先后联系多家单位，拨打很多电话。12345 热线可以在整个事件中积极发挥网络联动机制快速、高效的优势，沟通部门之间的信息，通过直接电话联动召开协调会、联席会议等方式牵线搭桥，促成政策执行部门与执行对象之间的协调、政策执行部门上下级之间的协调、各职能部门之间的协调，纵横交叉协调等不同种类的协调，弥合政策执行中存在的疏漏，使政策得到圆满执行。

政府所属的各职能部门是政策执行的直接实践者，是影响政府执行力最直接的因素，在诸多情况下，他们能改变政策执行的方向和力度。公共服务部门通过人民群众的来电可以了解政府职能部门执行政策的情况，特别是在执行政策过程中有没有出现消极作为或不作为的情况。热线的监督职能，在一定程度上有效防止和纠正了政策执行不到位的情况，督促政府职能部门按照政策要求认真履职，确保政策得到全面、有力的执行。

三、有待提升的公众参与度

随着我国经济水平的快速增长，人民生活水平与公民意识也在同步提高，网络经济时代的到来，进一步推动成熟市民社会的发展。如何以公众需求为出发点，构建政府与公众良性的沟通机制，提升公众对公众服务的满意度和对政府治理能力的信任，成为政务改革的方向之一。

从我国公众参与公共服务的实践来看，公众的参与效果与国外成熟的公众参与体系相比，尚有较大差距，大部分仍属于较低层次的形式性参与。具体制约因素如下。

1. 政府现代公共服务理念薄弱

当前，公共服务领域的相关行为仍表现出政府强势、主动的显著特征，与公众的被动、消极参与形成强烈反差，公共服务项目自上而下、单向投入型的运行特点突出，与民主协调的意识不够，代民作主的管理方式普遍存在。

2. 公共服务信息公开不到位

公共服务信息的公开与共享是公众有效参与的基础，由于公共服务项目有很多关键信息并未对外公开，公众对公共服务项目的具体内容、程序、参与的方式等无法获知，也就谈不上参与其中。

3.公众参与制度保障缺失

政府对公众参与公共服务的支持更多地体现在宏观层面，缺乏执行层面的细化制度，即使部分城市有了可以量化的参与安排，由于缺乏有效的监督与考核，最终制度也流于形式。

4.参与平台的建设和创新力度不够

政府为公众提供的表达渠道不能满足公众日益增长的公共服务需求，同时缺乏有效平台整合公众的诉求表达。

有效沟通是公众对政府信任的基础，美国行政学政府公共部门绩效管理研究专家马克·霍哲指出："公众对政府的信任与政府绩效之间是一种双向互动关系。"努力防止"低度信任"与差劲的政府绩效之间恶性循环的发生，对政府公共组织绩效提高来说是关键性的。只有当"高度信任"与出色的政府绩效之间形成良好的正反馈效应，那么政府绩效的提升才会出现一种根本的改观。

高效政府的体现是机构人员少，运转速度快，行为效率高，行政成本低，公众参与程度高，回应效能强，管理效益好。

政务热线作为在新的历史条件下，顺应改革开放的客观需要而设立的政府对外政务热线，通过广泛听取社会各界、基层单位和人民群众对市委、市政府工作的批评、意见和建议，推进市委、市政府各项决策的民主化和科学化，接受人民群众对党政机关及其工作人员的监督、举报和投诉，解决社会热点和难点问题。从政务热线的定位就可以看出，其功能是对政府执行力在手段上的强化和补充，从这个意义上说，热线的本质作用就是通过加大公众参与力度，提升政府的执行力。

在市场经济条件下，由于公共决策的复杂化、综合化，许多东西不可能在政策制定过程中考虑得十分全面，必须通过政策执行这个重要途径去检验。但是，政策执行往往会出现变形和偏差，造成政策执行与政策目标之间出现差距。通过政务热线来汇集民声民意，政策执行方面存在的问题很快就能暴露出来。

政务热线可以充分利用能够与公众便捷沟通的有利条件进行政策宣传和解

释，充分发挥"互联网＋公共服务"的优势，使其成为汇集民意、公众利益表达的主要平台。提升公共服务政策公示效率，加大包括政府门户网站、微博、微信、客户端等在内的公众查询、留言与咨询互动功能比例，强化民意征集、网上政策意见调查的功能，使其成为整合公众利益诉求表达的重要渠道。

第二节　数字时代政务热线的转型探索

一、前期发展的启示和借鉴

当前的政务热线建设可以说方兴未艾，前期的不断探索与实践对后期完善热线治理体系、提升治理能力具有重要的启示和借鉴意义。

(1) 政务热线的设计要注重顶层设计，推动部门协作。顶层设计是推动各部门协作的重要途径，如果没有顶层设计和高位推动，解决问题的时候就不可避免地会受部门利益的掣肘。单纯依靠技术手段推进跨部门行动只可能在小的问题上取得突破，而一旦遇到大的利益冲突，就会面临协调乏力的问题。戈德史密斯提出，构建网络化治理体系须根据传统的自上而下的层级结构建立纵向的权力线，并根据网络建立横向的行动线。横向部门间形成有机的网络协作体系有赖于纵向权力的贯通。为此，政务热线建立市级协调机制，组建领导小组或委员会，由市级领导担任负责人，承担统筹和高位协调职责，推进部门协作，确保各横向部门充分发挥各自优势，形成系统性合力。

(2) 依托现代技术手段，提升热线运行的信息集成能力。采用现代信息技术能够迅速收集海量的信息资源，这些信息直接来源于市民的日常生活，通过对这些信息进行分类、提炼和集成，可形成大数据资源。通过对大数据进行分析，可发现其中的规律性、趋势性特征，为政府决策提供证据支撑。运用大数据、云计算等先进的数据收集和处理技术，可以更好地识别热线运行存在的问题，也可以增进对热线运行的全观认知。对存在的问题及时进行调整，提高热线的效率。

(3) 加强标准化建设，促进资源与流程整合。热线标准化建设有利于各部门资源的共享与流程的整合再造，使行政部门的工作更加规范、透明，避免各部门基于自身业务的"暗箱操作"。一方面，建立政府信息资源管理的规范和制度，保证信息资源采集、储存、分类、组织、发布和共享的制度化与规范化，构建互联互通的信息资源库、资源共享目录，打破各部门信息孤岛的现象。另一方面，规范各部门业务流程，先明晰各部门的主体业务，再根据标准化的规则和公众需求进行热线业务整合，精简多余业务，融合关联业务，促进部门间信息共享、流程对接。

(4) 完善绩效评估体系，改进部门问责约束制度。完善的绩效评估体系能够对政务热线工作人员起到激励约束的作用，进而持续推动热线服务水平的提升。绩效评估应当用现场采集的数据说话，避免主观臆断。同时，应建立复合型考核系统，使行政部门既受到上级评价的约束，也受到其他部门和公众评价的约束。还应扩大市民满意度在部门绩效评估中的权重。这样，通过持续追踪绩效改善情况，就会促使各部门改进工作方法，确保回应性与公共服务质量的持续提升。

(5) 联动是政务热线发挥作用、提高政府执行力的重要途径。为了切实发挥好政务热线的综合指挥和协调作用，应着眼于建设全市大便民服务网络，注重加强与各网络联动单位的协调配合，形成整体合力。

随着技术的发展，人们获取信息的渠道也越来越多样化。新闻媒体在承担舆论导向作用的同时，也承担着舆论监督作用，行使法律赋予的监督权利，同时为政府广开言路，为人民群众分忧。近年来，政务热线借助新闻媒体的舆论监督作用，加强与新闻媒体的合作，增加了政务热线工作的透明度，通过新闻媒体对政务热线工作的深化报道，尽显一个科学执政、民主执政、依法执政的有为政府形象；通过引进媒体监督机制，促使群众反映的热点、难点问题得到尽快解决，促进各级政府机关的效能建设；营造一个解读政策、答疑解惑的良好社会舆论氛围，有效化解社会矛盾，最大限度地减少不和谐因素，提升政务热线的影响力。

总之，政务热线为增进市民与政府的沟通提供了便捷通道，是改进城市公共服务的有效抓手，也是提升公共服务品质的重要工具。政务热线的发展需要秉持整体政府的理念，注重顶层设计和高位协调，采用现代信息技术，加强标准化建设，完善绩效评估和问责制度，促使各部门切实加强协调与配合，实现流程对接与资源共享。政务热线的发展对改进城市治理、完善公共服务体系具有重要指导意义。构建政务热线，不仅可增进政府与市民互动，还有利于快速识别城市运行存在的问题，及时反馈信息，促使相关部门采取协作行动，及时回应市民需求，快速处置问题。同时，通过政务热线也可以汇总城市各方面的信息，可帮助决策者了解城市运行的整体状态和全观图景，识别潜在的矛盾和风险，预测城市发展的未来需求，提前进行决策部署。

二、客户体验探索

客户体验作为商业领域的前沿理论，在客户服务行业已经有了广泛的实践，将体验管理与移动互联技术结合可以打通企业内部的信息壁垒，在外部形成一致的客户体验，为企业带来更多的客户参与度和利润增长。当前，让企业、市民找政府办事儿，像网购一样方便，已经成为电子政务发展的共识。

首先，关注公共需求的表达体验。公共需求是公共管理的逻辑起点。政府部门只有及时了解公共需求的具体状况，准确感知公共需求的表达体验，才能实现公共服务供给的精准化、个性化；关注公共需求表达的通畅体验，比如政务热线是否容易接通，政府网站及其他互动平台是否容易进入，相关技术操作是否简单、便捷等。同时，也要关注公共需求表达的回应体验，即相关需求是否得到了及时回应，这些回应是否真正解除了公众的相关困惑。

其次，关注政务信息获取体验。公众向政府部门表达诉求，同时期待从后者那里获取公共服务的相关信息。这种信息获取体验主要包括：信息的时效体验，如信息获取是否便利可及，政府信息公开是否及时、全面等；信息的真实性（信息与事实的符合程度）体验，政府需要在制度和技术层面确保信息来源、处理、传递的可靠性，使公众产生积极的信息真实性体验，避免不解甚至质疑等消极体验；信息的整体体验，即在信息公开时应做到以"整体政府"面对公众，通过统一的信息发布渠道，如"一张网""一个平台"等，进行信息公开，保持信息的内在一致性，避免信息碎片化和信息之间相互抵牾。

再次，关注服务流程参与体验。当前，公众直接参与公共服务生产或供给的要求与愿望与日俱增，互联网技术的快速发展也使得公民参与公共事务成为可能。越来越多的公众希望亲自参与到公共服务的具体流程中去，比如参与某些公共产品的设计，在家里上网打印审批服务的各种证明等。"公民众包"是大众生产理论在公共服务领域的应用，其实质是公民参与公共服务的过程并为其创新与改善提供智慧和信息支持，也从更大范围拓展了公共服务的参与体验。从最常见的民意收集，到公共服务的"随手拍"，再到志愿者地理信息，以主体意识和参与精神为核心理念的众包组织模式正在公共服务的许多领域悄然兴起。

最后，关注服务绩效评价体验。绩效评价是公共服务完整流程的最后一道关口，关注公民对公共服务的绩效评价体验，有助于公共服务的改进与完善。公众在评价公共服务绩效时，会对公共服务的主观质量如及时性、可接近性、公平性、愉悦性等产生体验，因此，政府应根据公共服务的不同事项和内容设计评价指标体系，确保公众的基本服务体验都可通过具体评价指标体现出来。绩效评价的操作体验，主要是评价流程是否科学规范、操作方法是否简单易行等。绩效评价的反馈体验，即政府部门对公众评价应予以及时反馈，既要回应公众的满意评价，更要回应不满意评价，对于不满意评价，应实事求是地做好答复和解释工作。

通过"互联网＋政务服务"改革，将原来需要线下跑窗口的办事内容转移到线上办理，在时间和空间上重构了人们对政务服务的认知和预期。在各项业务的验证身份、录入资料、咨询等环节，采用人脸识别、语音识别等技术，在提升办事效率的同时大大创新了客户体验。

三、融合、协同与创新

《2018 联合国电子政务调查报告》将在线服务成熟度分为信息服务起步阶段、信息服务提升阶段、政务处理阶段和整体服务阶段。

(1) 信息服务起步阶段，政府网站提供关于公共政策、管理、法律、法规、政府服务的相关记录及其他类型的信息，包含转向政府部门、部委及其他政府分支机构的链接。公众能够获得更新的国家政府和部门信息，并能通过链接获取归档信息。

(2) 信息服务提升阶段，政府网站完善政府和公众之间的单向或简单的双向电子交流，如需要交付政府服务和应用的公众可下载或提交相关表格。网站上有视频和音频文件，并提供多种语言的版本。一些受限的服务允许公众提交请求以获取非电子形式的服务或个人信息。

(3) 政务处理阶段，政府网站开展与公众之间的双向交流，完成公众身份的电子认证。政府网站处理一些非支付性事务，如在线归档税务记录、申请认证和执照等，也可以处理支付性事务，如通过安全网络进行转账。

(4) 整体服务阶段，政府网站的存在已经改变了政府和公众交流的方式，借助网络技术和其他互动工具，政府网站在从公众中获取信息和意见方面发挥了积极作用。电子服务和电子解决方案可以无缝衔接部门内部和部门之间的工作，信息、数据和知识通过集成应用流动于政府机构之间。政府已经从以政府为中心转变为以公众为中心，电子服务以公众为受众群体，通过生命周期事项和细分群体提供特定服务。政府网站开创了这样的一种环境，赋予公众融入政府活动、参与政府决策的权利。[①]

当前，在我国主要一、二线城市，电子政务已经完成前三个阶段的建设工作，进入整体服务阶段。一体化在线政务服务平台下的"一窗受理、一证通办、一网通办、一次办结"全面提升了政府的服务效率，创新了群众办事的服务体验。从电子政务到"互联网＋政务服务"，从政府数字化转型到建设数字政府，十多年来的探索发展，其背后是政府组织构架的重构、办事业务流程的重构及政务服务形态的重塑。

随着全国一体化在线政务服务平台建设的加强，各级政府纷纷调动各方社会资源和力量，积极利用移动互联网技术，加强和规范政务服务移动应用建设与管理，积极推进覆盖范围广、应用频率高的政务服务事项向移动端延伸，推动实现更多政务服务事项"掌上办""指尖办"。移动政务服务发展取得了显著成效，逐渐成为政务服务创新发展的主要渠道。

伴随移动应用的迅猛发展，各地区、各部门开始从民生角度切入，大力推动手机移动客户端、微信公众号、行政审批事项二维码投入审批服务应用，积极推动覆盖范围广、应用频率高的政务服务事项向移动端延伸，推动实现更多政务服务事项"掌上办""指尖办"。目前，全国大部分城市为本地区群众提供了便捷、高效的移动政务服务。

政务服务在线化的目的，一是不受空间和时间影响，极大地方便群众办事；二是导流客户，减少线下实体办事窗口的压力和行政成本；三是业务数字化，全过程留痕、可追溯，大大提升政府透明度并减少腐败。

政务服务在线化提供了广泛连接的可能性，使得政府部门、企业、社会的融合与协同发展成为可能。但"互联网＋政务服务"不是用简单的信息化手段把线下的政务服务粗暴地搬到了线上，甚至仅用链接方式实现互联网应用访问的跳转不是"互联网＋政务服务"。未来，"互联网＋政务服务"至少要解决四个问题：

---

① 　来源：《2019 数字政府发展报告》。

第一，要将条线部门分散的、分级的应用系统整合起来，形成一套标准化、整体性的应用系统；第二，支撑政务服务的在线应用系统，与一体化平台实现整合共享，完成系统对接、统一认证和数据共享；第三，通过流程再造和数据共享，实现政务服务跨地区、跨部门、跨层级、跨系统的业务协同；第四，强化开放合作意识，充分利用政务服务资源，与银行、邮政、电信、融媒体等行业的机构开展合作，实现跨界融合，为优化营商环境提供更好的决策依据。

融合是协同发展的基础，没有协同就没有真正意义上的融合，就没有政府服务效率的线性增长。

从政务热线的角度来看，未来需要根据在线渠道的特点强化服务的整体设计，强化协同，包括数据方面的开放合作，强化创新，吸引更多的公众参与、互动，在政务服务的大生态中更好地发挥独特的优势。

≪ 第二篇 ≫

大数据 +AI 技术赋能政务服务

在数字化时代，大数据和人工智能技术的快速发展正在深刻地改变着政府服务窗口的运营方式。政府服务窗口作为政务热线的重要组成部分，承载着为人民服务的使命，需要不断创新和适应新技术的变革。大数据和 AI 技术的赋能，为政府服务窗口带来了前所未有的机遇和挑战。

通过利用大数据技术，政府服务窗口能够收集、储存和分析海量的数据资源，从而深入了解民众的需求和诉求。这使得政府能够更加精准地制定政策和提供服务，为民众提供更加个性化、高效、便捷的服务体验。同时，大数据的应用还能够帮助政府服务窗口进行数据驱动的决策，提高运营效率和服务质量。

AI 技术的引入更是为政府服务窗口带来了全新的智能化升级。通过自然语言处理、机器学习和智能推荐等技术，政府服务窗口能够实现智能化的语音识别、智能问答和智能推送功能，极大地提升了服务的便利性。此外，AI 技术还能够辅助政府服务窗口进行数据挖掘和预测分析，为政府决策提供科学依据，实现精准治理和智慧决策。

第五章　技术的颠覆与意义

第一节　"狼来了"：技术对政务热线运营的颠覆

一、技术是客户中心发展的推动力

20 世纪 90 年代中后期，随着我国经济的发展，客户中心的概念被引入国内。1998 年，我国开始实施电信"九七"工程，通信网络在我国大面积铺设，通信成本开始大幅度下降，电话作为基础民用设施在我国广泛推广。这为客户中心在中国的发展奠定了坚实的技术基础。自 2000 年开始，客户中心在中国快速发展。2000—2010 年是计算机技术、网络技术高速发展的十年，也是客户中心技术高速发展的十年。客户中心的 IVR、CRM、VoIP(voice over Internet protocol)、录音和质量管理，以及 CTI(computer telephony integration) 等主流技术日益成熟，这也推进了客户中心从粗放式运营向标准化运营转变。同时，中国客户中心的规模实现了爆发式增长。CC-CMM 标准组织发布的《2021—2022 年中国客户中心产业发展报告》指出，截至 2022 年底，我国客户中心产业总座席已达到 142 万席，直接作业人数超过 280 万人，累计投资规模超过 2500 亿元。全国范围内的以客户中心为主导产业的专业园区超过 40 个。

客户中心从最初的提供单一语音服务渠道发展为多介质的复合服务渠道体系，再到目前的整合服务、营销、运营的一体化平台，其应用已经遍及政府、金融、保险、银行、电信运营商、电商、物流、家政、医疗等数十个行业的客户服务、电话营销、技术支持、市场调研等业务领域，当前具备一定规模的客户中心运营机构已经超过数万家。

回顾产业发展的历史。2015 年，"互联网＋"，一个人们熟悉得不能再熟悉的词语与符号的组合，从国家把其嵌入中国经济发展战略规划的那一刻起，便激荡起神州"大众创业，万众创新"的春潮，为经济注入了一股澎湃的力量。中国的这场"互联网＋"行动计划，突出以大数据、云计算、物联网与现代制造、生产性服务等产业的融合及创新，发展壮大新兴业态，打造新的产业增长点。以此为契机，移动互联网的快速渗透和终端设备的智能化使客户中心进入全渠道数字化时代，客户中心渠道更加多样化，实现了手机、微博、微信等新兴媒介的语音、视频、文本、Web 等多媒体接入，与客户实现互动，客户通过网页、社区平台或客户端进行自助服务，大量依赖客户中心的业务随着终端应用的推进，话务量逐渐减少。为了满足逐年多样的呼叫需求，提升客户体验、提高工作效能，目前几乎全球所有的客户中心已经不再局限于简单的语音接入，而是不断地推进智能化改造，各行各业客户中心的传统运营模式正在逐渐发生改变。

2016 年，我们见证了客户中心和客户体验方面发生的许多变化。在这一年，行业完成了从客户中心向联络中心的转变之后，便朝着客户互动中心迈进和转化；自助服务迎来了发展的黄金时期，客户有了更多自助服务渠道的选择；具备自然语言理解能力的聊天机器人崭露头角；智能数据驱动个性化服务发展。在这一年，大家都在积极引入云通信和虚拟座席技术，而社交媒体则变得比以往更加重要。客户中心将成为一个更为广泛意义上的、更大范畴的客户中心，它融合客户中心、CRM、通信服务、营销服务管理、企业门户、移动终端管理等综合功能，成为企业整合的通信信息化管理平台，并与业务相融合，贯穿企业业务和服务流程。

2017 年，党的十九大报告中指出，我国社会的主要矛盾已经转化为人民日益增长的美好生活需要和不平衡不充分的发展之间的矛盾。这里面有一个潜台词，即生产能力已经不是问题。在生产力低下的时代，谁能够生产、销售产品和服务谁就是老大。但在生产过剩和供应充裕的时代，谁能够真正理解客户的需求，满足他们个性化、多层次、高标准的要求，谁才能持续赢得客户青睐与忠诚。社会主要矛盾的变化、中国社会老龄化的趋势、以人工智能为核心的技术飞速发展，对客户中心产生了深刻的影响。传统的靠海量人工座席提升服务的策略已经过时，智能客服所占的比重急剧提升但效果差强人意，客户对官方所提供服务的质量要求越来越高，但企业对客户服务的认知还处于传统阶段，这里面存在许多问题，同时意味着大量机会。2017 年是形成战略思维的一年，主要体现在更好的数据分析、更好的社交媒体对话，以及引入人工智能的创新方式，等等。结合过去几年的技术发展情况并展望未来 5 年，双向视频、虚拟现实和增强现实、AI 机器人、非语音交互运营管理技术、物联网、区块链等将深刻影响客户中心的技术。

2018 年，改革开放四十周年之际，政府着重强调做大做强新兴产业集群，实施大数据发展行动，加强新一代人工智能研发应用，在医疗、养老、教育、文化、体育等多领域推进"互联网 +"。企业比以往拥有更多的机会增加与客户的联络，提高客户黏性，也直接推动了客户中心行业更新迭代，紧跟大数据、云计算和人工智能技术前沿，不断地满足客户需求，向客户提供超预期的客户体验。运用新技术、新业态、新模式，大力改造、提升客户中心。

2019 年，客户中心的产业规模仍在不断攀升，5G 技术的渗透也对客户中心的发展提出了更高的要求——发展智能客服，拓展智能技术，建设智慧服务平台以适应新形势发展，满足多元化、现代化客户中心的需求。智能机器人、云服务、全渠道、全媒体、声纹识别等技术在客户中心产业中的融合，进一步推动了第六代和第七代客户中心正式进入市场应用阶段。

2022 年 2 月 28 日，国务院新闻办公室举行促进工业和信息化平稳运行和提质升级发布会，对工业和信息化部保障客户权益、改进服务等相关情况进行了介绍，"聚焦服务感知，督促主要互联网企业建立客服热线，响应客户诉求"将作为重要工作之一，我们看到，对客户服务的重视上升到了国家层面。

技术一直是推进中国客户中心规模化发展的巨大驱动力。然而，从 2012 年开始，业界开始传出不同的声音，随着科技发展，这个声音越来越响——人们认为客户中心的人工客服可能会随着人工智能技术的发展而消失，取而代之的将是智能机器人。不少专家认为语音识别技术的飞速发展，已经让人们可以通过自然语言与计算机进行人机交流。美国 IT 调研与咨询服务公司 Gartner 预测，到2028 年，85% 的客户交互将不再由人工处理；其他机构预测，目前形态的客户中心将彻底消失。这些专家的观点在当年听起来甚至有些危言耸听，但他们准确地预见了行业中即将发生的变化。

二、人工智能和大数据技术的发展

清华大学中国科技政策中心发布的《中国人工智能发展报告》显示，近几年，人工智能在中国快速发展。

全球和中国人工智能行业投融资规模都呈上涨趋势。智能技术在中国的高速发展把人工智能从科幻电影中带到了人们的身边。与此同时，智能化应用、大数据应用也逐步进入客户中心领域。什么是智能化应用？什么是大数据应用？这些应用会给客户中心带来怎样的改变呢？

人工智能是研究、开发用于模拟、延伸和扩展人的智能的理论、方法、技术及应用系统的一门新的技术科学。人工智能是计算机科学的一个分支，它企图了解智能的实质，并生产出一种能以与人类智能相似的方式做出反应的智能机器，该领域的研究包括机器人、语言识别、图像识别、自然语言处理和专家系统等。人工智能从诞生以来，理论和技术日益成熟，应用领域也不断扩大，可以设想，未来人工智能带来的科技产品将是人类智慧的"容器"。人工智能可以对人的意识、思维的信息过程进行模拟。人工智能不是人的智能，但能像人那样思考、也可能超过人的智能。

1950 年，Alan Turing 在《计算机器与智能》中阐述了对人工智能的思考。他提出的图灵测试是机器智能的重要测量手段，后来还衍生出了视觉图灵测试等测量方法。1956 年，"人工智能"这个词首次出现在达特茅斯会议上，标志着其作为一个研究领域的正式诞生。60 多年来，人工智能发展潮起潮落，大致可以分为三个阶段：

第一阶段(20 世纪 50—80 年代)，人工智能破壳而出，基于抽象数学推理的可编程数字计算机已经出现，符号主义理论快速发展。该理论认为人类认知和思维的基本单元是符号，而认知过程就是在符号表示上的一种运算。它认为人是一个物理符号系统，计算机也是一个物理符号系统，因此，我们就能够用计算机来模拟人的智能行为，即用计算机的符号操作来模拟人的认知过程。但由于很多事物不能形式化表达，建立的模型存在一定的局限性。此外，随着计算任务的复杂性不断加大，人工智能发展一度遇到瓶颈。

第二阶段(20 世纪 80—90 年代末)，专家系统(根据某领域一个或多个专家提供的知识和经验进行推理和判断，模拟人类专家的决策过程)得到快速发展，数学模型有重大突破，但由于专家系统在知识获取、推理能力等方面的不足，以及开发成本高等原因，人工智能的发展又一次进入低谷期。

第三阶段(21 世纪初至今)。随着大数据的积聚、理论算法的革新、计算能力的升级，人工智能在很多应用领域取得了突破性进展，迎来了又一个繁荣时期。

人工智能在近 50 年来有了快速发展，人工智能在发展过程中融合了很多学科。人工智能的研究在历史上分为结构派和功能派。结构派也称为仿生学派或者生理学派，结构派的学者认为人工智能既然是使机器具有人的智能，就应基于人的大脑模型的研究，由于人类大脑的复杂性，结构派至今仍处于研究阶段。功能派也称计算机派或者心理学派，他们认为计算机本身就具有数学逻辑演绎功能，可以通过计算机应用来研究人的思维活动，模拟人类智能活动。

人工智能所涉猎的应用领域是非常广泛的，包括问题求解、逻辑推理与定理证明、自然语言处理、自动程序设计、专家系统、机器人学、机器学习等。除上述研究领域，人工智能还在许多方面进行了应用研究，如模式识别、智能控制及检索、机器学习及视觉、智能调度与指挥等。

(1) 问题求解：问题求解主要研究能够求解难题的下棋程序，如国际象棋。在下棋程序中应用的某些技术，如向前看几步，把复杂的问题分解成一些比较容易的子问题等，均发展、演变为搜索和问题归纳这样的人工智能基本技术。

(2) 逻辑推理与定理证明：逻辑推理与定理证明是指研究能够对某些问题或事物进行推理证明的程序，就像证明或推导数学公式一样，这些程序能够借助计算机程序来进行证明和推理、判断。

(3) 自然语言处理：自然语言处理是计算机科学领域与人工智能领域的一个重要方向，是用计算机来处理、理解及运用人类语言。自然语言处理体现了人工智能的最高任务与境界，即只有当计算机具备了处理自然语言的能力时，机器才算实现了真正的智能，其难点主要在于消除歧义和背景理解。语义理解是指利用计算机技术实现对文本篇章的理解，并且回答与篇章相关问题的过程。语义理解更注重对上下文的理解以及对答案精准程度的把控。语义理解技术将在智能客服、产品自动问答等相关领域发挥重要作用，进一步提高问答与对话系统的精度。

(4) 自动程序设计：自动程序设计主要研究如何使计算机自身能够根据各种不同要求和目的来自动编写计算机程序。目前，计算机已经可以自动编写出一些简单的程序。

(5) 专家系统：专家系统实际上是一个智能计算机程序系统，存储了大量专家水平的某类领域的知识与经验，能够利用人类专家的知识和解决问题的方法来解决该领域的问题。换而言之，专家系统是一个具备大量专门知识和经验的程序系统，根据某个领域一个或多个人类专家提供的知识和经验进行推理与判断，从而模拟人类专家的决策过程，来解决那些需要专家决定的复杂问题。这一领域的应用在当前是相当广泛的，比如建筑工程设计、医学诊断、化学和地质数据分析等，其应用技术已达到了很高水平。

(6) 机器人学：机器人学是人工智能研究的一个重要领域，其中包括对操作机器人装置程序的研究。这个领域所研究的问题包括从机器人手臂的最佳移动到实现机器人的目标动作序列的规划方法等。在工业生产方面，机器人的智能水平普遍不高，设计一个能够顺利地操作电灯开关、玩具积木及餐具等物品的机器人很难。

(7) 机器学习：机器学习是一门研究计算机怎样模拟或实现人类的学习行为，以获取新的知识或技能，重组已有的知识结构使之不断改善自身性能的学科，是人工智能技术的核心。基于学习模式的不同，机器学习又分为监督学习、半监督学习、无监督学习，现阶段客服行业中运用最为广泛的便是半监督学习（训练样本数据既有标注处理过的数据，也有未标注过的数据）。

知识图谱本质上是结构化的语义知识库，其主要目的是获取大量让计算机可读的知识。知识图谱可用于反欺诈、不一致性验证、组团欺诈等公共安全保障领域。此外，知识图谱在搜索引擎、可视化展示和精准营销方面有很大的优势，已成为业界的热门工具。但是，知识图谱的发展还有很大的挑战，如数据的噪声问题，即数据本身有错误或者数据存在冗余。随着知识图谱应用的不断深入，还有一系列关键技术需要突破。

2016 年 3 月，谷歌旗下 DeepMind 公司戴密斯·哈萨比斯领衔的团队开发的人工智能机器人阿尔法围棋与围棋世界冠军、职业九段棋手李世石进行围棋人机大战，以 4 比 1 的总比分获胜；2017 年初，该程序在中国棋类网站上以"大师"(Master) 为注册账号与中日韩数十位围棋高手进行快棋对决，连续 60 局无一败绩；2017 年 5 月，在中国乌镇围棋峰会上，它与排名世界第一的世界围棋冠军柯洁对战，以 3 比 0 的总比分获胜。围棋界公认阿尔法围棋的棋力已经超过人类职业围棋顶尖水平，在 GoRatings 网站公布的世界职业围棋排名中，其等级分曾超过人类排名第一的棋手柯洁。

21 世纪 10 年代，人工智能正式发展到第三个阶段——情境推动人工智能深入到具体应用的阶段，这意味着人工智能不再只服务于科学家或者大企业的科学研究，它不仅是科幻片中的某个场景，而是切实为人们的生活便利性服务。苹果公司发布的手机助手 Siri，可以"理解"人类讲的话，并根据客户偏好为客户导航、推荐附近的餐馆，甚至与客户进行简单的聊天。谷歌为美国国防部高等研究计划署设计的 Atlas 机器人可以完成各种搜索及营救任务。

在政府的大力支持下，我国的智能化应用也发展迅速。某地省民政厅在全省范围开展流浪乞讨滞留受助人员寻亲返乡专项行动，通过新闻 App、电视、报纸等方式发布寻亲公告，主动协调公安机关开展指纹、掌纹、人像比对等科技寻亲服务，深挖细查寻亲线索。作为省内首批接入公安核查系统专线的救助管理站，在市救助管理站市区分站警务室内，驻站民警取出警用手机，打开核查通 App 的人脸识别功能，对着一名流浪受助人员的照片"刷脸"。10 秒后，手机屏幕上出现了 20 名形似人员的身份信息。根据这些信息，工作人员可以顺藤摸瓜，更快地帮助流浪受助人员找到亲人。在寻人过程中，人脸识别技术帮了大忙。

中国人工智能企业数量居全球第二，人工智能专利总量也位居世界前茅。我国人工智能政策在初期偏重互联网领域，因此相关产业偏重应用层，如计算机视觉、自然语言处理、智能机器人和语音识别。今天，人们不仅可以直接"告诉"导航程序要去哪儿，让扫地机器人自动规划扫地路线和时间，甚至让机器人提出建议。

近年来，大数据几乎是与人工智能同步发展的技术。剑桥大学教授维尔多·麦尔·舍恩伯格在其《大数据时代：生活、工作与思维的大变革》中写道："大数据开启了一次重大的时代变革。就像望远镜让我们感受宇宙，显微镜让我们能够观测微生物一样，大数据正在改变我们的生活以及理解世界的方式，成为新发明和新服务的源泉，而更多的改变蓄势待发……未来，数据将会像土地、石油和资本一样，成为经济运行中的根本性资源。"

随着计算机技术全面融入社会生活中，数据量正以一种超乎所有人想象的速度增长。据有关机构统计，人类存储信息量增长速度是世界经济增长速度的 5 倍，而计算机数据处理能力增长速度则是世界经济增长速度的 10 倍。联合国发布的研究报告表明，全球的大数据存量从 2005 年的 150EB 增长到 2010 年的 1200EB，预计之后的数据量将以 40% 的年增长率继续增长，2025 年将达到 2007 年的 44 倍，平均每 20 个月翻一倍。1EB 的数据量相当于 13 亿本 500 页的书总的信息量，5EB 则相当于 3.7 万个美国国会图书馆的信息量。

大数据又称海量数据，是指大规模数据的集合。这里的规模不仅仅体现为数据量的庞大，还体现为数据结构极其复杂、类型丰富多样。大数据所涉及的数据规模通常庞大到无法通过一般的技术手段在合理时间内通过整理和分析成为人们所能理解并运用的数据。

根据美国 IT 调研与咨询服务公司 Gartner 定义，大数据是需要新处理模式才能具有更强的决策力、洞察发现力和流程优化能力来适应海量、高增长率和多样化的信息资产。将人们所收集的各种数据分类汇总，最终通过高精尖的平台运算，分析其中的规律所在，就是大数据的应用。

随着 5G 网络技术的逐渐成熟和人们对互联网的依赖，数据总量呈指数级增长，而企业级客户所拥有和可利用的数据量也在快速增长。数据快速增长的来源有很多，既有移动互联网和新兴的物联网，也有传统互联网和其他社会经济领域所做出的贡献。举几个例子：人们在使用微信沟通时，会留下自己的社交信息和浏览痕迹，运营商通过后台大数据计算引擎来推送符合人们消费习惯的广告，提高营销的精准性；人们平时上网搜索时，浏览器后台也会根据其大数据计算引擎向人们推送可能喜欢的热点。在遍布全球的工业设备、汽车、电子量表和集装箱上，有着数不清的数据感应器，它们实时测量并传递着地点、移动、振动、温度、湿度等信息，甚至能够监测空气和水的化学变化；政府部门在统计、监测、审批、备案和行政执法的过程中，也累积了大量的工商登记、税务管理、社保缴费、违章处理等公共信息。

《软件与信息服务研究》一书中指出，在宏观层面，大数据使企业或者政府部门敏锐地发现社会趋势和走向，从而制定策略来产生巨大的经济效益和社会效益。

事实表明，阿里巴巴集团就从其掌握的大量交易数据中更早地发现了国际金融危机的到来，而其基于每天实时交易数据提供的数据分析，也为制定并实施经济政策提供了重要参考。

联合国发起的"全球脉动"(Global Pulse) 项目，使用自然语言解密软件分析社交网站和文本消息中的信息，从而帮助预测某个地区的失业率、支出削减或疾病暴发等情况，目标在于利用数字化工具的早期预警信号来提前指导援助项目，以防止某个地区重新陷入贫困等困境。

Express Scripts 作为一家处方药管理服务公司，每年管理 1.4 亿个处方，覆盖了 1 亿美国人和 65 000 家药店。该公司尝试通过数据分析解决某些情况下出现的问题。Express Scripts 通过一些复杂模型来检测虚假药品，这些模型还能及时提醒人们何时应该停止用药。

里昂与 IBM 的研究人员联手建立了一个可以帮助减少道路交通拥堵的系统，

使用实时交通路况报告来检测和预测交通堵塞。如果运营商看到可能会发生交通堵塞，就可以相应地调整交通信号，以保持平稳的车流。该系统在紧急情况下尤其有用，比如在救护车前往医院的途中。随着时间的推移，系统中的算法将从最成功的建议中"学习"，并将这些知识应用到将来的预测当中。

美国加州电网系统运营中心管理着加州超过 80% 的电网，每年向 3500 万客户输送 2.89 亿兆瓦电力，电线长度超过 2.5 万英里 (1 英里≈1.61 千米)。为加强对电网的管理，该中心应用大数据技术，数据来源包括天气信息、传感器、计量设备等以及 3500 万客户的用电数据。大数据系统使该中心有效做到平衡全网的电力供应和需求，对潜在危机做出快速响应，还可以通过可视化界面，让客户可以优化利用电力能源。我国电力管理大数据应用也是这样的，在对接需求侧的基础上，对供应侧进行实时调整，对客户需求做出快速响应，通过可视化的界面来优化电力的配置，也就是基于大数据分析完成供给侧配置。

大数据分析能够大大提升公安案件的侦破效率。公安案件涉及的信息源包括电信移动基站信息，包括街区的加油站的录影，以及社交媒体上的 QQ、微信、Twitter、Facebook 等。目前，警方已运用大数据、云计算和科学分析模型整合历年案件信息，建立了犯罪数据分析和趋势预测系统，能够预测犯罪趋势，指导警力投入。这个系统综合分析了每类案件的犯罪时间、地点的规律，可以数轴的方式预测不同时间段发生犯罪的概率，包括具体的日、周、月、季度、半年度、年度及自定义的时间周期。运用大数据技术还可以侦破假冒伪劣产品案件，例如淘宝联手上海、福建、浙江、湖南等地公安机关，运用大数据技术查获网售假冒运动鞋案件，涉案总价值 2150 余万元。

在健康和医疗大数据方面，除了医院之间的数据交流需要政府加强、整合，现在的市场发展其实也是大有可为的。比如硬件设备方面，可穿戴设备包括智能手环和测心率的智能手表，这些设备可以监测身体数据并实时传输给医院的硬件设备，为使用者提供身体状态监测服务。实际上，这是一个很大的领域，包含硬件生产和平台服务两个发展重点，如围绕智能终端和可穿戴设备开发家庭医疗百科、电子病例查询、远程辅助诊疗等信息咨询服务；提供体征状态监测，制定康复方案，对身体异常即时报警并启动救治措施等服务；利用医学专家系统、健康教育信息和健康管理技术，为客户提供更加个性化和精细化的医疗咨询服务；为医务工作者提供个性化的处方定制功能等。

从企业内部管理来看，大数据的应用使大部分的企业从原来的"业务驱动"

向"数据驱动"转型。大数据应用打通了企业内外部数据通路，可以通过客户画像及流程管控对企业进行全方位的改造，因此数据价值也体现在以下三个方面：一是价值提升，即通过大数据分析来进行客户画像分析，从而设计、研发出更符合客户习惯和需求的产品，提升产品销量；二是降低成本，即通过数据分析发现企业管理中的冗余环节，进而进行管理优化和供应链优化，同时通过数据分析对产品优化，降低产品失败的概率；三是增强对企业风险的管控，即通过大数据挖掘，预测可能存在的利空因素，为企业新产品推广、工艺设计、战略选择等决策层面提供参考依据，降低企业未来的风险因素。

在金融银行业，我国不少银行已经开始尝试通过大数据来驱动业务运营。例如，中信银行信用卡中心使用大数据技术实现了实时营销，光大银行建立了社交网络信息数据库，招商银行利用大数据发展小微贷款。总体来看，银行大数据应用可以分为四大方面：客户画像、运营优化、精准营销、风险管控。例如客户画像应用主要分为个人客户画像和企业客户画像。个人客户画像包括人口统计学特征、消费能力数据、兴趣数据、风险偏好等信息；企业客户画像包括企业的生产、流通、运营、财务、销售和客户数据，以及相关产业链上下游等信息。

在网络零售领域，运营网络大数据系统可以掌握客户的数据统计学特征，这方面数据可以通过网络客户购物、网络支付及信用卡使用而随时获得。实际上，这类网络信息的收集和分享已经形成一个完整的链条，且比传统金融行业更完善，因为互联网金融运营完全基于理性判断。典型的例子就是京东。它将每个客户在其网站上的行为记录下来，对这些数据的有效分析使京东对客户的行为和喜好有全方位了解，进而对自身货品种类、库存、仓储、物流及广告业务都有极大的效益回馈。京东依托大数据平台，分析近十亿条商品的价格、评价等信息，结合消费者所有的浏览记录、购买偏好等，综合分析出消费者可能需要的商品。

近年来，各国政府从数据、技术、应用三方面来推进大数据发展。早在2009 年，美国联邦政府就要求开放数据平台上线。之后，美国联邦政府的 6 个部门联合启动大数据研究计划，加速共用应用，要求新增数据必须机器可读、代码开源。英国政府对大数据技术研发投资 1.89 亿英镑。英国政府和李嘉诚基金会联合启动医疗大数据研究计划，加速共用应用。英国政府发布信息经济战略，提出数据创新计划。信息经济也可以称数字经济。之后，英国政府发布《数据能力战略》，即英国大数据战略。日本的大数据核心战略包含在其信息产业发展战略里。日本是信息产业大国，10 年前日本发布了《创建最尖端 IT 国家宣言》，阐述以开放公共数据和大数据为核心的新 IT 国家战略，提出开放公共数据、促进活用等 6 项行动。澳大利亚也出台了公共服务大数据政策，提出了 6 项行动计划，并由专门部门负责实施。

从这些国家来看，大数据政策的发力点体现在三方面：一是开放性，对政府部门的数据进行融合、开放、共享；二是合理发展和管控，通过投入专项资金来制订研究计划，进行技术攻关，统一技术标准；三是推动应用，将大数据从政务层面开始进行整合应用，把大数据应用推向社会生产生活的各个层面。

近几年来，我国非常重视大数据的发展。国务院于 2015 年发布《促进大数据发展行动纲要》（国发〔2015〕50 号），聚焦于大数据发展中的三个关键环节：一是在政务数据应用端，加快政府数据开放共享，推动资源整合，提升治理能力；二是在产业应用端，推动产业创新发展，培育新兴业态，助力经济转型；三是在应用安全端，强化安全保障，提高管理水平，促进大数据健康发展。国家科学技术部实施了相应的大数据科技攻关计划，在国家高技术研究计划（"863"计划）中，包含了面向大数据的内存计算关键技术与系统和基于大数据的类人智能关键技术与系统攻关项目；在国家重点基础研究发展计划和重大科学研究计划（"973"计划）中，包含了城市大数据的计算理论和方法项目；在国家科技支撑计划中，包含了基于大数据应用的综合健康服务平台研发及应用示范、口腔健康服务网络平台关键技术研发与应用示范，基于移动互联网的大学生创新创业网络平台关键技术研发及应用示范，数字文化、旅游共性支撑技术集成开发与应用示范。国家发改委、工信部、财政部和科技部联合实施了云计算工程，包括基于云计算平台的大数据服务、大数据解决方案研发和推广、数据中心关键设备及推广等。工信部电子信息产业发展基金对终端与数据安全防护产品的研发和产业化、基于安全可靠架构的数据中心运营管理系统研发、智能语音与大数据等项目提供了资金支持。

我国在信息产业方面的不断发展和对信息化的有力推进引发了数据量的爆发式增长，这使数据资源得到大量积累，为大数据发展奠定了坚实的基础。企业及政府机构持续增长的大数据应用需求为大数据发展提供了广阔的市场空间，为我国大数据产业发展创新提供了强大的内生动力。同时，国家对大数据应用的重视为大数据应用创造了良好的发展环境。大数据应用领域不断丰富，从金融、通信、互联网逐步向医疗、交通、政府领域发展。

三、人工智能和大数据技术在客户中心的应用

客户中心是天然适合应用大数据及人工智能技术的产业领域。在座席规模百人以上的客户中心，每天处理的电话量数以万计，座席规模千人以上的客户中心的日话务量甚至达到几十万，这意味着客户中心日常处理的数据量非常大。随着互联网的发展，客户中心与客户沟通的渠道也越来越多样化，除了传统的电话服务、在线服务，客户也可以通过微信、微博、App 等各种渠道与客户中心产生联系，这又大大增加了数据流动量。虽然从数据量级来看客户中心的"大数据"规模有限，但对客户中心内部的运营管理甚至对企业来说，这部分数据的价值却是不可估量的。越来越多的企业开始从客户中心的海量数据中抓取和分析客户的行为轨迹、抓取客户的属性标签，试图从年龄、性别、地域分布、受教育程度等方面分析客户的消费行为模式，刻画客户画像，从而发展出更多的商机。

客户中心是"客户之声"的聚集地，因此利用大数据分析能够根据客户的历史信息、呼叫信息、聊天记录、客户级别等信息建立客户接入分类模型，对接入客户的特点、需求来进行分类，并且针对不同的客户群采取不同的服务应答策略，从而提高客户满意度。中国移动客服中心在十几年前就开始研究客户细分模型，结合客户套餐消费、使用行为以及致电客户服务中心的需求进行客户行为建模。这些行为模型不仅应用在客户套餐推介等营销行为上来提升营销准确度，还会应用在客户维挽上——在客户出现离网倾向时，主动致电客户对客户进行挽留。这项应用大大提升了离网客户挽留成功率。

大数据分析不仅可以应用在客户行为分析上，也可以应用在内部运营中，真正实现客户中心的精益化运营。大数据分析帮助客户中心攻克了预测难的难题，大数据技术支撑下的话务预测，不仅可以拓宽数据量，同时还可以采用更为优秀的算法基于大数据建模，譬如多元非线性回归方法和人工神经网络 BP 算法。在这之前，受限于数据量，这些优秀的算法无法真正落实到话务分析当中，一旦话务预测影响因素的维度可以尽可能地增加，同一影响因素的历史样本数据量可以尽可能地增多，那么话务预测的精度可能实现质的飞跃。实践证明，通过大数据采集与清洗、算法择优、模型拟合等，预测准确率可以高达 99.3% 以上。这将给后续人员排班、现场调度、资源配置、人力招聘等工作带来更加精准的指导。同

样，大数据应用也能大大降低客户中心人员管理的难度。客户中心人员管理的难点在于人员规模庞大、前后台人员素质参差不齐，另外由于工作的特殊性，座席岗位会是年轻人从事的首份职业之一，这意味着一线大量聚集着新生代员工，这也提升了人员管理的难度。客户中心的管理人员需要根据员工年龄层次的变化来不断调整管理的观念和方法，从而实现有效的管理，而这意味着对客户中心管理人员的要求会不断提高。大数据管理体系充当了管理者的"眼睛"和"大脑"，通过收集大量的员工行为表现数据，可以帮助客户中心建立员工画像、搭建员工素质模型，甚至员工维挽模型，能够让管理人员快速、有效地了解员工的状态，从而实现有针对性的管理。这不但大大降低了人员管理的难度，提升了管理效率，也有利于客户中心的人才培养建设。

客户中心所具备大量的信息数据，是人工智能应用能够在客户中心落地和应用的基础。目前，人工智能最成熟的技术有语音识别 (ASR)、语义了解 (NLU)、语音合成、图像识别、自然语言处理等。这些技术目前被利用在客户中心运营和管理的各个环节中。目前客户中心主流的应用有以下几种。

1. 智能交互式语音应答

交互式语音应答 (IVR) 技术是绝大多数客户中心都已应用的技术。它不但能够实现简单业务的自助处理功能，帮助客户中心实现话务分流，还能够把不同需求的客户分配给具备相应技能的座席人员处理，这提升了问题处理的效率，也解决了员工培养上的难题。随着企业的发展，客户中心所承接的业务越来越多，IVR 的设计也越来越复杂，从客户的角度来说，IVR 功能逐渐变成了"反人类"设计。复杂的功能设置，使客户很难有效地找到自己想要实现的功能，这使每一次的电话服务体验都很"糟心"。智能 IVR 技术的出现是提升客户体验的成功应用。智能 IVR 技术，就是通过语音识别和语义理解技术的综合应用，让客户不再用传统按键的方式而是用说话的方式完成人机的交互理解，这是系统实现客户需求的最优方法或问题解决方案。人采用本能的说话方式与系统交互，系统"理解"客户的需求，将其导向"合适"的解决节点，进行实现需求分发或直接解决问题。这让客户不用再通过烦琐的按键或在迷宫般的 IVR 流程中穿行，不仅提升客户体验，也降低了客户对人工服务的依赖。服务类 IVR 一般有两种表现形式：①智能语音主要用于识别客户语音及其意图，帮助客户快捷跳转至对应的IVR 节点，转人工或者自助服务。这样做的好处是能减少客户与 IVR 的交互次数，精简客户的操作。例如，客户来电，说出需求，即查询信用卡账单；系统自动识别后跳转至相应节点；IVR 直接播报其账单相关内容。其设计的准则就是把一些不必要的节点隐藏于系统后台中，这样可以将原来因为 IVR 系统的复杂性或者等待时间长而流向人工客服的客户留存住，缓解人工服务的接通率压力。②同样是依赖智能语音技术识别客户意图，但这一点与企业的业务及客户服务诉求更相关。例如客户进线咨询，说出需求，即查询余额、账户挂失，此时客户最重要的诉求是处理账户挂失的问题，且该业务性质特殊并不适合进行自助服务，此时系统后台根据预先设定的规则联动分组技能，直接将客户转入对应的服务小组之中，并且系统自动记录该信息，当客户意外掉线，再次接线进行咨询时，可以直接二次进入对应小组队列中。这样可以大大提高智能 IVR 的客户满意度。智能 IVR 设计的首要原则即以客户为中心，只有尊重客户，从统计学上分析客户行为轨迹，建立与之相适应的服务轨迹，才能实现体验和成本的最优平衡。

2. 智能知识库

无论是智能语音导航、智能外呼还是智能客服，都在一定程度上依赖智能知识库的建设。区别于传统知识库，智能知识库不仅能够帮助员工了解和掌握业务知识，它还能够直接给出客户需要的解决方案。智能知识库是利用自然语言处理、深度学习等人工智能技术，同时结合网络爬虫技术，打破长篇大论式的知识结构，将其分解成最小的单元，基于不同的客户需求场景，通过关联映射，所建立起来的知识库。与传统知识库不同的是，智能知识库具备深度学习的功能，通过对工单的大量分析从而产生新的知识内容。通过与语音识别技术的结合，智能知识库还能在座席代表与客户交互的过程中识别客户的诉求，向座席代表推荐相应的知识点，提升座席代表的工作效率。

3. 智能外呼

智能外呼机器人通过运用语音识别、语义了解、语音合成技术，可按照预设的外呼逻辑与客户沟通，经过多轮对话、话术引导，从而实现外呼业务目标。随着市场竞争越来越激烈，企业无时无刻不在想方设法开发客户、维系客户。尽管随着移动互联网技术的急速发展，越来越多的企业采用了新式的客户沟通途径。可是这些新式的沟通途径仍然无法替代最直接、最有用的电话沟通。智能外呼机器人的出现给传统的电话外呼带来了巨大的革新，机器人采用标准话术，不会受心情影响，能够精确了解客户的答复及目的，像人与人沟通，针对分配而来的不同场景进行批量合规化语音外呼操作，成功解决了语音外呼中的质量保证问题。如果引入智能外呼机器人，一个机器人每天能够处理的任务量是人工的 20 倍，大大节约了人力成本，并提升了外呼的质量。智能外呼机器人目前已经广泛地应用在催收、电销、通知、名单过滤等领域，如果你接到了一通电话，对方与你对答如流，但你可能不会察觉其实是个机器人在跟你通话。现在的语音识别、语义理解及插话等技术已经相当成熟了，未来的应用将会由外呼延伸到呼入的服务。外呼的服务因为目标明确、场景单一，比较容易由机器人取代，但呼入的服务或咨询的场景不是单一的，目前还没有比较成功的案例，未来将是机器人的一个重要的应用领域。

4. 智能客服机器人

智能客服机器人是一种能够使用自然语言与客户进行交流的人工智能信息系统，它采用包括自然语言理解、机器学习技术在内的多项智能人机交互技术，能够识别并理解客户以文字或语音形式提出的问题，通过语义分析理解客户意图，并以人性化的方式与客户沟通，向客户提供信息咨询等相关服务。传统客服行业基于人工座席，这样的纯人工服务模式往往耗费大量的人力和精力。如果能够自动答复简单、重复的客户咨询，就可以极大地提高客户的满意度，同时降低企业的经营成本。据统计，智能客服机器人可以解决 85% 的常见客服问题，而一个机器人的花费只相当于一个人工座席花费的 10%，能让企业整体客服效率提升 200%，管理成本下降 50%，客户满意度提升 40% 以上，人力成本节约 80% 以上。2019 年的 Google 开发者大会 Google I/O 上，Google Assistant 帮助主人电话预约理发的情景展现让人眼前一亮，尤其那句"嗯哼"仿佛让人工智能拥有了更接近人的情绪和表达。当然，智能客服机器人距离进化为提供有温度的服务商还有一定差距。人机共存是短期内客服领域的发展趋势，智能客服机器人将为人工客服赋能，使人工客服的价值得到升华。中国近年 CPI 逐年上涨，推动着人力成本不断上涨，在这个大背景下，降本增效已经成为企业经营共识，历来被认为是成本中心的客服中心尤其如此。随着科技的进步，传统人工客服模式将逐渐向智能客服转型升级，智能客服时代即将到来，而智能客服机器人将在其中扮演极其重要的角色。未来，逐渐成熟的智能客服机器人或将普及化。智能客服机器人让客户服务的各个环节更加智能化、自动化、便捷化与一体化。目前，许多企业都在不同程度上使用了人工智能客服机器人，以便吸引客户、推动销售，并简化业务流程。简而言之，未来几年对智能客服机器人的需求将会越来越高，智能客服机器人的终极目标则是完全自动的人工个体，能在日常任务中达到甚至超越人类的工作表现。

5. 智能质检

智能质检主要运用语音识别、语义了解等技术，将与客户沟通的电话语音转化成文本，并且通过语义检索筛除大量误命中的疑似违规通话，让本来需要 10 个人的质检工作交由 2 ~ 4 人完成。智能质检主要解决了目前人工质检所带来的抽样量小、覆盖类型不完整，以及人员理解不一致带来的质检误差问题。目前，智能质检主要应用以下方面。

(1) 合规性检测：对座席人员服务录音的业务合规性检测是人工质检工作日常的主要工作内容之一。智能质检系统可以通过设定标准作业流程、标准话术、服务禁语等，来判断客服人员是否存在不符合规定流程、违规用语、泄露公司机密等行为；通过判断上下文，理解客户的意愿并判断客户的诉求是否得到合理的满足；通过匹配标准知识库，来判断客户的问题是否得到了正确的解答。

(2) 企业风险管理：对企业来说，监控客户的情绪变化，分析客户的满意度，发现客户反应中蕴含的舆情风险，是客服体系必须重视并加以解决的工作。智能质检系统通过检测电话静音、客户语速变化、情绪波动，判断客户的情绪变化，帮助客服质检人员发现通话中的舆情风险，并及时提醒管理人员进行接入管理，从而避免座席人员与客户产生冲突，实现服务风险的前置管理。

(3) 商业机会挖掘：质检过程中，通过对客服大数据的分析和挖掘，能够有效地分析客户需求，挖掘商业机会和金融服务的潜力。例如客户关注的业务热点、客户对产品的反馈、客户未被满足的需求等，这些都蕴含着新的产品机会和销售机会。质检系统与企业内部系统深度集成后，可以建立客户的反馈记录、购买记录、兴趣链等，通过建立客户画像实现精准营销。

(4) 数据趋势分析：智能质检系统是一个大数据分析的平台，通过对服务质量数据的统计，可以了解在不同周期内整体服务品质的变化情况；通过对客户行为数据的聚类、归纳与分析，可以形成客户热点问题统计、业务趋势分析；通过从通话中挖掘客户、产品等有价值信息，可以为客服、运营、营销提供支撑。

智能质检系统充分发挥人工智能的优势，挖掘和释放质检客服的价值潜力，通过在各个场景下的落地和应用，实现企业经营策略的优化，为企业战略的实现提供更多动力。

由于智能质检技术能够把百分之百的录音转化成文本，这又丰富了客户中心的数据量。企业原来主要通过员工反馈来了解客户诉求，通过智能质检可以直接对这些文本数据进行分析，了解客户近期的主要诉求，如客户所关注的业务热点、客户对产品的反馈情况、客户尚未被满足的需求等，这些都蕴含着新的产品机会和销售机会。质检系统与企业内部系统深度集成后，还可以融合客户的反馈记录、购买记录、兴趣链等信息，从而建立客户画像，实现精准营销。智能质检不仅能够降低人力成本，提升整体质量管理的准确度，还能够进一步辅助企业挖掘新的商机，为企业带来更多的商业价值。

大数据和人工智能应用不仅能够帮助客服中心提升运营效率、降低人力成本，也是企业能够在激烈竞争中脱颖而出的制胜法宝。从这个角度来说，这些新技术的应用并没有导致座席代表的"消失"，而是将座席代表的工作从简单、重复性转化成更有价值性，提升客户中心在企业中的地位。

第二节 大数据 +AI 对政务热线的意义

大数据和 AI 技术对企业来说无疑是非常好的技术，在降低成本和提升效率方面，它有着无与伦比的优势。除了这些，这些先进技术还能帮企业做什么？对政务热线来说，又意味着什么呢？

政务热线尤其是 12345 政府服务热线，最初的定位是收集市民的诉求，并将这些诉求尽快地转派给相应的政府部门，起到政府与人民之间桥梁的作用。

随着改革开放的深入发展，我国由计划经济向市场经济逐步转型，传统的政府治理方式逐渐开始跟不上社会的发展。与此同时，世界经济、科技的快速发展和全球化进程的发展，既需要政府妥善地处理国际上的合作交往及冲突处理，也需要政府尽快、及时地出台相关的政策。传统的相对封闭的政府治理模式如果不调整，就很难适应全球化时代。知识的快速更新、社会的快速信息化及科学技术的迅猛发展等，也对政府的管理模式改革提出了更高要求，需要政府转变自身职能。在这样的大背景下，国家迫切需要一个能够迅速适应内、外部条件变化的新型政府管理模式。2007 年，党的十七大报告正式提出"加快行政管理体制改革，建设服务型政府"。国家政府开始转变职能，精简政府机构的设置和职能配置，逐步优化并公开各个政府部门的工作流程，实现流程的最短化、最优化，精简岗位，专人专职，及时、恰当地解决市民的问题。与此同时，强化政府的公共服务职能，积极为群众的日常生活和社会保障提供便捷而周到的服务。在这样的背景下，各地政府开始将市长热线重新定位为政府公共服务平台，逐步整合市内政务和公共服务热线，使公众反映问题、咨询事项、投诉建议便捷化，通过一条热线来收集民意，监督、促进问题的解决。为了帮助市民尽快、及时地解决问题，大部分的政府甚至对各相关政府部门制定了相关的绩效考核指标来实现问题的尽快解决。

政务热线的可交互性和高使用率最终会催生一种全新的政府服务和管理模式。服务型政府的概念是针对传统的管理型政府而提出的，而服务热线是服务型政府的主要建设工具，因此政务热线的建设势在必行。在信息化建设重点上，政务热线是政务信息化发展的重要方向，原因在于目前我国政务网站的优势远远低于政务热线，城乡居民计算机拥有量和上网客户数还很低，与电话客户数相比要低很多，网络的基础设施也不够完善，我国居民家庭中具有网上信息交互能力的客户不是很多。相比之下，电话及其附属服务则属于相对比较普遍的通信手段，它的普及率应该是所有通信手段中最高的，而且电话及附属服务具有最佳的交互效果，通过电话可以迅速、准确地沟通，这是其他沟通渠道无法比拟的。正是由于这个原因，电话服务热线在政府客户中心体系中将是重点发展方向。客户中心系统可把政府现有的信息网络资源、公众信息反馈等通过网络进行整合，依托地方政府各类信息系统和网络系统，增强公众与政府机构的互动，实现资源的统一分配与利用，显著提升政府的服务效果。

我国从国家政府向服务型政府转型至今已经有十多年了，政务热线也发生了翻天覆地的变化——从一条电话热线服务市民转向了多种媒体渠道服务，让市民不仅可以通过电话，也可以通过微信、微博、在线服务、App 等方式联系到政务热线部门来解决问题。同时，为了为市民提供便利，很多热线部门推出了专门的应用程序来帮助市民进行个人信息 (如社保、医疗保险等) 的查询和简单业务的办理。大部分的政务热线还肩负推进城市难点、焦点问题解决的责任，如我国部分城市的 12345 政务热线基于开通运营后的全样本数据，以市民诉求、事项发生时间、地域等多维度为切入点，定期对市民咨询焦点、投诉举报类的问题、消费维权的难点，以及城市治理中反复出现、难以解决的问题进行常态化详细分析；

聚焦于城市实际情况和市民的真实意愿，透视社会治理短板，直观发现热点、黑点、难点区域，形成专题分析报告向政府相关部门进行汇报，通过批示重点督办的形式来向相关管理部门推进问题的解决；同时通过媒体向全社会公示办理情况，通过公众的监督来切切实实解决市民的问题。从这个角度来说，政务热线已经实现了精细化运营和高品质服务的目标。大数据 +AI 还能帮助人们做什么呢？是继续提升服务效率，提供便利化服务？还是自动识别高频率问题发生的地区和周期？

美国的纽约市早已开始利用大数据和智能技术进行城市问题的发现与治理。纽约市利用 311 非紧急热线所产生的数据及其他市政府公开数据进行建模，尝试解决各类公共问题。例如，利用 311 非紧急热线所产生的数据结合其他公共数据识别非法改建的建筑物。非法改建的建筑物更容易发生火灾，更重要的是，在这些建筑物中，消防员更容易受伤或者死亡，因为这些建筑物的逃生出口往往被阻塞。项目团队根据消防员、警察和房屋署督查所面临的痛点和反馈设计了几个标志：建筑物是否位于高风险地区，即较贫穷的市民更可能居住的地区；是否是 1938 年以前的建筑物，1938 年建筑规范有所改变，按新规范建造的建筑物往往更加安全；建筑物是否已经丧失抵押品赎回权或者税收留置权；是否有过投诉等。根据这些有效的数据，项目团队创建了一个工具，可供检查员直接使用。检查员使用该工具前，仅能识别 13% 的不安全建筑物，而在项目实施 18 个月后，检查员现在可以识别 70% 的不安全建筑物。

新加坡是较早将大数据应用于城市治理的亚洲国家。2002 年，中国广东出现重症急性呼吸综合征 (SARS) 患者，病毒发现两周后，新加坡卫生部门虽然成立一个工作组，并采取了非常应对措施，但是到 4 月中旬，到访新加坡的游客急剧减少，酒店入住率直线下降，商店、餐馆、出租车司机收入锐减，这一事件导致新加坡经济收缩了 4.2%。此后的调查发现，5 位"超级传播者"导致该国出现 238 个病例，如果政府早点发现这些人，就可以阻遏病毒的传播。这让新加坡政府意识到，小小的病毒仅用几个月时间就能危及国家的繁荣，而大数据对此类问题可以有所作为。

SARS 病毒退场后几个月，新加坡国防部利用美国的全景扫描系统 (total information awareness，TIA) 思路进行了一次演练预测疫情，结果发现系统可以帮助新加坡在病毒抵岸前两个月便捕捉到疫情暴发迹象。为此，新加坡快速成立了 RAHS 项目推进办公室，迅速建立了风险评估与扫描系统，搜集并筛查大量数据，加以分析，创建模型，预测可能出现的事件，并在新加坡政府机构内分享。2006 年后，新加坡除了将 RAHS 用于窃听和炸弹等政府安全问题，还利用 RAHS 分析 Facebook、Twitter 和其他社交媒体的帖子，评估国民情绪，预估可能出现的骚动。2009 年后，新加坡决定将 RAHS 系统扩展到国家安全之外，将 RAHS 方法输出到整个政府系统。利用该系统应对各种社会和经济问题，包括"黑天鹅"事件、政府采购、预算、经济预测、移民政策发布、房地产市场研究、教育方案设计等。

大数据在中国的发展迅速，在国家利好政策的影响下，我国大数据产业规模不断扩大，产业链条加速完善，企业实力不断增强。预计在 2025 年，我国大数据核心产业规模有望突破 10 200 亿元，增速将维持在 25% ～ 30%。随着我国大数据企业核心竞争力的不断提升，大数据产业链条将更为完备，围绕产业链上下游的布局趋于合理，协同创新能力将不断提升。一方面，由于人们对移动互联网的高度依赖，大数据几乎覆盖了人们衣、食、住、行所有的消费行为数据。另一方面，政府也正在逐步实现信息透明和共享，使政府机构、企业和公民都能够提升自己的工作效率，产生积极的经济效益和社会效益。例如，中国人民银行公开金融信息，交通管理部门公开提供违章信息等。这些条件给了政务热线无限的发展空间，即如果政务热线信息公开化，联合大数据公司，则可以利用其在数据分析方面的巨大优势，结合市民的消费数据、政府所提供的公开信息以及政务热线所提供的市民诉求信息，利用机器学习技术，结合现行的法律法规来找到市民反映的焦点问题或者顽固问题的症结，并提出初步建议。结合政府、热线及第三方公司的数据，通过数据的深度挖掘、解析、建模来定位问题的根源，为政府挖掘真正的民意提供决策基础。

第六章 数据的使用

第一节 数据的"大"

从数据的所有权来看，无论是公共数据还是商业数据都只能被称为非开放类数据。虽然公共管理领域的数据应该算共有数据，但数据的所有权实际在政府职能部门和专业机构手中，而商业数据则长期被各个公司视为极其珍贵的企业私有财产。近年来，随着大数据应用的发展，客户数据已经被大部分企业提升到了企业战略资产的高度，这种数据私有化的状态无形中为开发和利用大数据设置了极高的壁垒。如何打破这种壁垒，跨越数据私有化的鸿沟，也是热线在大数据建设方面需要解决的难题。与上述数据形成鲜明对比的是互联网上的开放数据，这也是政务热线大数据资源的重要组成部分。随着社交媒体的盛行，越来越多的人习惯于在网络上将自己的喜怒哀乐及生活状态与大家分享，将社交媒体作为自己获取信息和表达自我的平台。权威机构的研究报告称，目前世界上 90% 以上的数据是最近几年产生的，互联网上的数据每年平均增长速度超过 50%，每两年数据总量就翻了一番。互联网数据的类型包括客户基础数据、客户社交行为数据 (如微博)、客户消费体验数据 (如大众点评、豆瓣、旅行评价等)、客户地理位置数据 (如签到信息) 及开放的电子商务数据 (如淘宝商品购买量、商品评价等)。这些开放数据对各行各业来说都具有巨大的潜在价值。以影视为例，著名美剧《纸牌屋》的导演和男主角都是被"算"出来的。全美最大的视频租赁网站 Netflix 上有客户的评分和搜索请求，对这些数据进行分析发现鬼才导演大卫·芬奇和男演员凯文·史派西的点击率非常高，因此成为主创的选择。另外，Netflix 根据大数据分析的结果改变了传统收集反馈的渠道，比如，客户会在何时暂停去上厕所，哪个画面会重复播放，哪里会快进。通过这些观看行为进行内容和行为分析，综合分析、研究客户的喜好，进而了解客户持什么终端观看，喜欢哪种类型的影视产品，每天观看的时间等。在此基础上，能够及时调整后续内容，满足客户的需要。这些做法使新版《纸牌屋》获得了收视率上的成功，甚至连当时的美国总统奥巴马也成为该剧的忠实粉丝。美国很多州政府与餐饮点评网展开合作，监督餐饮行业的卫生情况，效果非常好。人们不需要再像以前那样到现场观察餐馆里的情况，而是通过手机 App 里的评论了解餐馆。在中国的本地化 O2O 点评 App，如大众点评、番茄点等，消费者可以对任何商家进行评判，同时商家也可以通过这些评判来提升自己的服务能力，在环节上进行更大力度的效率优化。华尔街德温特资本市场公司首席执行官保罗·霍廷每天的工作之一，就是利用计算机程序分析全球 3.4 亿微博账户的留言，进而判断民众情绪，再以 1 ～ 50 进行打分。根据打分结果，霍廷再决定如何处理手中数以百万美元计的股票。霍廷的判断原则很简单：如果所有人似乎都高兴，就买入；如果大家的焦虑情绪上升，就抛售。这些案例都说明了互联网公共数据潜在的社会价值和商业价值。

如果政务热线能够获取公共管理领域的数据、商业数据及互联网公共数据，再结合自有的市民真实的反馈，那么数据资源就足够完整，能够支撑政府城市治理的复杂决策。客观地说，大数据只是物料，只有专业的人把数据用好了，才能够建立有效的数据模型，分析趋势和进行有效的决策。这里说的"专业的人"不仅仅指数据分析、建模方面的专业人才，还包括那些与城市治理相关的专业人才，如城市发展研究、社会学、法律学、建筑学、安全学、教育学、环境学、信息建设等方面的专家和学者。全球疫情监控网 HealthMap 利用网上各式各样的数据来源监测和预测疾病的暴发，并实现对公共健康威胁的实时监控。他们从各式不相干的数据源收集了大量数据，包括网络新闻集中平台、目击者报告、专家策划讨论和官方验证的报告。2014 年 3 月 14 日，HealthMap 通过自己的系统预警了几内亚境内暴发的神秘出血热。2014 年 3 月 19 日，HealthMap 确认其为埃博拉病毒并向世界卫生组织发出警告，还给出了其在几内亚东南部热带雨林地区传播的粗略地点和路径。2014 年 3 月 23 日，世界卫生组织正式宣布埃博拉疫情暴发并报告了第一个确诊案例。这时，HealthMap 已经追踪了几内亚的 29 例确诊病例和 29 人死亡病例——所有数据和报告都来源于社交媒体和当地政府网站等。谷歌及其他一些社交媒体都试图通过抓取网络关键词来监控和预测疾病信息，但是并没有取得如此好的效果。2008 年 11 月，谷歌公司启动的 GFT 项目，目标是预测美国疾控中心 (CDC) 报告的流感发病率。一登场，GFT 就亮出十分惊艳的成绩单。该团队在《自然》杂志上发表论文称，只需要分析数 10 亿搜索中 45 个与流感相关的关键词，GFT 就能比 CDC 提前两周预报流感的发病率。也就是说，人们不需要等 CDC 公布根据就诊人数计算出的发病率，就可以提前两周知道未来医院因流感就诊的人数了。

当前，我国的大数据产业正处于蓬勃发展的黄金时期。这一发展趋势得益于多方面因素的共同作用。第一，由于人们对移动互联网的高度依赖，数据资源得以大量积累，为大数据产业的发展提供了良好的基础条件。随着互联网和移动互联网的普及，人们可以通过智能手机进行购物、打车、叫外卖、支付和转账等活动，这使得数据量呈指数级增长。在我国信息化和信息产业不断推进的过程中，也积累了大量的数据资源，为大数据产业的发展提供了源源不断的动力。第二，社会持续增长的需求为大数据产业的发展提供了广阔的市场。大数据技术产品的创新正从技术驱动转向应用模式驱动，旺盛的客户需求和巨大的市场空间成为我国大数据产业发展、创新的强大动力。第三，政府的重视和服务体系建设为大数据的发展创造了良好的环境。在这样的良好发展环境下，我国的大数据公司逐渐成熟起来。比较领先的大数据公司主要分为以下三类：第一类是具备经过验证的大数据核心技术能力和大平台运营能力的平台型公司，例如百度、腾讯、阿里巴巴等。这些公司已经拥有核心的大数据能力，例如数据采集、数据存储、数据分析、数据可视化和数据安全等方面的能力。第二类是拥有大数据核心技术的公司，例如基础设施公司华为、中兴、浪潮等大型企业，以及专注于数据挖掘、数据交易、算法和模型、数据存储、可视化等各个领域的专业技术公司。第三类是提供大数据行业解决方案的公司，例如安防、金融、农业、政务、旅游等行业解决方案提供商。这些企业往往起初是软件公司，然后转向 SAAS(软件即服务)，最后发展成大数据公司。这类企业对所处行业的理解更加深入，大数据应用场景更加实际。

在这种背景下，12345 政务热线可以与相应的大数据公司合作，根据自身需求和数据特点，充分利用大数据公司丰富的数据处理和建模经验，基于现有数据和外部数据优化现有的数据分析平台，为市政府提供更加丰富、更加准确的治理依据。通过与大数据公司的合作，政府可以获得更深入的洞察力，更好地了解社会民生需求，并能更精准地制定政策和规划，提高政府的决策水平和治理效能。作为政务热线的好帮手，大数据公司将为政府提供强有力的支持，推动城市治理的现代化进程，为人民群众提供更加高效、便捷的公共服务。同时，大数据产业的快速发展也将为我国经济社会的可持续发展带来新的机遇与挑战，需要政府、企业和社会各界共同努力，合作共赢，共同推动大数据产业的健康发展，为构建数字中国、智慧社会做出贡献。

第二节 数据的"小"

《大数据时代》一书的核心观点是："在大数据时代，我们正经历着一场生活、工作与思维的大变革。大数据技术的出现给人们的思维方式、行为方式、媒体传播方式及社会治理方式等诸多方面都带来了革命性的变革。我们没必要非得知道现象背后的原因，而是要让数据自己发声。"在大数据时代，相关关系能够帮助人们更好地了解这个世界，建立在相关关系分析法上面的预测是大数据的核心，通过找到"关联物"并监控它，那么就能够预测未来。从这个角度来说，大数据的应用能够帮助12345政务热线找到市民关注的热点问题的趋势性、关联性，根据数据的关联性找到问题的症结，为政府提供决策依据与决策建议。

数据已经成为企业了解和挖掘客户需求的核心工具。在这方面，阿里巴巴、京东、携程之类的电商巨头都是高手。例如京东的"精选——为您推荐"栏目显示的商品大多与之前购买的商品类型类似，而且性价比也很高。有时候，对企业来说，最大的痛点是如何分析、运营好身边的小数据。什么是小数据呢？小数据对12345政务热线意味着什么呢？

第一位意识到小数据的重要性的是美国康奈尔大学的德波哈尔·艾斯汀教授。很早的时候，他就发现自己日渐年迈的父亲已经不再像以前一样去超市买菜，不再发邮件，不再远足散步。将老人带去医院检查却并没有检查出任何明显的衰弱特征，但如果对他每时每刻的行为进行追踪就可以发现，他的生活已经明显与之前有了很大的不同。普通日常小数据体现了生命变化的信息，让德波哈尔意识到了个体数据的重要性，分析小数据能够给医学界带来很大的医学价值。

小数据就是个体化的数据，是每个个体的数字化信息。简单来说，大数据与群体有关，例如12345政务热线在分析消费者维权专题时用的是大数据技术，而进行员工的行为分析时，往往用的是小数据。举个简单的例子，12345政务热线的内训师进行新员工培训时，会记录员工每天的行为表现：对每堂课的反应、问题回答情况、出勤情况及考试情况。这些数据都是与新员工息息相关的小数据。

由此可见，小数据更注重人，人是一切数据存在的根本，人的需求是所有科技变革的动力。因此，通过数据分析来提升服务质量和运营水平是企业未来发展的重要手段。近年来，越来越多的企业可以基于现有数据进行全面分析，并能够全面把握数据中的变量，充分利用小数据结果对公司进行管理，将小数据应用于企业运营过程中，结合小数据的人文因素，引入社会、心理等因素，就能够全面、多维度地进行分析，这样得到的结果将更加准确，企业既可以实现精细化运营，又兼顾了人性化管理。随着互联网、云计算、物联网等技术的不断发展，人们能得到的信息越来越多，数据量也越来越大，那么这时候企业取胜的关键就是在纷繁浩杂的数据中迅速提取有价值的信息。而小数据通过对个人信息的细微收集、分析、整理、反馈，从而为企业提供更有价值的决策支持，为客户提供更细致的服务。

大数据和小数据有哪些区别呢？

大数据重发现，而小数据重实证。传统的小数据注重实际论证的研究，它强调在一定的理论前提下建立假设，然后通过收集、分析数据来论证，同时往往通过采取随机抽样、符合统计学原理的定量调查问卷来获取数据，验证假设。因此小数据的研究对精细化运营非常有帮助，而大数据则侧重于发现规律，并根据规律来预知未来，为探索未知的现象和发展规律带来新的可能性。这样的一种预知性，是在没有理论假设的前提下洞察社会现象、趋势和规律性。

大数据重相关，小数据重因果。小数据往往注重因果关系，寻求问题的根源和答案，直击问题的本质。例如，当一个客户中心运营机构的内训师发现在同样的培训课程下，某期新员工对培训的接受度比以往的新员工要差，那么这时候，内训师就需要观察这一期新员工的表现，研究他们的数据和反馈，找到问题的根源，只有这样才能够优化培训计划，提升员工的培训效果。而大数据重关系，并不纠结于因果关系，关注现象和结论。虽然大数据也可以回答因果关系的问题，但这并非基于统计或者数据本身，而是来自分析人员的理论和假设。大数据分析更着重数据的相关性，往往能够发现不能靠人们的经验和直觉而发现的信息与知识，大数据分析得出的结论有时候甚至违背人们的直觉，这时候反而可能创造新的社会和商业价值。

大数据重全体，小数据重抽样。小数据强调的是个体化的研究、抽样性的研究，企业为了节约成本，通过一定的统计学原理，计算出可以产生高精确度结论的数据量，再根据结论来制定管理措施。而大数据则是企业自动存储的全量数据、海量数据，大数据分析就是通过一定的算法和硬件支持来分析这些海量数据。随着存储技术、硬件设备和软件工具性能的不断提高，海量数据的处理能力也在不断提升，数据挖掘算法不断地改进和丰富。尤其是在人工智能技术的高速发展下，机器学习算法也在不断改良，它所带来的个性化推荐技术、非线性建模、网络分析、空间地理分析、在线的数据可视化分析手段都会成为分析社会趋势、研究人类习惯的有力手段。

大数据重感知，小数据重精确。大数据具有能够在数据不断产生的过程中不断完善结论、实时分析的特点，可以通过大数据在线可视化技术来显示海量数据的走向和趋势，这为新时代的传染病预测、金融趋势预测、社会治理、舆情研究、智慧城市的建设提供了数据基础。同时，大数据也能够总结出特定类型数据的特点，如细分人群的消费习惯分析等，对精准营销、精准传播也非常有帮助。而小数据往往采取显著性建议，统计显著性受到样本代表性和样本量的影响，更注重数据来源的真实性、无偏差性和代表性。

小数据应用的出现实际上是对大数据的补充，如果小数据应用得好，就能够真正实现精细化管理，既提升运营效率，又能够保证市民得到快速、有效、高质量的服务。

现代管理学中，将科学化管理分为三个层次：第一个层次是规范化，第二个层次是精细化，第三个层次是个性化。精细化管理是一种理念、一种文化。它是源于发达国家的一种企业管理理念，是社会分工的精细化及服务质量的精细化对现代管理的必然要求，是建立在常规管理的基础上并将常规管理引向深入的基本思想和管理模式，是一种以最大限度地减少管理所占用的资源和降低管理成本为主要目标的管理方式。精细化管理就是落实管理责任，将管理责任具体化、明确化，它要求每一个管理者都要到位、尽职，争取接手时就把工作做到位，工作要日清日结，每天都要对当天的情况进行检查，发现问题及时纠正、及时处理等。精细化管理的本质意义就在于它是一种对战略和目标进行分解、细化与落实的过程，是让企业的战略规划能有效贯彻到每个环节并发挥作用的过程，也是提升企业整体执行能力的一个重要途径。一个企业在确立了精细化管理工程这一具有较强方向性的思路后，重要的就是结合企业的现状，按照"精细化"的思路，找准关键问题、薄弱环节，分阶段进行，每阶段完成一个体系便实施、完善一个体系，并牵动、修改相关体系，只有这样才能最终整合全部体系，实现精细化管理工程在企业发展中的功能、效果和作用。

精细化管理有四个特征：强调数据化、精准化；持续改善，渐进式优化；以人为核心；注重创新。其中，最重要的就是强调数据化、精准化，因为数据化和精准化是精细化管理的核心，是实现其他几个特征的必要基础。一个企业进行科学化管理，就是要使每个管理环节都能够实现数据化，实现了数据化，那么精细化管理就容易实现了。精细化管理的主要原则就是一切用数据说话，用动态的数据反映企业运营的状态，通过动态的管理控制运营过程，以管理的数据化和精准化推动管理的科学化，从而真正实现精、准、细、严的精细化管理的核心理念，从而实现企业管理的标准化、程序化和精细化。

小数据的应用不仅体现在运营管理的节点分析上，也体现在数据的可视化方面。数据可视化旨在借助图形化手段，清晰、有效地传达与沟通信息。但是，这并不意味着数据可视化会因为要实现其功能、用途而令人感到枯燥和乏味，或者会为了看上去绚丽多彩而显得极端复杂。为了有效地传达思想，美学形式与功能需要齐头并进，通过直观地传达关键的内容与特征，从而实现对相当稀疏而又复杂的数据集的深入洞察。然而，设计人员往往并不能很好地把握设计与功能之间的平衡，从而创造出华而不实的数据可视化形式，无法达到其主要目的，也就是传达与沟通信息。

数据本身是相当枯燥和乏味的，借助图形化手段，就能够使信息的传递更加清晰、有效，这就是数据可视化的目的。数据的可视化就好比让数据穿上合适的外套，视觉体验的提升大大提高了数据的说服力，读者能够通过可视化的图形化表示来更好地理解数据之间的管理逻辑及目前的状态。数据可视化技术还不完善的时候，通常的表格、图表和图形都可以被称为数据的可视化最基础和最常见的应用。在数据分析技术高速发展的今天，数据可视化的应用更加广泛，由此而产生的价值也是不可估量的。随着数据可视化形式的多样化，人们对数据的理解也越来越直接，这意味着数据将直接被应用到管理，而不需要二度或者三度的处理。

第三节　如何使用数据

工欲攻善其事，必先利其器。有了大范围的数据来源及丰富的数据建模团队，那么下一件重要的事情就是合理地使用数据。在使用大数据前，应先了解大数据的特征。

一、大数据的特征

1. 海量的数据规模

人们接触最多的、最有直接感受的数据就是手机所购买的流量，最常见的数据计量单位为 KB、MB 和 GB，其关系为 1GB=1024MB，1MB=1024KB。目前的笔记本电脑最大的容量在 TB 这个级别，这个数据单位对常人来说已经相当庞大了，但是对大数据来说，最小的数据量也得 10TB 起，比 TB 级更大的数据计量单位还有吗？有，而且还有很多，1PB=1024TB，1EB=1024PB，1ZB=1024EB，1YB=1024ZB⋯⋯截至 2022 年，互联网客户数已达到 40 亿；RFID 标签在 2005年的保有量仅为 13 亿个，但是到 2022 年这个数字超过了 2300 亿；目前新浪微博上每天上传的微博数超过 1 亿条；Facebook 每天处理 10TB 的数据；世界气象中心积累了 220TB 的 Web 数据，9PB 其他类型数据⋯⋯IDC 最近的报告预测，到 2025 年，全球数据量将扩大 50 倍。目前，大数据的规模尚是一个不断变化的数据，单一数据集的规模范围从几十 TB 到数 PB 不等。简单来说，存储 1PB数据将需要两万台配备 50GB 硬盘的个人电脑。此外，各种意想不到的来源都能产生数据。随着信息技术的高速发展，数据量开始爆发式增长。社交网络 (如微博、Facebook)、移动网络、各种智能工具、服务工具等，都成为数据的来源。淘宝网近 4 亿会员每天产生的商品交易数据约 20TB；Facebook 约 10 亿客户每天产生的日志数据超过 300TB。社会和企业迫切需要智能的算法、强大的数据处理平台和高效的数据处理技术，来统计、分析、预测和实时处理如此大规模的数据。

2. 数据的种类繁多

广泛的数据来源决定了大数据形式的多样性。随着传感器、智能设备及社交协作技术的飞速发展，组织中的数据也变得更加复杂，因为它不仅包含传统类型的数据，还包含来自网页、互联网日志文件 (包括点击流数据)、搜索引擎、社交媒体论坛、电子邮件、文档、主动和被动系统的传感器数据等原始、半结构化与非结构化数据。在大数据时代，数据格式变得越来越多样，涵盖了文字、图片、视频、音频、地理位置信息、模拟信号等不同的类型；数据来源也越来越多样，不仅产生于组织内部运作的各个环节，也来自外部数据的主动采集。例如，在交通领域，北京市交通智能化分析平台的数据来自路网摄像头 / 传感器、公交、轨道交通、出租车及省际客运、旅游、化危运输、停车、租车等运输行业，以及问卷调查系统和地理信息系统。4 万辆机动车每天产生 2000 万条记录，交通卡刷卡记录每天 1900 万条，手机定位数据每天 1800 万条，出租车运营数据每天 100 万条，电子停车收费系统数据每天 50 万条，定期调查覆盖 8 万户家庭等，这些数据在体量和速度上都达到了大数据的规模。大数据不仅能够处理海量数据，更为处理不同来源、不同格式的多元化数据提供了可能。例如，为了使计算机能够理解人的意图，人类就必须将需要解决的问题的思路、方法和手段以计算机能够理解的形式告诉计算机，使得计算机能够根据人的指令一步一步工作，完成某种特定的任务。以往，人们只能通过编程这种规范化计算机语言发出指令，随着自然语言处理技术的发展，人们可以用计算机处理自然语言，实现人与计算机之间基于文本和语音的有效通信，为此，还出现了专门提供结构化语言解决方案的组织——语言数据公司。自然语言无疑是一个新的数据来源，而且也是一种更复杂、更多样的数据，包含省略、指代、更正、重复、强调、倒序等大量的语言现象，还包含噪声、含混不清、口头语和音变等语音现象。多样化的数据来源正是大数据的威力所在，例如交通状况数据与其他很多领域的数据都存在较强的关联性。

3. 高速的数据流转

在数据处理速度方面，有一个著名的"1 秒定律"，即要在秒级时间范围内给出分析结果，超出这个时间，数据就失去价值了。英特尔中国研究院首席工程师认为，快速度是大数据处理技术和传统的数据挖掘技术最大的区别。大数据是实时发生、实时产生结果的，它的"快"体现在两个层面。一是数据产生得快。有的数据是爆发式产生，例如，欧洲核子研究中心的大型强子对撞机在工作状态下每秒产生 PB 级的数据；有的数据从单体上产生得并不快，但是由于使用者非常多致使短时间内产生了非常庞大的数据量，例如点击流、日志、射频识别数据、GPS(全球定位系统) 位置信息等。二是数据处理的速度很快。大数据也有批处理 ("静止数据"转变为"正使用数据") 和流处理 ("动态数据"转变为"正使用数据") 两种范式，以实现快速的数据处理。像其他商品一样，数据的价值会迅速折旧。NewSQL(新的可扩展性 / 高性能数据库) 的先行者 VoltDB(内存数据库) 发明了一个概念，即数据连续统一体：数据存在于一个连续的时间轴上，每个数据项都有它的年龄，不同年龄的数据有不同的价值取向，新产生的数据更具有个体价值，产生时间较为久远的数据集合起来更能发挥价值。另外，数据与新闻一样具有时效性。以前没有智能手机和智能汽车，很多大城市虽然有交管中心，但它们收集的路况信息最快也要滞后 20 分钟。客户看到的，可能已经是半小时前的路况了，这样的信息就没什么价值。但是，能定位的智能手机普及以后可就不一样了。大部分客户开放了实时位置信息，做地图服务的公司就能实时得到人员流动信息，并且根据流动速度和所在位置区分步行的人群和汽车，然后提供实时的交通路况信息，给客户带来便利。这就是大数据的时效性带来的好处。

4. 价值密度低

与小数据不同的是，大数据中个体数据的价值极低。举个例子，单个或者少量客户的消费轨迹对电商来说意义不大，在北京三环上，某辆车行驶的车速或者行驶轨迹对交通管理来说也没有太大意义，微博上每个客户每天的日常情绪表达对企业来说没有什么用处，但当数据规模达到一定程度，客户的消费轨迹就能够体现客户的消费偏好，结合客户的其他信息，电商能够推算出客户的消费习惯，并根据某类客户的消费偏好推送合适的产品，这样一来客户消费轨迹大数据的研究就极具价值。车辆行驶信息也是如此，大量的车辆行驶信息结合时间、地点可以帮助交通部门推算出拥堵时间段以及如何分流比较合适，这样就可以通过提前引导来避免交通堵塞。英国德温特资本市场公司利用计算机程序，对全球最大的微博客推特上的所有的客户推文进行抽样，抓取"我感觉""我认为""……让我觉得"等表达投资者和公众情绪的语句进行分析、归纳，然后做出推断，发现社交平台上的情绪平均能够提前 3 天预测道琼斯指数的走向。德温特资本市场公司通过社交平台情绪趋势预测金融市场走势，并声称预测成功率达到 87.6%，这产生了不可估量的经济价值。这些案例也揭示出大数据问题的本质——如何从表面上看完全不想干的数据中找到数据间的关联关系，挖掘出新的数据分析方法和应用模式。在拥有大量数据后，结合场景和相关应用领域，通过深度分析才能实现大数据从数据到价值的转变。

本章第一节曾经探讨过数据范围的问题，为了准确定位城市问题的症结，政务热线需要尽量扩大数据范围。但当数据的来源特别多、数据类型特别庞杂的时候，各系统建设难免出现异构现象，数据格式、类型不一致，数据质量问题突出，这需要首先根据数据类型来制定大数据处理应用标准规范。"标准先行"已经成为当前各行各业数据应用的共识了。有了标准的数据处理规范才能够更好地共享数据，才能够支撑大数据处理平台应用的开发。统一标准是各节点之间互联互通、信息共享、业务协同的基础。例如，中国部分 12345 政务热线大数据中心通过顶层设计和统筹规划，建立针对政务热线大数据中心的大数据标准体系，从根本上解决不同来源、不同系统数据之间的不标准、不完整、重复、错误、不一致等数据质量问题，使数据在整合、应用的过程中实现统一标准的管理，达到提升整体数据质量、实现信息共享、信息交换、信息关联的目的。要从应用标准体系和技术标准体系两个方面来研究大数据的相关标准规范，包括各类大数据资源的接入标准、大数据处理平台的各类接口标准、各种类大数据处理的标准等，以及大数据的应用标准，例如对接相关行业标准、各类平台应用的安全标准等。

二、数据编码标准体系

对于已有相关国家标准规定的数据，应采用现行国家标准，例如《公民身份号码 (GB 11643—1999)》《中国各民族名称的罗马字母拼写法和代码 (GB/T 3304—1991)》《文化程度代码 (GB/T 4658—1984)》《国民经济行业分类 (GB/T 4754—2002)》《家庭关系代码 (GB/T 4761—1984)》《政治面貌代码 (GB/T 4762—1984)》分别对公民身份号码、民族名称、文化程度、国民经济行业分类、家庭关系、政治面貌的编码及规则做出了规定。

三、数据交换标准体系

数据交换标准应包括范围、规范性引用文件、术语和定义、技术要求 (消息说明、数据类型、数据结构、头标识、尾标识、数据头、数据加密、数据校验)、常量定义 (业务数据类型标识、子业务类型标识) 等内容，基本框架见表 6-1。

表 6-1　数据交换标准基本框架

章　节	内　容	
1	范围	
2	规范性引用文件	
3	术语和定义	
4	技术要求	消息说明
		数据类型
		数据结构
		头标识
		尾标识
		数据头
		数据加密
		数据校验
5	常量定义	业务数据类型标识
		子业务类型标识

1. 遵循的相关标准

- 《政务信息资源交换体系标准 (GB/T 21062—2007)》
- 《政务信息资源目录体系标准 (GB/T 21063—2007)》
- 《数据元和交换格式 信息交换 日期和时间表示法 (GB/T 7408—2005)》
- 《政务信息资源交换体系第 3 部分：数据库接口规范 (征求意见稿)》

2. 交换指标项描述方法

交换指标项的属性包括标识符、名称、说明、表示格式、来源和备注。

- 标识符：指标项的唯一标识，其格式为 ×-×××-×××(第一位为类目编号，取值范围 0 ～ Z；中间三位为业务类别，取值范围 0 ～ Z；最后三位为流水号，采用数字型顺序号)。
- 名称：指标项的中文名称。
- 说明：指标项内容的描述与解释。
- 表示格式：指标项内容的表示格式。

交换指标项的字符及含义见表 6-2。

表 6-2　交换指标项的字符及含义

字　符	含　义
C	通过字符形式表达的值的类型。C 后加自然数表示定长字符串，如 C6 表示 6 个定长字符 (一个汉字相当于两个字符)
N	通过可计算的十进制形式表达的值的类型。N 后加自然数表示定长数值，如 N4 表示 4 位定长数字
D	日期型，通过 CCYYMMDD 的形式表达的值的类型。D 后加 4、6、8 分别表示不同数据格式的日期型数据元素，如 D4 表示 CCYY，D6 表示 CCYYMM，D8 表示 CCYYMMDD
..UL	表示长度不定的文本
..	从最小长度到最大长度，前面附加最小长度，后面附加最大长度 (也可以只附加最大长度)。如 C..6 表示最多 6 个字符，N2..7 表示最少 2 位数字，最多 7 位数字
N..p,q (p、q 均是一个自然数)	表示数据类型为数值型，最长 p 位，小数点后 q 位 (小数点前为 p-q 位)。如 N..8,2 表示最多 8 位数字，小数点后 2 位

注：与该指标项相关的其他说明包括指标项的取值范围、遵循的标准规范要求等。

四、数据管控标准体系

数据管控标准应包含范围、规范性引用文件、术语和定义、数据管理平台的功能要求、数据集成、数据管控 (数据生命周期规划、元数据管理、主数据管理、数据质量管理)、服务共享、服务治理等内容，基本框架见表 6-3。

表 6-3　数据管控标准基本框架

章　节	内　容	
1	范围	
2	规范性引用文件	
3	术语和定义	
4	数据管理平台的功能要求	
5	数据集成	
6	数据管控	数据生命周期规划
		元数据管理
		主数据管理
		数据质量管理

续表

章　节	内　容
7	服务共享
8	服务治理

五、数据安全标准体系

数据安全标准应根据政务热线大数据中心的定位和实际建设情况，从以下方面进行规定。

- 两个对象：数据和信息系统。
- 三个安全保障能力来源：技术、管理、人员。
- 四个层面：局域计算环境、边界和外部连接、基础设施、信息内容。
- 五个数据状态：产生、存储、处理、传输、消亡。
- 六个保障环节：预警、保护、检测、响应、恢复、反击。
- 七个安全属性：保密性、完整性、可用性、可认证性、不可否认性、可控性、可追究性。

根据以上内容，数据安全标准应涵盖密码应用、保密、数据安全技术要求、数据安全评估、信息系统安全、数据安全管理等方面的内容。

1. 数据安全管理应遵从的相关标准

- 《电子政务信息安全等级保护实施指南》
- 《信息安全技术信息系统安全等级保护规范》
- 《安全防范工程技术规范 (GB50348—2004)》
- 《计算机信息系统安全产品部件　第 1 部分：安全功能检测 (GA 216.1—1999》
- 《中华人民共和国公共安全行业标准 (GA/T 74—94)》

2. 数据安全等级划分

数据安全等级划分见表 6-4。

表 6-4　数据安全等级划分

安全等级	等级名称	基本描述	安全保护要求
第一级	自主保护级	适用于一般的电子政务系统。系统遭到破坏后对政务机构履行其政务职能、机构财产、人员造成较小的负面影响	参照国家标准自主进行保护
第二级	指导保护级	适用于处理日常政务信息和提供一般政务服务的电子政务系统。系统遭到破坏后对政务机构履行其政务职能、机构财产、人员造成中等程度的负面影响	在主管部门的指导下，按照国家标准自主进行保护。适用于处理重要政务信息和提供重要政务服务的电子政务系统
第三级	监督保护级	系统遭到破坏后可能对政务机构履行其政务职能、机构财产、人员造成较大的负面影响，可能对国家安全造成一定程度的损害	在主管部门的监督下，按国家标准严格落实各项保护措施进行保护
第四级	强制保护级	适用于涉及国家安全、社会秩序、经济建设和公共利益的重要电子政务系统。系统遭到破坏后可能对政务机构履行其政务职能、机构财产、人员造成严重的负面影响，可能对国家安全造成较大损害	在主管部门的强制监督和检查下，按国家标准严格落实各项措施进行保护
第五级	专控保护级	适用于关系国家安全、社会秩序、经济建设和公共利益的核心系统。系统遭到破坏后对政务机构履行其政务职能、机构财产、人员造成极其严重的负面影响，对国家安全造成严重损害	根据安全需求，由主管部门和运营单位对电子政务系统进行专门控制和保护

3. 数据安全技术措施

数据安全的关键是保证数据存储、数据传输和数据访问的安全性。本项目采取的安全措施如下。

(1) 数据存储：在管理上，重点是建立业务共享平台日常的数据安全管理机制。在技术上，重点包括以下安全措施。

● 加密存储：将数据进行加密后存储，或者通过数据库的加密机制对敏感数据字段进行加密。

● 身份认证：对数据库访问账号进行分类，对数据库管理员、数据库操作人员进行身份认证。

- 数据备份：制定科学、合理的数据备份策略，采用全量备份和增量备份相结合、物理备份和逻辑备份相结合的方式，对备份数据进行分类分区存放。
- 日志记录：通过日志记录对数据库的所有操作，防止内部人员的恶意操作。

(2) 数据传输：在管理上，重点是中心集中控制管理。大数据软件处理平台采用星形的交换模型，由中心统一控制数据交换。在技术上，重点包括以下安全措施。

- Web 服务方式的安全性：采用 WS-Security 和 S-SecureConversation，确保节点之间的 Web Services 调用是安全会话。
- 文件方式的安全性：通过消息中间件自身的机制保障交换过程的保密性、完整性和可靠性。
- 交换库方式的安全性：可采用数据库自身的加密机制实现两个实例之间的交换安全。
- 数字签名：采用数字签名确保数据的完整性和不可抵赖性，防止数据在交换过程中被篡改。
- 日志记录：通过日志记录数据交换的来源节点、目标节点、数据量、执行时间、执行结果等情况。

(3) 数据访问：在管理上，重点是建立使用方申请、提供方授权的机制，数据的访问和使用都要经过数据来源部门的授权。在技术上，重点包括以下安全措施。

- Web Service 访问的安全性：利用 OpenSSL 搭建一个 PKI 系统环境，采用 WS-Security 和 WS-SecureConversation。
- 数据查询的安全性：通过身份验证、权限控制、日志记录等方式保证数据查询的安全性。
- 身份验证：在客户身份认证方面，采用强化的口令机制，结合 CA 身份认证等。
- 访问控制：采用强制访问控制，强制访问控制一般与自主访问控制结合使用，并且实施一些附加的、更强的访问限制。
- 日志记录：通过日志记录客户登录、查询、导出数据等活动。

(4) 数据等级分级保护：业务共享平台具备数据分级保护功能。

业务共享平台的数据资源根据使用范围的不同可以划分为以下几类。

- 可向公众公开的信息，例如医保的三大目录信息等。
- 可在政务部门内共享的信息，例如质监的组织机构代码颁证信息等。
- 只提供给特定政务部门使用的信息，例如公积金的个人总账信息等。

对于可向公众公开的信息，在安全措施上，采取客户验证、日志记录等基本的安全保障措施实现数据安全。

对于可在政务部门内共享的信息以及只提供给特定政务部门使用的信息，在安全措施上，除采取客户验证、日志记录等基本的安全保护措施，还要采取加密存储、加密传输、数字签名、访问控制等更高级的安全保护措施来实现数据安全。

六、数据质量规范

为了规范项目中的数据质量问题的发现和分析工作，持续优化大数据中心的数据质量，有力支持全区业务运行、管理分析和领导决策，提升数据资产的业务价值，需要制定数据质量规范。

数据质量规范包括以下内容。

1. 数据质量的定义与数据质量管理范围

数据质量是指数据满足业务运行、管理与决策的程度。数据质量体现在以下方面。

重复性：不同系统中存在的描述同一物理实体的数据，在进行多数据源的数据集成过程时，这些数据进入同一数据源，就会造成数据的重复。

关联性：关联性既包括数据列之间的关联，也包括数据值之间的关联。

正确性：正确性指数据不满足相关业务的填写需求。

完全性：完全性指数据的一些必要属性缺失，不能完整描述业务实体，主要是由数据采集过程中必填字段漏填造成的。

一致性：一致性是指描述现实世界同一实体属性的数据相互之间存在冲突，主要来源于多系统数据集成。

合规性：合规性指数据不符合相关标准或规范的要求。

数据质量管理包括数据质量问题发现、数据质量问题分析、数据质量提升、数据质量度量规则管理，以及数据质量管理工具的建设与维护。

2. 数据质量管理的组织与职责

数据质量管理的组织一般包括数据质量领导决策机构、数据质量工作小组、数据质量管理部门、业务部门、IT 部门、部门数据管理综合岗等。部分组织的职责如下。

(1) 数据质量领导决策机构的具体职责包括：

- 审批数据质量管理相关办法、流程和规范；
- 对数据质量管理工作的重大事项进行协调与决策；
- 定期听取工作小组对数据质量管理工作的汇报。

(2) 数据质量工作小组负责数据质量工作的整体组织与协调，具体职责包括：

- 负责组织、推动和协调数据质量管理相关工作；
- 汇报有关数据质量管理工作的重大事项；
- 对数据质量管理工作的重要事项进行决策。

(3) 数据质量管理部门是数据质量管理的职能部门，具体职责包括：

- 起草数据质量管理相关办法、流程和规范；
- 起草数据质量管理工作计划并推动执行；
- 制定数据质量度量规则及检核方法模板；
- 检核、汇总及组织分析数据质量问题，分类、汇总数据质量提升需求，编写数据质量提升需求报告；
- 依据需求报告，提出各类数据质量提升工作的分工建议；
- 对数据质量提升工作方案提出会签意见；
- 评估和检查数据质量提升的工作结果，编写数据质量提升工作总结报告；
- 提出数据质量管理工具需求；
- 提出数据质量考核方案的建议。

3. 数据质量问题发现

利用数据质量工具根据现有数据质量度量规则进行数据质量检核，发现数据质量问题，并形成数据质量问题报告。

4. 数据质量问题分析

对数据质量问题的原因进行分析，包括但不限于业务流程、业务操作规范性、管理制度，以及 IT 系统需求等。根据数据质量问题分析结果向数据质量管理部门提交数据质量提升需求。

5. 数据质量提升

利用数据质量提升工单系统提升数据质量，数据质量管理部门对各类数据质量提升工作执行结果进行评估和检查。

6. 数据质量度量规则管理

数据质量度量规则是数据质量的衡量标准，其制定的依据包括已发布的数据标准、业务运行、管理与决策的相关需求、外部监管及政策法规的要求等。

7. 数据质量管理工具

数据质量管理工具包括数据稽查工具、数据标准管理工具、数据质量提升工具、工作流调度工具等，可以完成以下工作。

(1) 数据质量管理部门主要完成的工作包括：

● 管理和维护数据质量度量规则及检核方法；

● 数据质量稽查，收集数据质量问题；

● 进行数据质量检核及问题跟踪处理；

● 形成各类数据质量报告。

(2) 业务部门主要完成的工作包括：

● 根据数据质量问题修正数据；

● 数据质量问题自查；

● 查看权限内数据质量报告。

8. 数据质量考核

需要根据数据质量问题报告及数据质量提升情况，提出数据质量考核方案。

七、数据采集

数据采集又称数据获取，是利用某种装置或者某种新技术，从系统外部采集数据并输入系统内部的一个接口。在互联网行业快速发展的今天，数据采集已经被广泛应用于互联网及分布式领域，摄像头、传感器、爬虫抓取工具等都是数据采集工具。数据采集需要系统地整合信号、传感器、激励器、信号调理、数据采集设备和应用软件。在数据规模高速增长的互联网时代，数据的类型也是复杂多样的，包括结构化数据、半结构化数据、非结构化数据。结构化数据最常见，简单来说就是数据库中的数据，也称作行数据，是由二维表结构来逻辑表达和实现的数据，严格地遵循数据格式与长度规范，主要通过关系型数据库进行存储和管理。非结构化数据是数据结构不规则或不完整，没有预定义的数据模型，不方便用数据库二维逻辑表来表现的数据，包括所有格式的办公文档、文本、图片、XML、HTML、各类报表、图像和音频/视频信息等。大数据采集是大数据分析的入口，所以是非常重要的一个环节。大数据的主要特点是源头分布非常广泛，数据类型多样化。这种复杂的数据环境给大数据处理带来了极大的难度。处理好大数据，就需要对所有数据源头的数据进行模式化的抽取和集成。

大数据的采集方法有以下几种。

(1) 系统日志采集方法：很多互联网公司都有自己的海量数据采集工具，大多应用于系统日志采集，如 Hadoop 的 Chukwa、Cloudera 的 Flume、Facebook 的 Scribe 等，这些工具均采用分布式架构，能满足每秒数百 MB 的日志数据采集和传输需求。

(2) 网络数据采集方法：网络数据采集是指通过网络爬虫或网站公开 API 等方式从网站上获取数据信息。该方法可以将非结构化数据从网页中抽取出来，将其存储为统一的本地数据文件，并以结构化的方式存储。它支持图片、音频、视频等文件或附件的采集，附件与正文可以自动关联。除了网络中包含的内容，对网络流量的采集可以使用 DPI 或 DFI 等带宽管理技术进行处理。

(3) 其他数据采集方法：对于企业生产经营数据或学科研究数据等保密性要求较高的数据，可以通过与企业或研究机构合作，使用特定系统接口等相关方式采集数据。

对于政务热线来说，数据的范围扩大了，大量的行业和业务数据意味着急需平台和技术将其汇聚在一起，进行数据挖掘和分析，从而实现精准决策。那么，如何将这么多不同软件、不同系统、不同接口中形形色色的数据快速、准确地采集出来呢？主要有以下三种形式。

第一种是软件接口对接方式。这需要协调多方软件厂商工程师，了解对方系统的业务流程及与数据库相关的表结构设计等，讨论如何实现数据的正确汇集并且在业务上可行。推敲各个细节，最后确定一个双方都认可的方案。两个系统的接口是在双方工程师的配合下完成的。有的处理可以在第一个系统中进行，也可以在第二个系统中进行，这种情况下做决定的依据是当未来出现功能变动时，哪种方案受到的影响最小。确定方案后仅需要编码、调适以及最后进行落实。接口对接方式的数据可靠性较高，一般不存在数据重复的情况，而且都是业务大数据平台需要的有价值的数据；同时，数据是通过接口实时传递过来，完全满足了大数据平台对实时性的要求。但是接口对接方式需要花费大量人力和时间协调各个软件厂商做数据接口对接，而且它的扩展性不高，如果由于业务需要各软件系统开发出新的业务模块，其和大数据平台之间的数据接口也需要做相应的修改和变动，甚至要推翻以前的所有数据接口编码，工作量很大且耗时长。

第二种是开放数据库方式。一般来说，来自不同公司的系统往往不太会开放自己的数据库给对方连接，因为这样会有安全性的问题。为实现数据的采集和汇聚，开放数据库是最直接的一种方式。当两个系统分别有各自的数据库时，同类型的数据库之间的连接就比较方便：假设两个数据库在同一个服务器上，只要客户名设置得合适，就可以直接进行相互访问。如果两个系统的数据库不在一个服务器上，那么就需要采用链接服务器的形式来处理，或者使用 openset 和 opendatasource 的方式，这需要对数据库的访问进行外围服务器的配置。不同类型的数据库之间的连接比较复杂，需要做很多设置才能生效。开放数据库的方式可以直接从目标数据库中获取需要的数据，这样准确性很高，是最直接、最便捷的一种方式，同时实时性也有保证。然而这种方式需要协调各个软件厂商开放数据库，其难度非常大，一个平台如果要同时连接多个软件厂商的数据库，并且都在实时获取数据，这对平台本身的性能也是一个巨大的挑战。

第三种是基于底层数据交换的数据直接采集方式。通过获取软件系统的底层数据交换、软件客户端和数据库之间的网络流量包，进行包流量分析采集到应用数据，同时还可以利用仿真技术模拟客户端请求，实现数据的自动写入。使用数据采集引擎对目标软件的内部数据交换 (网络流量、内存) 进行侦听，再把其中所需的数据分析出来，经过一系列处理和封装，保证数据的唯一性和准确性，并且输出结构化数据。经过相应配置，实现数据采集的自动化。基于底层数据交换的数据直接采集方式的技术特点如下：

(1) 独立抓取，并不需要软件厂家配合；

(2) 实时数据采集，数据端到端的延迟在数秒之内；

(3) 几乎兼容所有的平台；

(4) 自动建立数据间的关联；

(5) 配置简单、实施周期短；

(6) 支持自动导入历史数据。

由于目前还没有成熟的数据采集融合技术，往往需要依靠各软件原厂商研发数据接口来实现数据互通，这不但需要投入大量的时间、精力与资金，还可能因为系统开发团队解体、源代码丢失等原因出现的死局导致数据采集融合实现难度极大。在这样的环境下，基于底层数据交换的数据直接采集方式应运而生，从各式各样的软件系统中开采数据，源源不断地获取所需的精准、实时的数据，并且自动建立数据关联，输出利用率较高的结构化数据，让数据有序、安全、可控地流动到所需要的企业和客户中，让不同系统的数据源实现联动流通，为客户提供决策支持，提高运营效率，产生经济价值。

八、数据预处理

数据采集之后，下一步的工作是什么呢？现实世界中的数据大体上都是不完整、不一致的"脏数据"，无法直接进行数据挖掘，或挖掘结果差强人意。为了提高数据挖掘的质量，从而产生了数据预处理技术。

(一) 预处理数据的原因

为什么要预处理数据呢？原因如下。

(1) 现实世界的数据不完整(缺少属性值或仅包含聚集数据)、含杂音(包含错误或存在偏离期望的离群值)、不一致(用于商品分类的部门编码存在差异)的。

(2) 没有高质量的数据，就不会有高质量的挖掘结果，高质量的决策必须依赖于高质量的数据。数据仓库需要对高质量的数据进行一致的集成。

数据预处理有多种方法：数据清理、数据集成、数据变换、数据归约等。这些数据预处理技术在数据挖掘之前使用，大大提高了数据挖掘模式的质量，降低了实际挖掘所需要的时间。

数据清洗，顾名思义，就是把已经存储好的数据中的"脏数据"清洗掉以提高数据质量，具体来说，就是发现数据文件中可识别的错误并进行纠正的最后一道程序，包括检查数据一致性、处理无效值和缺失值等。一般来说，系统中存储的数据是基于某一核心的数据集合，这些数据从多个业务系统中抽取出来并且包含了历史数据，这样一来就避免不了有的数据是错误的，有的数据相互之间可能存在冲突，这些错误的或者相互矛盾的数据不是人们想要的，被称作"脏数据"或者"数据噪声"。这些"脏数据"需要被按照一定的规则进行清洗，这就是数据清洗。数据清洗的任务就是过滤掉不符合要求的数据，并将结果交付给业务部门，由其进行审核，确认是否需要过滤还是进行修正后再进行抽取。一般来说，不符合要求的数据是指不完整的数据、错误的数据及重复的数据这三大类。由于数据量庞大，数据清洗一般由计算机代替人工来完成。清洗后的数据就会在一致性、正确性、完整性和最小性这四个指标上达到分析的要求。在大数据背景下，大量不同来源的冗余、错误、复杂的数据被采集，之后去芜存菁的工作需要数据清洗技术加快发展速度，在极短时间内提升数据治理水平，满足行业与个人的数据分析要求。

在大数据高速发展的时代，数据不是问题，问题是如何找到有价值的数据，这使得数据清洗技术的重要性凸显出来。目前来说，数据清洗的技术还远远不能满足清洗大数据的要求，数据清洗技术未来会成为驾驭大数据的关键技术之一。总而言之，大数据预处理需要持续磨炼数据处理技术，在包容大数据的复杂性的同时，过滤掉质量相对较低的数据，来持续提升大数据分析的精准性。

数据处理常常涉及数据集成操作，即将来自多个数据源的数据，如数据库、数据立方、普通文件等，结合在一起并形成一个统一数据集合，以便为数据处理工作的顺利完成提供完整的数据基础。

在数据集成过程中，需要考虑并解决以下几个问题：①模式集成问题，就是如何使来自多个数据源的现实世界的实体相互匹配，这其中就涉及实体识别问题。数据库与数据仓库通常包含元数据，这些元数据可以帮助避免在模式集成时发生错误。②冗余问题，是数据集成中经常发生的另一个问题。若一个属性可以从其他属性中推演出来，那么这个属性就是冗余属性。例如，一个销售门店数据表中的平均月销售额属性就是冗余属性，显然它可以根据月销售额属性计算出来。此外，属性命名的不一致也会导致集成后的数据集出现数据冗余问题。③数据值冲突检测与消除问题。在实际工作中，来自不同数据源的属性值或许不同，产生这种问题的原因可能是表示、比例尺度或编码的差异等。

(二)数据变换的内容

数据变换是指不同来源所得到的数据可能导致不一致，所以需要进行数据变换，形成一个适合数据挖掘的描述形式。在项目中需要进行数据变换包含的处理内容如下。

1. 属性的数据类型转换

当属性之间的取值范围可能相差很大时，要进行数据的映射处理，映射关系可以为平方根、标准方差及区域对应。当属性的取值类型较小时，分析数据的频率分布，然后进行数值转换，将其中字符型的属性转换为枚举型。

2. 属性构造

根据已有的属性集构造新的属性，以帮助数据挖掘。很多情况下需要从原始数据中生成一些新的变量作为预测变量。

3. 数据离散化

将连续取值的属性离散化成若干区间，来帮助消减一个连续属性的取值个数。例如为了衡量经销商的规模，根据经验，可以根据分店数量把经销商分成几个区间：0～2个分店、2～5个分店、5～10个分店、10个分店以上，分别用1、2、3、4来表示。

4. 数据标准化

不同来源所得数据的相同字段，定义可能不一样。例如，婚姻状态有未婚、已婚、离异、再婚，需要将定义标准化，把它们的定义和取值区间统一起来，如婚姻状态定义为1(未婚)、2(已婚)、3(离异)、4(再婚)。数据标准化过程还用来消除变量之间不同数量级造成的数值之间的悬殊，消除个别数值较高的属性对聚类结果的影响。

对于小型或中型数据集，一般的数据预处理步骤已经足够。但对于真正的大型数据集，在应用数据挖掘技术以前，更可能会采取一个中间的、额外的步骤——数据归约。数据规约是大数据预处理技术中的关键，是指在尽可能保持数据原貌的前提下，最大限度地精简数据量（完成该任务的必要前提是理解挖掘任务和熟悉数据本身内容）。数据归约主要有两个途径：属性选择和数据采样，分别针对原始数据集中的属性和记录。假定在公司的数据仓库选择了数据用于分析，这样数据集将非常大。对海量数据进行复杂的数据分析和挖掘将需要很长时间，使得这种分析不现实或不可行。数据归约技术可以用来得到数据集的归约表示，它虽然小，但仍大致保持原数据的完整性。这样，在归约后的数据集上挖掘将更有效，并产生相同（或几乎相同）的分析结果。

对数据的描述、特征的挑选，归约或转换是决定数据挖掘方案质量的最重要问题。在实践中，特征的数量可达到数百万，如果只需要上百万条样本用于分析，就需要进行归约，以挖掘出可靠的模型；从另一方面来说，高维度引起的数据超负荷，会使一些数据挖掘算法不实用，唯一的方法就是进行归约。在进行数据挖掘准备时就需要进行标准数据归约操作，全面的比较和分析涉及如下几个方面的参数。

(1) 计算时间：经过数据归约后的结果即较为简单的数据，可减少数据挖掘消耗的时间。

(2) 预测或者描述精度：经过数据归约后，数据模型的准确度是提升还是下降。

(3) 数据挖掘模型的描述：经过数据归约后，对数据挖掘的描述应更加简单明了，这样模型能得到更好的理解。

(三) 归约的类型

预处理数据集的三个主要维度通常以平面文件的形式出现：列（特征）、行（样本）和特征的值，数据归约过程也就是三个基本操作：删除列、删除行、减少列中的值。

1. 特征归约

特征归约是从原有的特征中删除不相关或者不重要的特征，或者通过对特征进行重组来减少特征的个数，其原则是在保留、提高原有判别能力的同时减少特征向量的维度。特征归约算法的输入是一组特征，输出是它的一个子集。当领域知识缺乏时，进行特征归约时一般包括 3 个步骤。

(1) 搜索过程：在特征空间中搜索特征子集，选中的特征就构成了一个子集，这被称为一个状态。

(2) 评估过程：当输入一个状态后，通过预先设定的阈值或者评估函数来输出一个评估值进行搜索，算法的目的是使评估值达到最优。

(3) 分类过程：最终搜索和评估后组成的特征集完成最后的算法。

特征归约能够用最少的数据来进行深度分析，从而提升挖掘效果。另外也能够最大化地提升数据挖掘精度，实现最简单的数据挖掘结果。

2. 样本归约

样本都是已知的，通常数目很大，质量或高或低，样本中可能有也可能没有关于实际问题的验证知识。样本归约就是从数据集中选出一个具备代表性的样本的子集。子集大小的确定需要考虑计算成本、存储要求、估计量的精度，以及其他一些与算法和数据特性有关的因素。初始数据集中最大和最关键的维度数就是样本的数目，也就是数据表中的记录数。数据挖掘处理的初始数据集是一个总体，而对数据的分析只需要基于样本的一个子集。获得数据的子集后，用它来提供整个数据集的一些信息，这个子集通常叫作估计量，它的质量会依赖于所选子集中的元素。取样过程会造成取样误差，取样误差对所有的方法和策略来讲都是固有的、不可避免的，子集的规模越大，取样误差就会相对降低。与针对整个数据集的数据挖掘比较起来，样本归约具有以下优点：减少成本、速度更快、范围更广，有时甚至能获得更高的精度。

3. 特征值归约

特征值归约是特征值离散化技术，它会将连续型特征的值进行离散化，使之成为少量的区间，每个区间映射到一个离散符号。这种技术的好处在于简化了数据描述，并有利于理解数据和最终的挖掘结果。

特征值归约可以是有参的，也可以是无参的。有参方法使用一个模型来评估数据，只需要存放参数，而不需要存放实际数据。有参的特征值归约有两种：第一种是回归，包括线性回归和多元回归；第二种是对数线性模型，近似离散多维概率分布。

无参的特征值归约有 3 种：第一种是直方图，采用分箱近似数据分布，其中

V- 最优和 MaxDiff 直方图是最精确和最实用的；第二种是聚类，将数据元组视为对象，将对象划分为群或聚类，使得在一个聚类中的对象"类似"而与其他聚类中的对象"不类似"，在数据归约时用数据的聚类代替实际数据；第三种是选样，用数据的较小随机样本表示大的数据集，如简单选择 n 个样本（类似样本归约）、聚类选样和分层选样等。

九、数据挖掘

与前面预处理过程不同的是，数据挖掘一般没有预设的主题，主要是对现有数据基于各种算法来进行计算，从而实现数据深度分析和预测的效果。数据挖掘就是从大量的、不完全的、有噪声的、模糊的、随机的实际应用数据中，提取隐含在其中的、人们事先不知道的但又是潜在有用的信息和知识的过程。数据挖掘是根据分析挖掘目标，从数据库中把数据提取出来，然后经过抽取、转换、加载进而组织成适合分析挖掘算法使用的宽表，然后利用数据挖掘软件进行挖掘。目前的大数据分析技术主要是改进的数据挖掘和机器学习技术，开发数据网络挖掘、特异群组挖掘、图挖掘等新型数据挖掘技术，突破基于对象的数据连接、相似性连接等大数据融合技术，突破客户兴趣分析、网络行为分析、情感语义分析等面向领域的大数据挖掘技术。

数据挖掘涉及的技术有很多分类方法。根据挖掘任务的不同可分为分类或预测模型发现、数据总结、聚类、关联规则发现、序列模式发现、依赖关系或依赖模型发现、异常和趋势发现等；根据挖掘对象的不同可分为关系数据库、面向对象数据库、空间数据库、时态数据库、文本数据源、多媒体数据库、异质数据库、遗产数据库及环球网 Web；根据挖掘方法的不同可粗分为机器学习方法、统计方法、神经网络方法和数据库方法。

机器学习中，可细分为归纳学习方法（决策树、规则归纳等）、基于范例学习、遗传算法等。统计方法中，可细分为回归分析（多元回归、自回归等）、判别分析（贝叶斯判别、费歇尔判别、非参数判别等）、聚类分析（系统聚类、动态聚类等）、探索性分析（主元分析法、相关分析法等）等。神经网络方法中，可细分为前向神经网络 (BP 算法等)、自组织神经网络（自组织特征映射、竞争学习等）等。数据库方法主要是多维数据分析或 OLAP 方法，另外还有面向属性的归纳方法。

　　数据挖掘是大数据分析技术的核心，但如果要将数据挖掘的结果应用于实际，分析结果的可理解性和可解释性是非常重要的因素。即使分析结果是正确的，如果缺乏适当的解释方法，也可能会让客户难以理解，甚至导致错误的判断。传统的描述和解释数据的方法是通过文字形式来解释结果或直接在计算机上显示结果。然而，在大数据时代，数据挖掘的结果往往是海量的，并且结果之间的关联关系也可能非常复杂，使用文字表达或计算机显示的方法显得有限。因此，图形化的数据展示方法对于观察和理解数据特征及数据挖掘结果非常有利。如果能够通过图形化手段将复杂的数据展示在人们可以观察和易于理解的二维或三维空间中，不仅有助于人们理解数据分析的结果，还便于使用者从不同的视角和维度观察数据，并发现新的模式，实现"一图胜千言"的效果。这种图形化手段被称为数据可视化，在大数据分析领域非常重要。

　　为了更好地挖掘和利用大数据中潜在的价值，需要客户能够在一定程度上了解和参与数据分析的具体过程，利用交互式数据挖掘过程引导客户逐步进行分析，使客户在获得结果的同时能更好地理解分析结果的来源。这有助于帮助客户追溯整个数据挖掘的过程，并帮助客户理解结果。因此，在大数据分析领域，非常重视数据可视化技术。

第四节　数据共享共治

　　跑断腿、磨破嘴、交了钱、受了罪。办事跑十几个部门，盖几十个公章……这是很多人曾经历过的事情。中央电视台《焦点访谈》节目曾经报道过某女子为了开未婚证明跑了 18 个单位、部门，其中很多信息是重复的，部分信息实际上是政府部门所拥有的基础数据，完全可以根据身份证号码自动生成；同样一条道路，会因为不同的维护原因被反复挖开，这个月是通信公司进行光缆维护，下个月是自来水公司管道维护，再下个月是电力维护……这些都是居民经常会碰到的事情，而出现这些问题的原因就是信息孤岛。

　　信息孤岛是指部门与部门之间、政府与企业之间的数据和信息相互独立、不共享互换，以及信息、业务流程与应用之间相互脱节，从而影响相互之间的沟通协作甚至导致由于信息不全面而出现的决策偏差，这些都会使管理成本大大增加，并极大地影响市民的生活体验。目前在中国，政府致力于逐步消除信息孤岛，大多数的政府部门都建设了较为完备的信息化平台，但由于相关数据条块分割，缺乏跨部门的信息整合和开放，如同一个个信息孤岛。

信息孤岛是信息化的阶段性产物，是信息化过程中不可避免的，但当国家政府对数据化、信息化的重视提升到一定程度的时候，就需要政府各个层级、各职能部门对其所掌握的大量数据进行整合、共享。大数据的核心就在于通过一个个数据库联动，实现更大规模的数据共享，并挖掘数据的价值。无论是网络世界还是现实社会，各自为政的数据管理方法会在无形中阻碍数据的互联互通，导致信息资源共享举步维艰，成为公共管理未来发展的巨大瓶颈。

令人欣喜的是，各地政府纷纷响应中央号召，开始不断尝试打破信息孤岛。例如几年前中国部分城市就已建设完成政府数据统一开放平台、网络电子证照系统，并免费向公众开放。大部门市政府数据统一开放平台门户网站设置有数据目录、数据分析、地图服务、应用服务、开发服务、互动交流、网站统计等栏目，开放 46 个政府职能部门的 300 多项数据集，涉及经济发展、城市建设、道路交通、教育科技、民生服务、企业服务等 14 个重点领域。区别于传统意义的信息公开，城市政府数据统一开放平台可实时接收政府信息资源共享平台推送过来的开放数据资源，保障开放数据的质量和鲜活性。同期上线运行的还有市网络电子证照系统，该系统是搭建了证照互认、系统互联、数据互通的数据安全交互平台。

某地市政府在 2018 年初就完成了不动产登记全流程"60 分钟领证"的全国最快速度，进行商事登记制度的持续深化。为了打破信息孤岛，该地市政府总结了三点做法。

(1) 打破信息孤岛，必须破除思想壁垒。信息孤岛的产生，很大程度上是由于传统思维和局部利益束缚。公共数据是社会共同的资源，必须最大限度地释放能量、创造价值。对内，市政府坚持"每个政府部门，既是数据的需求方，又是数据的提供方"，以数据需求倒逼数据归集，以目标考核推动数据共享，截至 2018 年 1 月，归集全市 59 个部门的数据，群众办事从"找部门"向"找政府"转变。对外，市政府坚持"数据取之于民、用之于民"，发布政务数据公开目录，推动公民个人办事事项"简化办、网上办、就近办"，不断提升公共数据资源的普惠化、便捷化水平。

(2) 打破信息孤岛，必须破除技术壁垒。针对各部门数据标准不统一、上下不贯通、左右不联通等问题，市政府着力发挥信息经济发达、高科技企业云集的

优势，推动政务数据从"物理整合"向"化学融合"转化。创新平台建设。自
主研发市政务数据资源管理系统，推动全市信息系统、数据库全面整合提升；联
合阿里云等13家企业共同推进"城市数据大脑"建设，深化交通治堵领域应用，
积极探索"用数据说话、用数据决策、用数据管理、用数据创新"的治理模式。
"城市数据大脑"被列为国家首批人工智能开放创新平台。通过数据推送、接口
调用和页面查询三种方式，推动"一个数据用到底"。

(3) 打破信息孤岛，必须破除体制壁垒。打破信息孤岛的过程就是倒逼政府
自我革命、破除制度"玻璃门"的过程。市政府创新数据管理体系，成立数据资
源管理局，制定数据资源发展战略规划，出台包括平台建设、数据安全、绩效评
估等在内的一整套管理办法，以"无条件归集、有条件使用"的理念，有效破解
多头管理、各自为政的痼疾。同时，市政府优化办事流程：市、区县两级部门负
责人开展"一把手办事体验"，从群众和企业角度抓实抓细每个环节，努力实现
"标准最统一、事项最规范、材料最精简、流程最优化、共享最彻底"。最重要
的是，市政府开展数据共享大会战：抓住民众最急、最忧、最怨的问题，以企业
投资项目审批、商事登记、不动产登记和公民个人办事为突破口，集中时间、集
中人力、集中物力、集中攻关，提高数据共享的质量和效益。

那么，作为政务热线，应该怎么做呢？纽约311平台的做法可以给大家一些
启发。

作为美国人口最密集、族群最多元的国际大都市之一，如何智慧、高效地
管理城市，及时、有效地为市民提供服务，是纽约市政府需要优先解决的问题。
为此，纽约政府着力打造了全美最大的非紧急政府服务平台——纽约311。纽约
311平台可为纽约市民提供包括预约房屋检查、大件垃圾回收处理等3600多种
非紧急的政府服务。

纽约311平台不仅服务范围广，涉及城市生活的各方各面，服务效率高也是
保证其成功运作的重要因素。统计显示，85%的市民问题在首次致电311平台后
就得到了解决，且85%的电话接通时间不超过30秒。便捷的渠道与高效的服务
使纽约311平台成为一个成功的信息服务中心，且迅速发展成为美国最大的非紧
急政府服务系统。

纽约311平台每天都会收到成千上万条来自各个渠道的投诉和咨询，每一条
记录都会被保存，并标注在地图上供进一步分析。信息技术部门将数据进行匿名
处理后在政府数据公共平台上发布，并且向市议会报告每月统计数据。这些数据

能够帮助决策者探测到城市的细小变化并及时做出反应。例如，针对排在市民投诉首位的噪声问题，政府专门在一些高投诉率地区开展了一系列消灭噪声行动；针对公共场所饮酒问题，政府在高投诉率社区开展了针对非法俱乐部的检查行动。这些投诉数据不仅能让政府有针对性地解决市民提出的问题，还能帮助政府区分政策的优先顺序。

任何人都能够在纽约 311 平台查询到匿名的投诉记录，包括投诉种类（从噪声投诉到非法停车）、投诉时间、地点，以及投诉受理状态（相关部门已收到投诉、投诉处理完毕）等。公开的信息数据可以支持政府相关部门、城市规划师、数据爱好者，以及任何感兴趣的人做有趣且有意义的分析。

根据纽约市的相关规定，在供暖季，出租屋房主或者物业管理部门必须提供暖气并保持出租屋处于适宜温度，否则租户有权向 311 平台投诉并要求房屋管理部门介入调查。2016 年，与无暖气（或热水）相关的投诉就占到了 311 平台投诉的第三位。针对这个问题，租房引擎 Renthop 利用公开数据制作了纽约市与暖气相关的投诉可视化图，来帮助租客选择合适的租房区域。

《纽约客》杂志分析了与噪声相关的 311 平台投诉分布。他们发现，离曼哈顿越远，与噪声相关的投诉越少，并且不同社区投诉的噪声种类常常有所不同。不同种类的噪声呈现出不同的空间分布，为政府相关部门提供了更有利的信息。比如，当展开针对不同种类噪声的整治活动时，可以在特定区域加大整治力度。

在灾害预防领域，纽约 311 平台每年收到 25 000 多条关于违规建筑的投诉，而纽约大约有 100 万幢建筑，政府从事建筑巡查的工作人员仅 200 名左右，基于传统的巡视预测准确率仅为 25%。市长办公室数据分析团队通过与消防员、警察、巡视员等人员沟通，得到甄别危险的指标，根据房屋是否存在拖欠税款，是否有人投诉，是否是 1938 年后按建筑规范进行建造，以及房屋年龄、房屋污水排放量等创建预测模型，对每天需要排查的建筑列出优先级别，将火灾预测的准确率从 25% 提高到 70%，巡查人员的工作效率是此前的 5 倍。在市长办公室数据分析团队的推进下，纽约的数据开放促进社会化应用也取得明显成效。到目前为止，纽约已经开放了 12 000 多组数据，涉及健康、商业、公共安全、城市治理、教育、环境、住房与发展、创新等诸多领域，并基于此开发了大量社会化应用。例如，开发了提示公众避免进入犯罪高发区域和提高警惕的 App 应用，从而降低犯罪发生的概率。交通领域的 App 应用为公众出行提供实时建议，并为地铁系统在客流高低峰时段、热点站和普通站之间的调配提出更优的方案。

类似利用纽约 311 平台数据开展的分析研究还可以有很多。例如，城市规划师可以研究是否需要在违章停车问题突出的地区新增停车位或提升公共交通服务可达性等。平台提供的数据为各行各业打开了一条真正利用数据解决城市问题的智慧城市管理新思路。

俗话说："三个臭皮匠顶一个诸葛亮。"广大市民的智慧汇集起来会远远超越由专家组成的城市智囊团。因此，要彻底解决 12345 政务热线所发现的难点、热点问题，就需要向市民公开平台数据，借助企业和市民的智慧为城市建设添砖增瓦。那么，如何开放数据呢？

首先，在公开数据的过程中要注意对市民个人隐私的保护，对公开的数据要进行脱敏处理，即对涉及市民个人隐私的数据要进行删除或者采用其他方法进行数据处理，但数据脱敏的程度需要政务热线管理部门进行把握，既能够体现一些特征信息，如小区、街道的地址，也要去除具体的房间号、电话号码、姓名等明确的个人信息。这样既保留了数据的可用性，也在一定程度上避免市民个人数据被一些别有用心的人非法利用。

开放数据的第一步是提供尽可能多的原始数据，只要不涉及市民隐私、国家安全方面的数据，都可以开放、开源给广大市民，允许公众免费查询、下载，个人和公司能够最大限度地自由处理这些数据。例如，投诉的具体事件内容、发生的小区或者街道、发生的时间、处理的部门、处理结果等，这些数据与公司企业、民间组织所拥有的数据相互融合后，能够产生巨大的商业价值，并且对社会进步产生巨大的推动力。政务热线只是公开数据是不够的，还要通过各种方式推动对这些数据的处理。因此，数据公开的第二步就是提供应用程序开放接口，这样公司与个人就能够对信息资源进行深入开发和利用，并创造巨大的社会价值。

第五节　　数据运营案例

一、大数据策略

某地 12345 政务热线的数据管理能力在全国政务热线中处于领先水平。从2017 年起，该地 12345 政务热线启动了"大数据时代的政务热线转型研究项目",邀请当地大学数字研究中心的专家一同为热线"号脉",制定符合该地 12345 政务热线自身特点的大数据发展路径。

12345 政务热线通过"一个中心、两大平台、三个模块"的设计原则来实现"四个统一"——统一采集、统一分析、统一监控和统一调度。一个中心是指 12345 大数据全景展示中心,它包括三个模块——综合监控模块、绩效监察模块和智慧调度模块。综合监控模块能够展示目前市民的诉求分布情况、热点诉求排名,以及对市民关注的热点事件的处理情况。这些数据能够帮助管理部门从多个维度分析市民的诉求情况,如市民投诉空气污染的各行政区域分布和同比数据情况、各街道分布和同比数据情况、空气污染涉事地址等,这些数据能够帮助政府全面、深入地了解一些专项的投诉分布情况和处理情况,及时了解市民的需求和想法,为下一步重点工作部署提供了依据。综合监控模块还能够实时展示市民诉求的处理情况,如目前工单总量、转派总量、按时办结率、满意率等数据,为热线运营的管理人员提供了管理抓手,他们可以根据这些数据进行内部运营优化和外部疑难工单工作。综合监控模块有一个非常强大的功能——热力图,能够通过地址定位匹配及供电信息联动的方式,显示每个区域(街道)的工单总量,每个投诉发生的地址、时间、内容、承办单位、办理进度、办理结果和满意度情况。这些信息能够帮助当地政府的领导直观地了解目前投诉量最高的地区以及相应的处理情况,通过一张图以窥全局,一针见血见病灶,从而帮助政府加强对各区甚至街道的管理。同时通过热力图叠加行政区划图层的方式,将工单的归属细化到街道,实现街街有界限;通过热力图叠加网格图层来提升数据分析的精度;通过热力图与视频平台对接的方式来实现实时指挥调度,实现行政资源利用最佳化的目的。12345 大数据全景展示中心还可以提供当地各行政区的工单转派情况、工单类型分布、工单平均处理时长、退单率及市民评价满意度情况,这可以帮助市政府判断各区政府、市属部门对市民诉求的重视程度和处理效率,实施数据"铁笼"工程,实现"大数据＋精准监督"的目标。除了实时监控,每年该地 12345 政务热线管理部门针对市民关注的热点出具各类专题报告来深度剖析该类业务重点,为政府提供数据抓手。

大数据的应用使 12345 政务热线成为城市的"健康 CT 机",帮助政府快速、有效地检测当地所面临的民生问题,然而,这离"城市治理智库"的目标还有一段距离。对病人来说,"CT 机"只能提供一种结果数据,要想"确诊",还需要再进行多种化验得到更多的数据。如果仅根据 CT 机所发现的病灶来解决问题,那么切除病灶后可能又会出现新的病灶。城市治理更是复杂，想要精准地诊断"城市病"，就需要方方面面的数据。举个例子，如果12345政务热线想为市民提供各行政区的宜居指数，那么仅提供行政区市民投诉量及处理效率数据，是无法获取各行政区平均经济收入水平、医疗便利程度、交通便利程度、设施完善程度等一系列数据的，也就无法提供宜居指数。

因此，如果12345政务热线想要进一步发挥作用，成为城市治理的智库，那么所能够分析的数据范围就要扩大。

首先要接入公共管理领域的数据。城市政府部门和相应的职能机构掌握了一个城市的基本信息，包括该城市市民就业和社会保障的信息、金融交易信息、财政信息、环境信息、交通运输信息、旅游信息、教育相关信息、医疗信息等。为了实现城市管理的公正度、透明度，除了一些相对敏感和涉及公民隐私的信息，大部分信息都向市民公开，而对这些信息的综合分析能够帮助管理部门找到城市病的症结，并协助政府精准下药。举个例子，停车难、小区内车辆乱停乱放占用公共空间也是12345政务热线经常接到的屡禁屡犯的难点问题。接到类似问题，管理部门往往会派发给相应的街道，街道会联系相应小区的物业部门加强管理，在一段时间内这样的问题会得到缓解，当物业释放相应人力去解决其他事务时，这类问题又会重复出现。这并非街道或者物业不认真履责，实际上街道或者物业不具备足够的信息，导致不能做出更好的决策。如果热线接入了交通相关的投诉信息，如车辆注册信息、停车场资源信息，以及相应路段的夜间流量信息，那么就可以针对停车矛盾突出的小区进行停车资源综合分析，并将建议提供给区政府，这样就能够从根本上解决问题。

商业数据也是热线需要纳入的重要资源。IBM公司发布的《分析：大数据在显示世界中的应用》报告中表示，商业数据是大数据的一个主要来源。通过调研发现，淘宝网站每天所生成的客户数据已经超过50TB；百度搜索每天大约处理60亿次搜索请求，数据量更是高达几十PB；腾讯每天需要处理近千亿次服务调用，执行约50000亿次计算，增加近300GB的存储数据；通信公司每秒钟所产生的移动客户上网记录近百万条，大型银行每天处理的数据在600GB左右，存量数据超过100TB。商业数据的量如此巨大，它所能够产生的价值无法估量。商业大数据最大的特点是"接地气"，它与人们的衣食住行紧密相关。在移动互联网和信息技术高速发展的时代，人们越来越离不开手机。Counterpoint统计数字显示，超50%的人每天累计使用手机时间超5小时，一般人对手机的依赖程度也在不断增加。人们在手机上买菜、买水果、订餐、购物、订酒店、订旅游产品、使用导航、租车等，毫不夸张地说，如果人类离开手机可能连生存都会出现问题。这些购买和使用痕迹都被相应的商业公司记录下来并加以利用。虽然商业数据与公共管理领域的数据相比更庞杂，由于大部分的电子商务公司非常重视这些数据，因此这些数据的质量更高，更具有指导意义。当 12345 政务热线有了商业数据和公共管理领域的数据，那么热线就能够协助政府进行较为立体的规划。举个例子，旅游开发是每个城市都非常重视的项目，旅游体验好不好也会直接影响城市的形象。旅游尤其是城市旅游的体验好不好不仅与旅游景点、旅游产品相关，还与餐饮、交通、购物、住宿等一系列因素直接相关。再举个例子，越南作为一个自然景观资源和历史景观资源都相当丰富的国家，由于其物价低廉、酒店性价比高、自然景观多样受到了世界各地游客的欢迎，然而，大部分游客游览过越南后往往有很多负面评价，如交通不方便、治安不好等，这些评价不仅影响游客二次出行的选择，也在一定程度上影响了国家的形象。而马来西亚这个经济不算发达的国家得到了世界各地游客的广泛好评，原因不仅仅在于自然景观优美，当地居民的友好程度、对环境的重视、饭店和酒店的高品质也是让游客们称赞不已的地方。12345 政务热线获取了旅行社的游客旅游信息，就能够分析出当地旅游景点的流量分布、各类景点的淡旺季，另外结合旅游网站的住宿流量信息、美食类点评网站的餐厅分布信息、旅游景点附近的交通拥堵信息做出更为客观、全面的分析，包括哪些地方建议突出餐饮特色、哪些地方需要增设交通路线、哪些地方的购物需要加强监督等。这些建议不再局限于旅游这一个垂直领域，而是以旅游为中心，对与旅游相关的产业进行有效管理和部署，进而提升游客体验、提升经济效益、提升城市形象。

二、小数据应用

12345 政务热线的小数据应用实际上就是对内部运营不断精细化、精益化的过程。12345 政务热线对小数据的应用首先要聚焦在为市民解答问题的座席代表身上，体现在招聘、甄别、培养、正式上线后的工作行为等各个环节上。

(1) 招聘：选择招聘渠道后，要对招聘过程中产生的数据进行收集和事后分析。哪个招聘渠道收到的简历最多？哪个招聘渠道的应聘者质量最好？哪个招聘渠道的应聘者稳定性最好？这些数据有助于提高招聘的质量和效率。

(2) 甄别：像 12345 政府服务热线这样的企业在若干年的运营管理中已经建立了一个较为完整的人员甄别体系。人员甄别是运营管理中非常重要的环节，根据研究发现，客户中心的离职员工中，入职 3 个月内和入职 2 年左右的员工占比最大，而前者往往是甄别不到位或者培训不到位所造成的。如果甄别做得不好，很可能影响培训环节或者正式上岗后的工作结果。如果在甄别时没有对应聘者的应变能力或者抗压能力进行合适的检测，那么可能导致花精力培养了员工后，却因为工作时无法很好地应对压力而离职。为了把好第一个关口，人事部门要收集应聘者对甄别环节的反应，以及通过应聘者在培训期和正式工作后的行为表现，通过回顾、分析来评估甄别体系的甄别效果，并对不足之处进行优化。

(3) 培养：新人培养期也是一个非常关键的阶段。企业往往在这个阶段花大量的时间和精力在新人培养上，如果新员工在这个阶段离职会导致企业资源的极大浪费。因此管理人员需要密切关注新员工在培训期的表现，记录新人在培训期的出勤情况、问题回答的主动性、考试成绩、学习主动性、模拟测试成绩等行为表现，并与之后新员工流失数据、新员工工作绩效表现进行交叉分析，来提升新人培训的质量。这些数据还有助于针对不同的员工类型制订相应的培训计划。例如"90 后"的员工不喜欢枯燥的培训，希望通过游戏、竞赛等方式来掌握知识，那么在新员工培训计划的设计上就可以增加竞赛和游戏的比重，通过员工喜爱的形式来培养他们，提升培训效果。

(4) 正式上线后的工作行为：员工上线后的表现是企业关注的重点，这与整个热线的服务效率和服务质量紧密相关。为了实现精细化管理，12345 政务热线以终为始，将接通率、满意度这些结果性指标进行倒推，分解成为个可能影响服务质量和服务效率的环节，并制定明确的指标进行管理。小数据的充分应用意味着政务热线的管理人员不仅需要对指标是否达标进行管控，更要关注指标是否波动，什么时间出现了异常波动，与什么因素相关？如果与员工相关的话，那么这样的波动频繁吗，需要介入管理吗？指标的波动状态往往能够体现一个员工的个人状态。某银行信用卡中心就将员工绩效成绩的波动和其离职的倾向结合起来进行研究，并建立了流失率预测模型，通过及时发现员工的异常状态，及时进行管理来避免人才的流失。

为了帮助员工更好地进行自我管理，12345 政务热线开发了应用程序让员工能够随时关注与自己相关的指标变化，包括某日或者某段时期的话务量情况、平均电话处理时长、解决率、满意率、退单率、质检成绩等。这样一来，员工知道到什么阶段自己能够达成什么样的水平，自己的优势和薄弱项在哪里，那么就能够采取一定的措施来帮助自己达成目标。仅仅 12345 政务热线运营中心内部的各级管理人员和员工能看到自己的绩效数据并不够，这样的呈现形式也要推广到 12345 政务热线工单的末梢，即政府行政管理的最小单位街道和各层职能单位层面。这样他们能够实时了解自己部门下面目前有多少工单，有多少已经完成，还有多少尚在处理中，在完成的工单中市民的满意度如何，其他街道或者职能单位目前工单状态怎么样等。通过横向对比和纵向对比，行政管理单位和职能单位能够客观地了解自己的状态和绩效情况，有利于工单的及时和有效处理，从而提升市民的满意度。

第七章　智能客服

第一节　拥抱智能客服

由于人工智能在客服中心的应用能够大大降低劳动力成本和提升工作效率，自 2016 年开始，客户中心行业以前所未有的热情开始尝试在客户中心的运营中部署和实现人工智能。根据《中国智能客服行业研究报告》统计，客服机器人正在以 40%~50% 的比例替代人工客服工作。而客户中心的人工智能领域还有近千亿级的市场有待开发。在人工智能发展的热门赛道上，电商巨头们早已纷纷入局，京东自 2012 年底就成立了 JIMI 智能客服团队，至今已承担超过 50% 的京东客服任务；阿里发布阿里小蜜后，定位于私人购物助理；网易自从推出考拉海淘和网易严选之后，自建网易七鱼解决客服压力……传统客户中心行业中的业界标杆也早已纷纷出手。金融行业客户中心早已部署智能机器人、智能质检，平安客服中心已经将智能化融入各个模块中，如智能机器人、工单系统、智能核身、智能质检等，以提升服务效率和服务精准度；平安银行、招商银行等金融机构目前也已经开始尝试智能 IVR 及其他人机互动方式，以精细化运营著称的三大通信运营商也早已开启智能化尝试，通过智能技术实现差异化、精准化的服务。

虽然在一些客户中心中，智能化应用的确取得了非常好的成果，不仅为中心节约了成本，甚至通过一些分析技术为中心提高了盈利水平，但实际上大部分客户中心在部署智能化上遇到了很多的挫折。例如，有些客户中心向技术提供商购买了智能知识库，希望通过采用智能技术来实现智能客服，通过更准确的问题解析和答案推送提升客户满意度。然而在购买并部署智能知识库之后才发现根本无法落实，购买的智能知识库并不是一个完整的解决方案，简单地将老知识库里的内容导入新的智能知识库后，当客户提问时，系统既无法准确识别客户的需求，也无法精准推送准确的答案，反而导致客户投诉率上升，增加了电话客户服务量。花了大价钱购买的先进科技产品变成了鸡肋，智能知识库最后沦为领导参观体验的一个工具。也有一些客户中心发现应用了智能质检、智能知识库后，工作人员不仅没有减少，还需要增加一些具有专业知识的人员，例如，在最初引入智能质检时，为了保证质检的准确率不受影响，除了要保持一定的质检团队进行人工质检，还要单设团队进行质检模型的搭建；在最初引入智能知识库时，需要有一定的团队成员进行知识库的优化、维护FAQ库等。这些人员成本的增加也在一定程度上引起了管理人员的疑惑：如果引入智能应用技术会增加人力成本，那么引入这些应用的意义是什么呢？也有一些客户中心在应用了智能技术后，客户感知受到了极大的影响，满意度大幅下降，投诉率大大上升。某记者曾对30名市民拨打客服热线的经历进行调查，其中8成市民对当前的智能客服不满意，吐槽银行智能客服的最多。"客服是我们跟商家沟通的主要桥梁，应该以客户为中心，快速、及时解决问题，但是智能客服程序死板，不能有针对性地回答客户问题，反而浪费了客户很多时间和精力。"某位市民反馈道，"尤其是银行查询，一遍遍按键，稍有失误就得重新来过，浪费时间，让人着急。"为什么会出现这么多水土不服的情况呢？这是因为很多客户中心在引入智能化应用时没有想清楚，在智能化发展大潮的影响下纷纷步入了智能化应用的误区，主要体现在以下方面。

1. 持续期：一次引入，一劳永逸

很多客户中心的管理人员对智能化应用的一个误解在于，认为引入智能化应用是一件一劳永逸的事情。事实上，只有当一个公司只是想通过智能化来解决非常简单的重复性工作时，例如通过智能外呼来回访客户、简单确认客户的问题是否解决了、对服务是否满意，才可以直接通过购买技术来解决问题，其他大部分的场景没有办法通过直接购买成熟的解决方案或者完成项目建设后就一劳永逸了。为什么这样说呢？

从全球来看，专用人工智能即面向特定任务（如下围棋）的专用人工智能系统由于任务单一、需求明确、应用边界清晰、领域知识丰富、建模相对简单，形成了人工智能领域的单点突破，在局部智能水平的单项测试中可以超越人类智能，例如，AlphaGo在围棋比赛中战胜人类冠军，人工智能程序在大规模图像识别和人脸识别中达到了超越人类的水平，人工智能系统在诊断皮肤癌方面达到专业医生水平。通用人工智能领域的研究与应用仍然任重而道远，人工智能总体发

展水平仍处于起步阶段。当前的人工智能系统在信息感知、机器学习等浅层智能方面进步显著，但是在概念抽象和推理决策等深层智能方面的能力还很薄弱。总体上看，目前的人工智能系统可谓有智能没智慧、有智商没情商、会计算不会"算计"、有专才而无通才。因此，人工智能依旧存在明显的局限性，依然还有很多"不能"，与人类智慧之间还有相当大的距离。这意味着，目前市场上任何一种智能产品都不可能自主学习并进行决策，也不可能为企业提供定制化的解决方案。

我国的人工智能在语音识别、视觉识别、机器翻译、中文信息处理等技术方面处于世界领先地位。全球第二大智能语音公司是我国的科大讯飞公司，已有 5 亿客户，在全球仅次于美国纽昂斯公司，是全国普通话等级考试、音乐等级考试的唯一指定语音服务商。目前科大讯飞公司对中文的识别准确率能够达到 97%，甚至超过微软语言识别准确率 (94.1%)。中国在人脸识别算法方面也展现了巨大实力。根据美国国家标准与技术研究院 (NIST) 的全球人脸识别算法测试 (FRVT) 最新结果，前五名的算法分别被中国的依图科技、商汤科技和中国科学院深圳先进技术研究院所包揽。这些公司的视觉识别技术被应用到安防、金融、交通、医疗等多个领域。据公司官方报告，依图科技在千万分之一误报下的人脸识别准确率已经接近 99%。商汤科技被认为是全球最具价值的 AI 创新企业，公司自主研发的人脸识别、图像识别、文本识别、医疗影像识别、视频分析、无人驾驶和遥感等 AI 技术，已经在智慧城市、智能手机、互动娱乐及广告、汽车、金融、零售、教育、地产等多个行业得到应用。虽然我国部分专业型人工智能技术已位于世界前列，但这些技术在客户中心的智能应用主要在于前期信息的识别和转化，如何应用仍然需要一个长期建模的过程，因此，仅仅简单购买智能产品并不能实现一劳永逸。

客户中心的核心是客户，而客户的需求随着时代的变化不断提高，例如，在 21 世纪初，中国绝大部分客户的需求仅仅是能解决问题，而现在客户的需求不仅仅是解决问题，他们对接触渠道、便捷程度、服务规范性、亲和度等方面的要求都在不断提高，从这个角度来看，智能技术的"一次引用"并不能永久解决客户中心的核心问题，任何技术都要随着社会发展、技术发展和人们对服务需求的要求发展而不断调整。当前的智能技术很有可能在不久以后被新的智能技术所替代，这样一来，对于企业来说，大大增加了成本，反而不是一件好事。《人民日报》发表文章建议，智能客服不能模板化，指出"目前许多商家的智能客服存在不少局限，比如只能提供固定答案，无法针对个性化问题及时提供针对性解答，不仅没能帮消费者解决问题，反让消费者在兜兜转转一圈后，还得求助于人工客服。要让智能客服变得智能，商家必须注重以人为本的经营理念，避免陷入以技术为本的误区"。这就意味着企业在引入智能技术后需要对模型、算法和话术等进行不断的优化来贴近客户的实际需求和企业的运营需要。

2. 人：拿来主义全靠技术公司

智能技术应用的第二个误区就是认为技术公司能够提供全套解决方案。目前智能技术领先的公司之所以成功主要在于他们在智能技术领域中某个分支方面具备非常强的竞争力，例如科大讯飞拥有世界上领先的智能语音技术，商汤科技则在人工智能视觉深度学习平台领域具有较强的竞争力，百度在开放的人工智能平台上造诣颇深，等等。这些公司具备较强的技术实力，并且也具备较强的实施团队，但能不能为企业定制合适的产品，不仅仅依赖于技术公司，更需要客户中心自身首先应具备较强的运营基础并准备一支高素质的项目团队与技术公司合作，才有可能打造满足客户中心自身需求的智能应用。以智能知识库为例，对技术公司来说，他们的优势在于智能知识库技术的领先性以及能够将其他客户的成功经验复制过来，然而智能知识库是否适用以及是否能提升员工效率，其关键在于客户中心现有知识库目前的管理状况。如果该客户中心的知识库结构过于简单，知识文章篇幅冗长，全篇都是技术术语和书面语，那么想要成功地应用智能知识库则需要经历一个痛苦的过程——该客户中心需要配备专人根据要求对知识库的架构、篇幅等进行调整，否则该客户中心所购买的智能知识库很可能成为鸡肋，看着很美好，但对员工的帮助甚少。

3. 定位：定位不清，选择不明，随大流

近几年来，很多客户中心都开始进行或者规划智能化应用，其中绝大多数都是随大流。很多客户中心的领导认为不引入智能技术以后很可能会落后，因此必须引入，尽快引入。这个认知的前半段判断是对的，从目前智能化应用的采用结果来看，大部分成功部署了智能化应用的企业的确从中获得了巨大的益处，例如，货车帮花了大力气研发的客户画像及智能外呼任务分配系统帮助其大大提升了营销准确率和员工工作效率；某地 12345 政务热线的智能质检技术使质检员的

工作效率得到了显著提升；平安金服推出了智能工作台帮助座席提升知识搜索速度、客户识别率等，极大地提升了员工满意度和客户体验。虽然有很多成功的例子，但实际上，客户中心智能化应用失败的案例更多。问题就出在"尽快"上面，很多客户中心在没有想清楚的情况下，为了抢占"技术红利"，就开始部署智能化，有些客户中心甚至把"智能化"作为战略规划的一部分进行，这些情况很容易造成技术落地的"水土不服"。实际上，智能化只是一种实现客户中心进一步发展的手段，而不是最终的目的。在引入智能化应用时需要进行全面考虑：未来对客户中心发展的定位是什么？为了实现这一战略，首先在哪些方面进行提升？目前有成熟的技术方案来解决这些问题吗？这些方案对内部运营基础是否有要求？是否需要配备专门的人力来解决这些问题……前期考虑得越清楚，后面在部署智能化应用时遇到的困难就越少，效果也越好。

4. 技术：一次性开发，不出故障不迭代

"一次性开发，不出故障不迭代"是企业在购置软件或者系统时的常态逻辑。然而，这一逻辑并不适用于人工智能应用。互联网开发模式的特点就在于迭代。李开复认为中国创业者更需要的是迭代创新，而不是许多美国创业者崇尚的颠覆式创新，因为前者更专注客户和效率，能以较小的投入更快地开发出产品，抢占市场。微信就是很好的例子。那么，什么是迭代创新？迭代是一个重复反馈过程的活动，每一次迭代的结果都会作为下一次迭代的初始值，从而不断逼近目标或结果。迭代本源于一种数学求解。一般的数学计算中，多是一次性解决问题，称为直接法；但问题复杂，需要考虑很多未知量时，直接法方向错了就可能永远达不到终点。这时，迭代法就发挥功效了。迭代从一个初始估计出发，寻找一系列近似解，发现一定的问题求解区间，从而达到解决问题的目的。遗传算法即为最常见的迭代法之一：模仿自然界生物进化机制，根据适者生存的原则，根据个体在问题域中的适应度，在每一代算法中产生一个近似解，从各种潜在的解决方案中逐渐产生一个近似最优解。例如在和谐号的车鼻设计中，减少风阻，达到最优的空气动力造型，采用的就是遗传算法运算。

早在 20 世纪 50 年代末期，软件领域就出现了迭代模型。最早的迭代过程可能被描述为"分段模型"。迭代模型是 RUP(rational unified process，统一软件开发过程) 推荐的周期模型，被定义为：迭代包括产生产品发布 (稳定、可执行的产品版本) 的全部开发活动和要使用该发布必需的所有其他外围元素。在某种程

度上，开发迭代是一次完整地经过所有工作流程的过程：需求分析、设计、实施和测试工作流程。实质上，它类似小型的瀑布式项目。RUP认为，所有的阶段都可以细分为迭代。每一次的迭代都会产生一个可以发布的产品，这个产品是最终产品的一个子集。

迭代开发是由于市场的不确定性高，需求在没被完整地确定之前，开发就迅速启动。每次循环不求完美，但求不断发现新问题，迅速求解，获取和积累新知识，并自适应地控制过程，在一次迭代中完成系统的一部分功能或业务逻辑，然后将未成熟的产品交付给领先客户，通过他们的反馈来进一步细化需求，从而进入新一轮的迭代，不断获取客户需求、完善产品。

人工智能应用到客户中心领域时，其中一个重要技术是机器学习，包含了机器对语音、文字、图像等人类沟通的自然语言输入、转化、理解和反馈。这项技术需要积累高质量和高拓展性的语料库、不断优化的算法技术，以及反复实践的问答建模练习。因此，如果希望人工智能技术能够长期、有效的持续应用，除了需要不断完善数据信息、进行数据建模，也需要基于优化的算法技术的必要迭代。

5. 场景：聚焦基础场景，忽略未来场景变化

客户中心在引入智能化应用时，为了尽快将智能化应用进行部署，一般做法是首先选择客户中心业务中重复量大、业务结构和逻辑较为简单的业务。利用这样的方法，智能化应用项目小组的成员就能在项目实施过程中，尽快掌握智能化应用部署落实的"套路"，这样有利于整个智能化应用项目的顺利推进。智能化应用已经顺利实施后，为了使智能化应用对客户中心的运营和企业的业务发展产生更大的推动力，就需要着眼于复杂场景以及未来场景的变化。宜信客服中心引入智能质检后，最初使用的是智能质检最基础的功能——全量质检，发现一线座席代表在语气语调、业务准确性上的问题。当智能质检在宜信客服中心顺利部署、实施后，宜信客服中心尝试利用智能质检中的核心技术——语音转化、语义分析功能，进一步识别客户服务中的场景来全面提升中心的运营效率和客户体验。宜信客服中心在智能质检的基础上搭建了防骚系统来识别有效客户，根据客户意愿适度跟进，严格控制座席代表与客户沟通的频次，减少对客户的骚扰。

第二节　人是智能客服的“人”生导师

人工智能只是工具，而人才是使用工具的主体。因此，智能化建设的关键在于人。

对客户中心来说，人工智能是一种新兴技术，在没有引入之前，一定需要技术公司的帮助。他们最了解自己的技术，也具有一定的项目实施经验，大部分具有一定实力的技术公司，不仅具备技术开发的专才，也有一支专业的项目实施团队，一旦产品进入部署阶段，这支团队会根据之前成功的项目实施经验向客户方提供一套完整的实施方法来帮助客户中心成功地实施项目。

技术公司精于技术，这是他们的核心竞争力，往往也成为项目实施时的“巨大阻力”。为什么这样说呢？第一，即使是经验再丰富的项目实施团队，他们的专长仍然在于对技术的了解和项目的实施经验，由于无法深入客户中心的运营生产中，也不精通客户业务，因此他们能够做到的是基于客户的需求来进行技术方案的调整，在这样的情况下，智能项目是否能够成功就基于客户对智能化是否有足够认识以及对业务是否具备前瞻性的思考。遗憾的是，大部分客户中心的领导和管理人员虽然非常清楚业务和运营管理中遇到的问题，但往往缺乏对智能化的认识以及对客户中心整体发展的前瞻性思考。这个时候，需要有另外一支既懂技术又懂客户中心运营管理的专家起到催化剂的作用，既能够从客户中心的角度提出发展的建议，又能够基于客户中心的现实情况提出技术改善方向，帮助技术公司制定更贴合客户的技术解决方案，这就是咨询公司所起到的作用。技术公司和咨询公司能够帮助客户中心解决技术实现和内部管理的问题，这能够帮助客户中心提高运行效率，但无法通过智能化来解决实际业务问题。对12345政务热线来说，座席代表日常遇到的市民来电可能与政策制度有关，可能与法律法规有关，也有可能涉及社会管理学、金融等方面的专业问题，在这样的情况下，如果要基于疑难场景进行建模，建设智能化的问题诊断模型，那么就需要政府政策、法律法规、环境保护等方面的专家、学术机构、媒体资源的帮助了。

如果希望人工智能能够对客户中心的运营管理或者价值输出起到显著的作用，那么人工智能与数据处理的结合就至关重要了。事实上，人工智能能够在21世纪得到质的突破，其中一个非常重要的因素就是数据——海量数据的出现使深度神经网络、深度置信网络及对抗神经网络等多种网络模型结构逐渐发展起来，并在语音识别、图像识别等领域得到广泛应用。虽然客户中心天然具备数据方面的优势，然而大部分客户中心数据的质量良莠不齐，数据的定义、完整性、有效性，以及后续的分析和深度挖掘都做得不够，不是客户中心不重视数据，而是在实际运营中似乎没有这方面的需求，通过大量基础管理人员每天盯结果、盯人员的形式也能够达成关键绩效目标，这样使大部分的客户中心管理人员数据管理的能力偏弱。如何在短期内解决这个问题呢？在我国，互联网公司就具备数据深度管理的基因，由于他们自身具备巨大的数据流量，也有较强的技术研发能力，因此在数据的管理和应用方面有着天然的优势。在消费互联网时代，互联网公司把这种优势全面体现到了各种互联网产品中。可以说，消费互联网时代的产品竞争主要就体现在"数据竞争"上，数据是互联网公司的核心资产，互联网公司在长期的产品优化的过程中积累了大量的大数据应用经验，这些经验对人工智能的深度应用有着非常重要的影响。

　　要想充分利用智能技术，将客户中心的传统人工客服向智能客服转化，不仅需要外部力量，也需要内部建立起一支包括业务专业人才、创新型人才、数据分析人才等高素质人员的专业化队伍。除了简单的智能外呼，大部分智能应用都需要专业的人员进行前期准备工作和后期维护工作。例如，如果需要引入智能客服系统，系统上线前期需要设置智能客服训练师来维护智能机器人的 FAQ，通过不断优化相似问题提高智能机器人回复的准确性，也需要根据需求进行场景建设以提升机器人解决客户问题的能力。这个岗位对人员的要求比较高，如果只是让原来的知识管理人员来兼任该岗位，那么很可能出现的情况是：虽然智能机器人能够基本投入使用，但机器人解决问题的能力很难得到提升。因此，一个合格的智能客服训练师需要有较强的逻辑思维能力、归纳能力和应变能力，一个优秀的智能客服训练师甚至要具备数据分析、挖掘、建模的经验。智能质检、智能知识库、智能 IVR 的建设同样需要具备相应专业能力的人才来实施，他们是项目成功的关键因素之一。另外，创新型人才也是客户中心人工智能应用成功的关键。每个客户中心的具体情况和业务领域都不一样，如果简单引入技术公司的解决方案，那么可能出现技术方案"水土不服"的情况，只有具备创新性思维的人才能够跳出技术公司所提供的成功案例框架，从中心的实际情况出发，基于技术公司所提供的核心技术，构建符合中心特色的智能化应用。大部分的智能化应用都需要有数据建模基础，这意味着数据分析人才也是智能化建设项目必不可少的。这里的数据分析人才并不是指对运营数据敏感，可以通过绩效数据表现分析出运营状态的人，而是真正具备数据挖掘能力，甚至能够进行数据建模的专业性人才。这些人才如果都通过外部招聘引入，那么会给客户中心带来非常大的压力，主要体现在：第一，这些成熟的专业人才薪资水平一般比较高；第二，在正值智能化建设热潮的今天，这些专业人才也是紧俏资源，往往供不应求，不是短时间就能够招聘到位的。因此，客户中心内部如果决定发展智能化，那么就需要提前在企业内部挖掘合适的人才，并进行相应的培养，为后期的智能化建设做好准备。

技术支持并非一蹴而就，需要以长期、稳定的合作关系作为基础。当一个客户中心自身的运营管理基础较为扎实的时候，初步引入智能化并不是一件非常困难的事情，难的是如何将智能化融入各个环节，释放巨大的生产力。一个运营相对成熟的客户中心的信息系统往往由不同的系统运营商提供不同的模块，例如，客户中心的底层通信系统、CRM、质检体系、知识库可能都是由不同的系统运营商提供，这意味着，如果引进智能化技术系统后，如果要进一步优化，那么就必须保持客户中心的系统提供商的稳定性，这样企业才能够基于业务、流程和系统来进行优化。政务热线进行智能化建设则会面临更加复杂的情况。大部分12345政务热线所承接的业务范围涵盖了整个城市大部分政府部门的职能职责，需要对接上百个承办部门，各个部门的业务流程和业务范围也各有不同。因此，12345政务热线在进行智能化建设的时候，不仅需要考虑与系统集成商之间的合作关系，还需要对法律法规进行深度的研究，甚至还需要考虑交通、商业布局、餐饮、电商消费等与市民休戚相关的因素，这就需要热线管理部门与咨询公司、学术机构甚至一些互联网大数据公司的长期合作，共同努力。

《 第三篇 》
政务热线经典案例

　　12345，一串深入人心的特殊数字，一条传递温度的贴心连线，一座纾民困、解民忧的沟通桥梁……经过近四十年的发展，它已经成为全国发展最快，普及范围最广的公共服务热线。在深化改革方针的推动下，我国社会经济快速发展，相应的民生诉求在范围和数量上也呈现迅速增长的趋势，在更高的发展要求驱动下，政务热线建设方兴未艾。总体来说，12345 政务热线在全国的发展经历了三个阶段：2000 年以前，单一电话渠道受理阶段；2000—2016 年，由电子渠道转型多媒体平台受理阶段；2016 年以后，实施热线整合以后的全渠道、数智化平台服务阶段。

　　受城市经济发展水平、公共管理水平、信息技术资源及历史文化风俗等因素的影响，每个城市的公共服务发展水平存在较大差异。在政务热线集中整合的进程中，各城市对政务热线的定位、提供的资源，以及对公共服务的整合程度也有所差异，造成了政务热线职能与社会治理综合贡献度的差异。那么在 12345 政务热线发展演进的过程中，哪些方面对城市治理发挥了突出作用，哪些措施扩大了它的影响力，如何考核它的运营水平和运营质量，又如何评价它对城市治理做出的贡献，还有哪些能力受到制约？本篇列举一、二线城市中较具代表性的政务热线发展状况进行说明和探讨。

第八章　杭州市12345政务热线

杭州市 12345 政务热线是我国首创使用 12345 特服号码的市长公开电话，经过二十多年的发展，截至 2019 年已拥有 375 个座席，是集网、电、信、访四位一体，开通电话、网站、微信、短信、App 5 条受理渠道的综合性服务平台。2018 年共受理群众诉求 629.5 万件，其中人工受理占比 56.2%，自助受理占比 43.3%。

"最多跑一次"专席和"一小时代办"制度是杭州 12345 热线的两项制度创新。

一、整合状况

杭州市 12345 市长公开电话中心于 1999 年 6 月 15 日建成开通，最初仅设有 5 个电话座席。

从 2002 年开始，先后增加了电子邮箱、短信和媒体直播渠道。

2016 年 G20 峰会前期，杭州市启动全市 55 条非紧急类政务热线整合并入 12345 实行统一接入管理，并在此基础上增挂"杭州市统一政务咨询投诉举报平台"的牌子。除了将 55 部政务类热线电话整合为一个电话，杭州市 12345 市长热线还将 80 余家单位的领导信箱和网上信访渠道，整合到浙江政务服务网，构建省、市、区、街道（乡镇）、社区"上下贯通、五级联动"的统一平台，采用互联网技术，打造更强有力的为民办事能力。

截至 2018 年 2 月，非紧急类政务热线整合完毕，杭州市 12345 政务热线的座席规模从之前的 50 多席发展到 265 席，此外还有 7 个区、县的远端座席 110 席，共 375 个席位。

二、运营管理体系建设

杭州市 12345 政务热线隶属于杭州市信访局，其工作规范依据中华人民共和国国务院及浙江省人民代表大会颁布的相关《信访条例》、杭州市委颁布的《杭州市 12345 市长公开电话受理中心工作细则》。

杭州市 12345 热线中心按照"统一受理、按责处理、限时办结、统一督办"的原则建设运营管理体系。

工作流程分受理、办理、反馈、办结四个环节。对人工受理的话务，如果情况清楚、政策明确，则由座席直接答复来电人。如果需要代办或交办职能单位进行处理，则实施工单管理。对从网站、微信、App 等在线渠道接入的服务请求，由在线座席统一受理。

杭州市 12345 热线中心针对流程和岗位实行严格的指标管控，形成了"一号、一键、一人，一次"的高效服务机制。"每一个寻求服务的人都能够获得准确、有温度的服务响应"是杭州市 12345 政务热线的服务宗旨。

2018 年开始，杭州市 12345 政务热线设立"最多跑一次"、12345 综合、人力社保、公积金、交通运输、法律咨询六大类专席，市民或企业拨打 12345 电话后由自动应答系统分流，接入自助服务或相应的人工专席，如果不能区分诉求类别，可以选择进入综合席。

1."最多跑一次"专席

"最多跑一次"专席是杭州市 12345 政务热线贯彻浙江省"最多跑一次"改革的重点流程创新。设立"最多跑一次"座席的目的是提供真正"一站式服务"，接入这里的电话要求不转机，所提问题全部被解答。该专席人员是全技能座席，是六类专席中级别最高的座席。

2.一小时代办机制

杭州市 12345 政务热线设立"一小时代办"的流程机制，针对一些复杂、疑难或知识库中没有的咨询问题，需要座席在来电工单中进行记录，再打电话和分管单位沟通，然后将问询到的结果反馈市民，这个过程要求在一个小时内完成。

3."效能指数"监测体系

杭州市 12345 政务热线建立了一套服务效能监测体系，首创"效能指数"，包括按期办结率、回访核实率、市民满意率、重复投诉率、办结时限 5 项指标，综合测评各级网络单位办事效率、促进疑难件和积案化解，每月通过各大媒体向社会发布“效能指数”，并纳入全市综合考评。

4. 挂职、驻场制度

作为市信访局直属单位，杭州市 12345 政务热线在座席资源上有着独特优势。杭州市 12345 政务热线的座席分为受话团队和办理团队，受话团队由外包单位杭州电信负责运营管理。办理团队，也即专席人员，由市信访局招聘选拔，同时实行后备干部挂职选派与市直单位在职人员驻场指导相结合的方式进行人力补充。

自热线创建以来，杭州市委组织部建立统一部署，根据热线业务量每年选派几十名干部到 12345 热线中心从事一线工作，迄今为止先后有 83 批 674 名后备干部到这里挂职。“最多跑一次”专席的座席人员有招聘的专职人员和分管单位前来挂职的业务骨干组织。

三、应急管理

针对突发社会事件，杭州市 12345 政务热线制定了一套应急流程，要求座席员在接到话务后 3 分钟内报送值班专家组，并全程跟进；5 分钟内联系相关职能单位，10 分钟内发送交办工单；20 分钟内编写《重要信息专报》，视事件紧急程度，函告市府两办（市委办公室、市政府办公室）；之后每间隔 30 分钟跟踪事态进展，直至警报解除。

2020 年新冠疫情发生后，杭州市 12345 政务热线快速反应，第一时间起草了《杭州市“12345”市长公开电话疫情防控工作情况汇报》《疫情件受理交办规则和处置流程》，为疫情件快速办理提供了“战时口令”和“作战指南”，如图 8-1 所示。

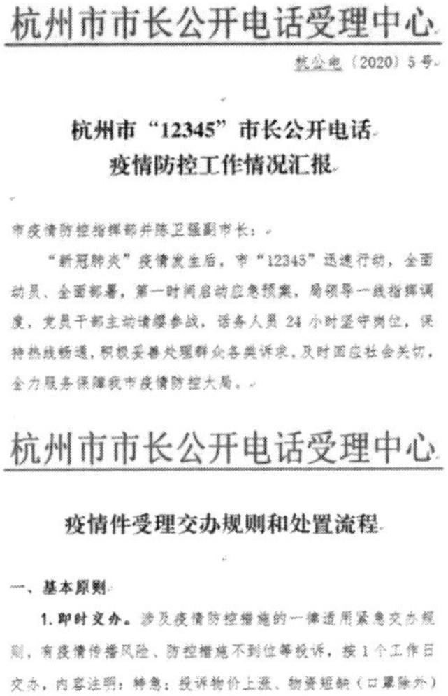
杭州市市长公开电话受理中心

杭公电〔2020〕5 号

杭州市“12345”市长公开电话
疫情防控工作情况汇报

市疫情防控指挥部并陈卫强副市长：

“新冠肺炎”疫情发生后，市“12345”迅速行动，全面动员、全面部署，第一时间启动应急预案，局领导一线指挥调度，党员干部主动请缨参战，话务人员 24 小时坚守岗位，保持热线畅通，积极妥善处理群众各类诉求，及时回应社会关切，全力服务保障我市疫情防控大局。

杭州市市长公开电话受理中心

疫情件受理交办规则和处置流程

一、基本原则

1. 即时交办。 涉及疫情防控措施的一律适用紧急交办规则，有疫情传播风险、防控措施不到位等投诉，按 1 个工作日交办，内容注明：特急；投诉物价上涨、物资短缺（口罩除外）的，按 3 个工作日交办，内容注明：紧急；旅游、订餐退费、

图 8-1 杭州市市长公开电话受理中心起草的文件

2020 年 2 月 11 日，浙江省健康码上线，来电量骤增，单日达 8.7 万，创历史最高。在信访局领导统筹协调

下，申诉复核平台上线，缓解了电话拨通难的问题。为提高健康码数据质量，调度指挥人员主动与专班数据质量管控组负责人联系，通过个案分析，提出合理建议，推动面上问题解决。

四、IT 平台建设

在健全和创新管理机制的同时，杭州市 12345 政务热线对智能化应用进行了积极的探索与实践，例如 12333 热线（社保政务热线）并入平台后，话务量骤增，且持续上涨，为保障解答率，平台专项建设了 12333 智能知识库，同时对专席人员开展培训并有计划地培养专席人才。

建设大数据分析平台，培养大数据应用专业团队，构建政务管理的大数据中心。完善舆情监测系统，建立完善的舆情报送机制，打造智慧信访，是改革赋予杭州市 12345 政务热线的新角色、新能力。

五、媒体合作

杭州市 12345 政务热线自成立始就与媒体保持密切合作。与媒体的合作互动对推动杭州市 12345 政务热线的发展，推动加强政府监督、社会监督起到了非常积极的促进作用。

2009 年，杭州市 12345 政务热线与新闻媒体合作推出《直播 12345》节目，每周一至周五在杭州电视台播出。该节目首创在电视直播节目中进行电话连线，在直播中接听群众电话投诉，并现场接通办事部门，第一时间为群众搭起投诉者与被投诉者、投诉者与政府职能部门的直接沟通平台。对群众多次反映而迟迟得不到解决的问题，采用"一追到底"的方法，直至最终解决。同时，还设立短信平台、电子信箱、QQ 群，方便群众投诉和参与直播评论。

第九章 上海市12345政务热线

上海市 12345 政务热线即上海市 12345 市民服务热线，于 2013 年 1 月 7 日开通运行。市民服务热线运营中心采用客户中心的语音接入、传真、短信、网站、App、微信、手语客服等多样化方式受理市民需求，拓宽受众人群，全方位地服务于市民。

一、服务定位

2018 年 7 月，上海市 12345 市民服务热线下辖的上海一网通办总门户上线试运行。已接入 47 个部门共 1437 项办理事项，日均办理量超过 7.4 万件，实现"一平台、多渠道、多终端"服务。个人实名客户数突破 958 万，法人客户数突破 195 万。统一总客服处理问题 2.6 万个，解决率超过 99%。

上海一网通办政务服务的特点是"四个统一"：统一身份认证，客户可以通过市民云 App、支付宝、微信、"法人一证通"等方式，实现"一次登录、全网通办"；统一支付服务，客户可以自主选择支付宝、微信、银联等支付渠道，快速完成办事缴费；统一快递物流服务，提供安全、便捷的材料寄递服务，让客户少跑腿办好事；统一客服，客户可以拨打 12345，对政府服务提出咨询、投诉和建议。

作为上海政务服务和一网通办的"总客服"，上海 12345 政务热线有非常明确的角色定位：上海市政府和市民、企业沟通的重要窗口，响应民声诉求的高效渠道，监督考核政府机构服务效能的重要平台。

目前，上海市政府进一步把"长三角一体化""一网通办"总客服的职能赋予上海 12345 政务热线。

二、整合状况

上海市 12345 政务热线在开通之初即形成由市热线领导小组全面统筹、市信访办牵头负责、市政府办公厅协调支撑、各相关部门联动的管理机制。

热线开通之前，上海市原有政务类服务热线超过 200 条，分属不同部门，遇到跨部门问题往往难以协调。而且，因缺乏统一的管理机制和服务标准，热线服务质量也参差不齐。

在筹备阶段，上海市 12345 政务热线参考国外先进服务热线的做法，希望能打造一条一号通的政府非紧急类公共服务热线。当市民遇到涉及政府公共管理、公共服务方面的咨询、求助、投诉和建议，拨打一个号码就能获得响应。

目前，上海的市民服务热线已与上百家上海市政府的各职能部门以及具有公共服务职能的企事业单位建立了合作机制。公安、民政、绿化市容、电力、燃气、供水等十几家市民咨询量大的单位，与热线建立了专线专席转接及三方通话机制。市民所反映、咨询及投诉的问题，可立即转至相关负责部门。

三、运营管理体系建设

上海市 12345 政务热线围绕"市民至上，倾心服务"的服务宗旨，按照"对外一号受理、对内分类办理、各方联动、高效处置"的原则科学构建管理架构，通过建立健全管理制度、完善优化应急流程、构建畅通沟通机制、聚焦热点舆情分析、强化深化业务培训、巩固提升服务意识，高质、高效地传递市民的诉求。其闭环工作流程如图 9-1 所示。

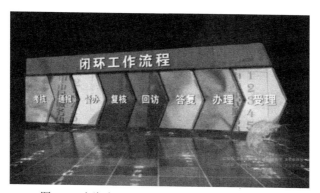

图 9-1　上海市 12345 政务热线的闭环工作流程

为保障民声畅达，热线在限时办理方面有严格规定，称为"1515"原则："1"指市民诉求受理转送后的 1 个工作日内，收到工单的单位要与来电人沟通确认事项；"5"指一般事项在 5 个工作日内办结；"15"是指疑难事项在 15 个工作日内办结。

回访是热线服务流程中的重要环节,先回访后结单是满意度提升的重要保障。此外,通过设立市民满意度、服务响应速度等关键指标,热线建立了以市民真实满意度为基准的考核评价体系,监督考核承办单位的服务效能,推动承办单位积极响应民众诉求,提升工单办理质量。

四、复杂疑难问题解决机制

要落实"1515"原则,仅靠热线管理办公室肯定不够,毕竟政务热线要协调的很多问题是跨部门、跨区域的"老大难"问题。

1."三位一体"的督办机制

上海市 12345 热线刚开通运行时,曾经常接到市民投诉,反映路面窨井盖缺损,存在安全隐患,甚至有伤人情况。当时上海共有超过 500 万个窨井盖,涉及的权属单位多达十余家,落实责任单位很困难。为此,热线启动了"三位一体"督办机制(12345 市民服务热线联合市监察局、市政府督查室三方共同建立的督办机制),与相关单位多次协调并展开专项调研,向市领导提交专报与建议。

最终,上海市路政局牵头,上海路政行业率先做出承诺,"先消除隐患,再分清责任,建立井盖管理托底机制",并编制完成了《上海市道路检查井统一标识及数字化管理实施方案》,给全市的每一个道路检查井都标注了"身份证"。同时,上海市路政局对接上海市 12345 市民服务热线、上海市城市网格化管理中心等,建立起了市、区(县)、街(镇)的全覆盖道路井盖处置网络。后来,将一些"老大难"问题纳入这一督办机制,已经成为常态。

2.市领导主持联席会议

针对通过督办机制也无法解决的问题,上海市领导会召开由多位上海市委领导参加的现场会议,当场拍板解决问题。

2019 年 5 月,上海市人民政府办公厅发布《调整上海市"12345"市民服务热线领导小组组成人员的通知》,公布上海市 12345 市民服务热线领导小组的成员名单,组长及常务副组长均由副市长级职务领导担任,小组成员为主要职能部门负责人(含副职)及区负责人(含副职),领导小组下设办公室(设在市信访办),负责 12345 市民服务热线日常管理。

3. 区长直接派单

2016 年 11 月 30 日，徐汇区行政服务中心内 12345 市民服务热线后台收到一条市民投诉的派单，反映斜土路街道某居民楼疑似存在"老外群租"现象。通过网络接收到这条派单并将工单转派给斜土路街道的是徐汇区区长。一小时内，区长向相关职能部门和负责人派发了 10 件疑难工单，涉及群租、毁绿、店招扰民、无证经营、油烟扰民等问题。

区级领导为 12345 热线直接派单，在上海已经过了几年的探索。

2013 年热线正式开通后不久，上海市监察局就牵头试点进行热线工作绩效考核，重点对热线事项的解决率、处理效率及满意率进行量化考核，考核结果纳入市政府绩效考核范围，考核每年进行一次。

这样的考核，时刻提醒各区和有关部门必须重视 12345 热线反映的情况，以市民满意度为先，加快推进市民关心的工作。

上海的某个区曾因考核排名靠后，导致相关责任领导被全体撤换，第二年排名就跃居全市前三。

自 2015 年起，上海市静安区（原闸北区）临汾街道就把各个渠道的社情民意信息都纳入 12345 系统，以 12345 热线的名义向街道职能部门下派工单。多起市民投诉已久的积弊，因为被送上了 12345 热线的派单、督办流水线，得以顺利解决。

4. 会商制度

12345 热线在转办过程中，时常会遇到一些因部分权限重叠和现行政策法规不明确，导致存在多个承办主体责任不清的情况。为此，一些街道总结了"疑难工单会商制"，通过现场会、座谈会、专题讨论会等形式，请相关职能部门一起谈思路、想办法、出方案，最后分解任务、落实责任，合力解决问题。

【案例】

2019 年初，杨浦区四平路街道网格中心接到 12345 转派工单，告知四平路 1147 弄一处写字楼停水，业主不知向哪里报修。

原来，该写字楼二楼有一家餐饮店乱排污，导致与伊顿公寓居民楼共用的物业管道严重堵塞，污水已经外溢并倒灌至居民楼的地下停车场，严重影响了居民的日常生活。业委会召开业主大会通过了相关协议，最终以"断水"这一手段倒逼商家整改。

这样的问题若不能及时得到处置，很有可能引发群体性矛盾。街道网格中心接到投诉后当即启动了问题预警方案，将问题上报街道主要领导。街道主要领导立即召开紧急会议，并召集社区管理办、房管办、网格中心、城管、市场监管所等部门奔赴现场查看，摸清情况。经过多部门会商，确定了处置方案：一是治标，要求责任人在一天内拆除排污管，三天内完成电梯井清淤、疏通、消毒工作；二是治本，由城管对破坏房屋外貌的行为进行查处，由市场监管所对是否涉及中央厨房问题进行核查，由社区管理办联系区环保局到现场对乱排污问题进行查处，由房管办请专业队伍对管道做进一步疏通。

在四平路街道的牵头下，多部门各负其责分头落实，排污管道一天之内被拆除，电梯井清淤、物业管道疏通、地下车库消毒等工作连夜进行。

不同渠道对责任部门的约束力不同，在街道层面，市、区两级转来的12345热线可谓“最强渠道”，由于建立了严格的督办和问责制度，相关的职能部门没法推诿扯皮。

5.“好差评”制度

2019年10月30日，上海一网通办政务服务“好差评”系统正式上线，上海所有的政务服务事项被纳入“好差评”评价范围。

“让政务服务像网购一样方便”是上海推动一网通办改革的目标。为此，上海市大数据中心、12345市民服务热线管理办公室前期组织开展了为期两个月的“千万市民来找茬”活动。“好差评”系统试运行三个月来，评价总量23万余条，差评整改情况回访满意率84%。

“好差评”评价标准分五级，“一星”“二星”为差评，“三星”“四星”“五星”为好评。“好差评”制度还将实现“双公开”：办事人对政务服务所有的评价公开，政府部门针对办事人评价的回复公开。其中所有的差评，政府部门必须公开回复。

五、企业服务

2013年11月，上海市中小企业服务热线并入12345上海市民服务热线，同时"上海市中小企业服务互动平台"正式开通。

在推进"互联网＋政务服务"改革、持续优化营商环境的进程中，上海12345 热线与中小企业实现对接联网，将企业服务云与中心知识库的信息互联，并配套制作企业服务热点专题。

六、在线服务

上海 12345 政务服务一网通办官网是上海 12345 的主要服务渠道，它的首页设计清晰、简洁，首页位置的在线受理栏目提供网上受理、受理查询、个人中心、金点子、找茬吐槽等一级选项，其下有政策要闻、统计数据及诉求公开等栏目，根据每日、每月受理情况，实时更新统计数据，并可以查看按区县、按委办单位汇总统计的受理情况报表。图 9-2 所示为上海 12345 政务服务一网通办总客服界面。

图 9-2　上海 12345 政务服务一网通办总客服界面

移动渠道包括微信公众号和 App。2019 年 12 月 25 日，上海 12345 市民服务热线官方微信小程序开通试运行。市民可通过微信公众号底部菜单栏"诉求受理"一键直达小程序主界面，也可直接扫码进入，无须安装手机应用软件，不占用手机内存，可实时提交诉求。图 9-3 和图 9-4 所示为上海 12345 微信公众号与小程序界面。

图 9-3　上海 12345 微信公众号界面

图 9-4　上海 12345 小程序界面

七、应急管理

热线值班台 24 小时登录预警系统，实时了解本市天气、气候、地铁运营等相关城市综合管理的情况，使热线始终保持在线状态，确保预警信息及时下达。除预警系统，热线收到市政府总值班或各承办单位相关信息后，会在现场公告栏中予以发布，便于话务员及时了解情况，妥善应对社会突发事件的来电。

2018 年，在强台风"山竹"来临之际，上海 12345 热线启动应急预案，以市民来电为应急风向标，受理多宗树木倒伏、路灯倒伏、路面油污、路面积水等事项，并及时协调相关职能单位迅速赶往现场纾民忧、解民难。

2020 年元旦，上海 12345 开通了外语座席服务，新冠疫情暴发后，为及时让在沪外籍人员第一时间了解防疫信息，2 月 2 日，热线新增外语语种，以英、法、日等七种语言为在沪外籍人士提供咨询解答。在座席安排上，除了热线配备的 3 名人员，还挑选了 16 名青年外语志愿者作为后备力量，提供远程在线翻译支持。有关电话纳入紧急流程办理，开通绿色通道。

八、IT 系统建设

上海市 12345 热线开通以来，建立了包含数万条政府政策信息的热线数据库，在热线网站和 App 上动态发布市民诉求办理数据。此外，还建立了大数据分析合作机制，积极开展与各学术机构、专业团队联合进行的市民诉求大数据分析挖掘工作，包括每年与上海市改革发展研究院共同出台大数据分析报告，聚焦市民反映的问题和民生舆情，运用大数据分析技术，为政府领导决策的预见性、时效性、深入性提供有效的数据支撑。通过对大数据技术的探索和培育，助力政府服务的智慧化转型，提升政府服务效率和广大市民的满意度。

上海市 12345 热线积极引入前沿的智能化技术——情绪监控系统，应用先进的声品质心理声学理论，通过采集每位话务员的声线数据，制定话务员个性化的声线参数标准，该系统可将通话情绪异常的情况在值班长的监控界面进行提示，使值班长能在第一时间发现语音、语调或语速有异常的通话并介入，也能让话务员对自己的语音、语调有客观评估，及时改进。

使用了该系统后，热线挂机 IVR 满意率由使用前的 95% 左右提升到目前的 96% 左右，提升了近 1 个百分点，同时节约了现场管理成本。

此外，热线采用预质检系统实现了全场覆盖的录音预质检。

智能化技术应用有效提升了服务质量和市民的体验感知。

第十章 深圳市12345政务热线

深圳市 12345 公开电话是深圳市政府处理非紧急事务的公开服务平台，成立于 2007 年，上级主管机构为深圳市政务数据管理局。经过 10 余年的运营，深圳市 12345 从最初单一渠道的接话服务升级为全媒体智能政务中心。

深圳市 12345 公众号发布的"数说民生"专题报告指出，2019 年，深圳市 12345 平台总受理工单 880.92 万件，其中咨询占比 91.44%，投诉占比 8.01%。

一、整合状况

深圳市 12345 公开电话是集政府咨询、投诉举报、意见建议、便民服务等为一体，统一、高效的非紧急政府服务热线平台。目前，已整合深圳市公积金 12329 热线、市场监管 12315 热线、人力资源和社会保障 12333 热线等 16 条热线，通过实行"集中管理、统一受理、按责转办、限时办结"，落实深圳市委、市政府"语音整合、数据整合、业务整合"的市政务热线全面整合目标，有效减轻了政府职能部门在市民诉求受理环节的压力，使整体资源得到优化。

二、运营管理体系建设

深圳市 12345 建设统一的多媒体服务平台，通过最优化渠道分配和统一管理策略，实现了一体化运营管理和资源的最优配置，体现在：统一的多媒体渠道资源、自助服务资源、人工座席资源的组合优化和管理，统一的组织机构、人员权限等后台管理，统一多媒体排班，统一的知识库，统一的培训和考试，统一现场监控，统一的多媒体质检和绩效考核管理，统一的多媒体数据分析和报表管理，统一的工单管理。

图 10-1 所示为深圳市 12345 多媒体服务平台服务体系。

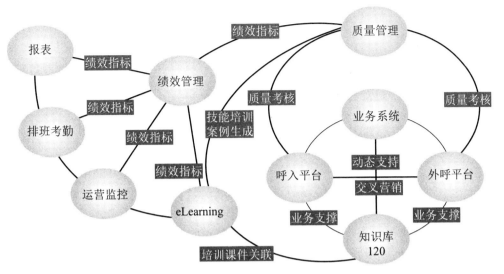

图 10-1　深圳市 12345 多媒体服务平台服务体系

深圳市 12345 公开电话基于日常运营，帮助政府部门做好信息收集、舆情监控等工作，对待办事项按类别、按责任单位进行聚类，落实"日督办、周排名、月通报"制度，保障待办事项按时办结，分别按月、季度、年度进行话务情况综述，聚焦市民关注的热点、难点问题，为相关部门制定政策做出指引。

三、在线服务

深圳市 12345 微信公众号是 12345 多媒体服务平台主要的在线服务渠道，首页有三个一级类目："在线服务""热点资讯""个人中心"。其中，"在线服务"的二级类目有"在线客服""民生服务""提交诉求"三个选项。2020 年新冠疫情暴发后，"在线服务"类目中新增"疫情线索上报"的选项。"在线客服"类目将高频问题列表展示，由小鹏机器人提供问答服务，同时引导不能满足需求的诉求提交到"提交诉求"选项。"民生服务"选项与本地常用服务结合，如"公立医院"选项下可以进行挂号和问诊。"个人中心"类目下可以进行注册并提交诉求，同时查看诉求办理进度。

作为一款结合大数据、人工智能技术的掌上应用，深圳市 12345 微信公众号的"热点资讯"能够围绕百姓关注的民生问题及时、精准地发布消息。图 10-2 所示为公众号"热点资讯"选项界面。

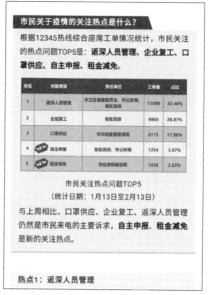

图 10-2　公众号"热点资讯"选项界面

"热点资讯"的选项中下设"往期精彩""热点问题""政务资讯"子选项，其中"热点问题"选项提供热点问题的分类查询。图 10-3 所示为公众号的热点问题分类查询选项界面。

图 10-3　公众号的热点问题分类查询选项界面

四、企业服务

为了进一步畅通企业诉求表达渠道，保护企业发展活力和创造力，打造一流的营商环境，经市政府同意，深圳市工业和信息化局专门印发了《深圳市企业投诉受理平台工作方案》。

针对企业个性问题，拨打 12345 热线，根据语音提示转 1 号键即可接入企业服务专席反映诉求，12345 热线根据事项类别和权属问题在 20 日之内实行归口办理、分类督办和回访考评。除了拨打热线，企业还可以通过移动端、PC 端，登录数字 12345 热线网络平台，以文本形式投诉或反映问题。

五、IT 系统建设

通过最优化渠道分配和统一管理策略，深圳市 12345 实现了一体化运营管理和资源的最优配置。通过互联网化的运营引流，建立漏斗式服务模型，将互联网渠道服务比例提升到 50%，提升效率和体验，降低沟通成本。

进入人工服务前，启用了支持语音、文本实时交互智能机器人自助服务进行人工服务过滤分流；在人工服务过程中，启用了智能座席助手，根据市民与客服代表的沟通内容，自动在屏幕上推送相关资讯、记录市民提供的关键信息，辅助客服代表完成接话服务及来电信息的记录与反馈；人工服务完成后，启用了智能质检，全量检验客服代表在接话过程中的服务规范，发现问题时及时提醒，安排并落实补救措施。

第十一章　贵阳市12345政务热线

贵阳市作为贵州省建设国家级大数据实验区的核心城市，率先建设"社会和云"大数据平台。贵阳市12345公共服务指挥中心基于"社会和云"系统，实现热线全流程数字化、可视化和智能化管理。

截至2019年，贵阳市12345公共服务指挥中心常设座席60席，通过热线、网站、App、微信、百姓—书记市长交流台、市长信箱、人民网地方领导留言板、宣传媒体等渠道，7×24小时365天服务贵阳市市民。

一、整合状况

2015年5月，贵阳市12319公共服务热线合并12369热线及供水、供电、供气、公交等各类城市热线，升级为贵阳市12345公共服务中心，同时与贵阳市网格化服务管理指挥中心合并为同一部门。

同期，贵阳市大数据社会治理云平台——"社会和云"项目启动，采取"网格化+"的方式，在原有网格管理系统的基础上，整合12345热线、微信、百姓—书记市长交流台等，对群众诉求进行统一受理、统一派遣、统一考核。

现阶段，贵阳市12345政务热线先后整合了全市29个部门57条热线。

二、运营管理体系建设

贵阳市12345公共服务指挥中心不仅肩负12345政务热线的职责，还承担全市网格化服务的管理工作，也是贵阳市政府一网通办的电话渠道。

作为集应急响应、事（部）件问题受理、政策法规（办理流程）咨询为一体的综合性公共服务平台，贵阳市12345政务热线统一受理人民群众在公共服务方面的诉求并形成工单转派职能部门及区县派遣中心进行处理。

作为全市网格化服务管理指挥中心，贵阳市12345政务热线以社区服务中心为平台，通过网络系统自下而上收集社区信息，对案件进行核实，并针对疑难工单进行协调联动。

贵阳市 12345 实行"一号对外、集中受理、分类处置、各方联动、限时办结、考核评价"的工作机制。通过业务和系统的融合改造，重点打造"一条热线 (12345)、两类业务服务 (公共诉求处置服务、政务咨询服务)、三级平台 (市、县区、乡镇街道 / 社区)、五大体系 (受理体系、办理体系、质量考评体系、安全保障体系、运行维护体系)、七级流程 (受理、立案、派遣、处理、核查 / 考核、结案、归档)，构建覆盖广泛、运转高效、标准统一、管理规范、国内一流的政府公共服务热线平台。

在贵阳市 12345 公共服务指挥中心，贵阳市的每一条道路、每一个角落都能通过大屏幕尽收眼底。基于云模式运作的社会综合治理城市大脑"社会和云"整合建设了最新的贵阳市矢量电子地图、卫星影像地图、全景三维场景及建成区倾斜摄影三维数据，同时"对原网格化管理体系进行升级改造，通过家和云 App 采集网格源信息，将涉及民生的相关数据统一到云平台，建成数仓架构，对块数据的人口、法人、房屋、事件、社情、地址六大基础数据进行关联分析，通过人工智能、大数据、云计算等技术挖掘民生需求，准确把握不同层次的民生诉求；通过建立多层次服务体系，实施精细化社会治理 。

由于网格化信息管理已经接入社区，通过"社会和云"平台，12345 的工作人员可以实时看到社区街道和楼栋的情况。当有市民通过 12345 政务热线反映社区问题，或 12345 从社会和云 App 接收网格员的问题报告时，热线督办人员会马上查看该区域监控录像，同时"立案"分派到属地社区中心或职能部门查办解决。像占道经营、乱堆乱放、噪声投诉等情况，两小时内基本就能处理完毕。

"社会和云"平台每周、每月形成专项数据分析报告，分析市民投诉热点，查找可能的原因，制定有效对策；对各联动单位案件处置、办理情况形成通报，督促各职能部门实现高效率、高质量的公共服务。

三、在线服务

"筑城微治"是贵阳市政府重点打造的网格化管理微信公共平台，也是 12345 在线服务主渠道。"筑城微治"作为"社会和云"平台的一个数据终端，依托微信公众服务号接口，收集投诉人的地理信息数据，调用市民上报、部门处置等数据，不断增加数据增量；建立二级后台，分类管理不同类别的信息，实现统计、查询、分析功能；通过"话题讨论"及"问卷调查"功能，以论坛讨论及问卷调查的形式收集社情民意相关数据，为相关工作提供决策依据。

为宣传和推广微信渠道，贵阳市 12345 政务热线于 2018 年打造出一款 Q 版人物的卡通形象介绍并推广热线工作，引发市民"疯狂点赞"。图 11-1 所示为贵阳市 12345 Q 版人物卡通形象。

图 11-1　贵阳市 12345 Q 版人物卡通形象

四、IT 系统建设

贵阳市 12345 政务热线采用成熟、先进的客户中心解决方案，建设一套融智能、精准、互动、拓展、统一通信功能为一体的第五代呼叫系统，实现了热线全流程数字化、可视化和智能化。以热线采用的自流程体系为例，传统的拨打 12345 电话的作业机制约束了效率水平的进步，通过智能派案功能推出了面向座席人员的智能化事务受理效劳、面向市民的多途径高效化效劳、面向智能的可视化工单自流程派案功能。现在，机器人派件精准率超 86%，且精确率随数据的不断完善而不断上升；案子平均处理周期缩短了 22 小时，取得了较为可观的成效。

五、应急管理

2020 年初，新冠疫情发生后，贵阳市 12345 公共服务指挥中心立即启动应急响应机制，抽调经验丰富的员工，开设 12345 热线疫情专席，进行 24 小时全天候热线服务。12345 热线将市民反映问题分为咨询类、事务类、应急类，只要接到与疫情相关案卷，就第一时间按应急案件处置，要求 5 分钟之内必须派遣联动单位去处置，联动单位当天反馈案卷的处置情况。

为确保案件得到尽快处置，12345 公共服务指挥中心成立疫情疾控专班，加强与市卫生健康局、市医疗保障局、市人社局、市交通委员会等单位的沟通与协调，并大力加强联防联控，外防输入、内防扩散，对涉及疫情的有关问题加大督办力度，确保市民诉求得到及时答复。疫情专班每天分 4 个时段对案件进行梳理统计，每 2 小时对新冠疫情相关案件进行督办，并形成工作台账。

贵阳市"社会和云"平台统计数据显示，疫情期间，每年贵阳市社会治理大数据云平台平均受理 3 万多件，处置率 96.37%。涉及新冠疫情相关案件 1 万多件，处置率 97.36%。12345 热线主要接收和处理与百姓最息息相关的民生问题。

【案例】

8 月 17 日，如往常一般开门迎客的王师傅听到门外"哐当"一声巨响，循声一看，只见一块长约 2 米的不明物体砸落在地，门口的灯箱也遭了殃，顺声望去，才发现是对面立交桥上的隔音板松动掉落下来，所幸没有人员受伤。

受到惊吓的王师傅将这个问题反映到了贵阳市 12345 市长（政府）热线，经网格监督员现场核实，隔音板掉落的原因是近期贵阳多雨加剧了本已松动的固定钢架腐化，稍有刮风天气，隔音板就会掉落下来，除了已经掉落的部分，其他隔音板也有松动掉落的危险，存在极大安全隐患。

情况紧急，每拖延一分钟就多增加一分危险，12345 市长（政府）热线当即将案卷派至云岩区 12345 平台，平台安排社区工作人员在 10 分钟内到达现场并做好警示标识，疏导行人避免行经该处。经核实，立交桥的产权单位为贵阳市市政工程管理处，该处在接到 12345 平台的通知后第一时间到达现场排除安全隐患，并安排工作人员在当晚进行修复，对于损坏的灯箱，已与商家达成赔偿协议。

第十二章 北京市12345政务热线

北京市 12345 政务热线是北京市着力打造的"诉求响应一号对外"的"统一模式、统一标准、左右协调、上下联动"的市民热线服务体系，承担北京市政务热线总客服的职责。北京市以 12345 政务热线为抓手，从接诉、派单、办理到反馈、督查、排名，形成一个闭环的"接诉即办"工作机制，在前期热线整合的基础上，通过将全市 333 个街道乡镇纳入"接诉即办"直派体系，打通了直达街乡镇的诉求直通车，提升了民生诉求的响应速度和解决力度。

一、整合状况

1987 年 9 月，北京市长公开电话开通，当时设立在北京市委的一间办公室里，只有三名工作人员负责接听、受理和解答市民来电。2000 年 6 月，市长公开电话更名为"北京市人民政府便民电话中心"，号码改为 12345，同时有了 10 个人工座席，50 条声讯服务线。2007 年 5 月，12345 整合了原有区县的公共服务热线、公益热线，升级为北京市非紧急救助中心，实现了紧急报警之外的一切公众咨询和求助受理，成为一个包括区县、市政府部门、公共服务企业 51 个分中心、1200 个基层单位工作站在内的服务系统，并拥有 200 个座席。2012 年，北京市政府再次对 12345 进行升级，建设北京市非紧急求助服务综合受理调度平台，开通 300 个座席，同时开通了互联网和微博座席，实现了电话、互联网、微博、3G 等多渠道综合服务。2018 年，北京市将民政、卫生、环保、农业、消防等 10 条热线整合进 12345 热线，实现 11 家公共服务企业热线系统与 12345 热线统一受理。2019 年，96310 城管热线和 12315 消费者投诉举报热线也将并入 12345 热线，实现全市"一号响应"目标。现有座席约 500 席，日均接话约 2 万通。

二、运营管理体系建设

1."接诉即办"工作机制

"接诉即办",顾名思义就是接到诉求立即办理。作为一项制度创新,"接诉即办"已经成为北京市民生工作的重要"抓手"之一。市民诉求传达"不转弯,不绕远",是"接诉即办"机制的显著特点。

2019 年,北京市在"街乡吹哨、部门报到"的基础上,充分发挥 12345 市民服务热线的作用,将全市 333 个街道乡镇、各区、市级部门、承担公共服务职能的企事业单位纳入"接诉即办"工作体系。

12345 热线接到群众反映问题后,及时对问题进行分类甄别,向属地街道乡镇和相关政府职能部门派单交办,要求限期予以解决,并就处理情况向群众进行点对点反馈。各街道乡镇将"接诉即办"工作机制与网格化指挥平台融合,整合力量做到 7×24 小时值守,随时接办群众诉求。具体流程如图 12-1 和图 12-2 所示。

北京市将市民通过 12345 热线反映的诉求、媒体反映的问题、网络诉求舆情办理情况纳入"接诉即办"考评体系,设置响应率、解决率、满意率三项指标,其中响应率占 30%,解决率和满意率各占 35%,引导基层更加注重解决实际问题,提高群众满意度。自"接诉即办"制度推行以来,基层党员干部将过去工作日值守"接单"改为 7×24 小时"接单",随时响应 12345 热线交办的群众诉求。随着"吹哨报到"制度常态化,街乡"接诉即办"的工作积极性被充分调动,统筹调度能力不断增强。

2018 年 12 月开始,12345 热线以街乡镇为单元,统计市民来电情况及接诉量全市前 10 名、各区前 3 名街乡镇,对各街乡镇响应率、解决率和满意率进行排名,形成市民热线反映日报、周报、月报,并第一时间报送市委市政府。"接诉即办"机制打通了市政府与各责任单位的互动渠道,16 区派驻人员在 12345 热线集中办公,对直派各街乡镇的工单进行审核、与区级平台互动对接、对疑难复杂诉求快速响应,确保群众诉求派发准确、流转顺畅、处置迅速。《市民热线反映》每月上榜名单变动很大,也能看出通过排名传导压力,各街道乡镇努力解决问题的趋势。

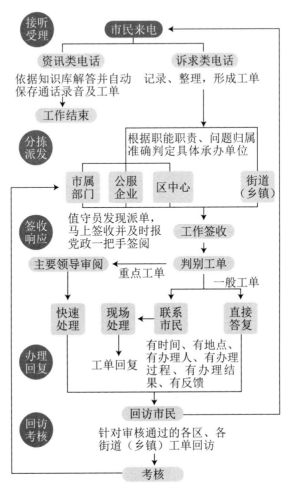

图 12-1 "接诉即办"工作流程

	北京市政务服务管理局每月对满意度进行回访，对全市16区、333个街乡镇进行响应率、解决率和满意率排名，形成群众考核评价体系

各街乡镇群众诉求办理情况及时向来电人反馈，并同时向12345反馈，实行"双反馈"	

	北京市委每月召开区委书记月度工作点评会，通报"接诉即办"情况，分为先进类、进步类、整改类和治理类

北京市区街乡镇各级探索出市委书记点名、区领导约谈、纪检介入、街乡镇内部监督、群众监督等一系列促进"接诉即办"高效落实的举措	

图 12-2 "接诉即办"监督考核流程

北京市 12345 热线对群众诉求实施四级管理：对于突发事故、不稳定因素以及可能造成群众生命财产损失的诉求，2 小时之内反馈情况；对于水电气热等群众基本生活保障的诉求，24 小时之内反馈情况；对于其他事项，按照事件轻重缓急，7 天之内反馈情况；对于复杂、疑难的合理诉求，15 天之内反馈下一步工作措施。

2."双派双督双反馈"机制

所谓"双派双督双反馈"机制，就是在接到 12345 热线的诉求后，由街道将市民诉求同时派发至相关部门和社区，实现"双派"；由全响应中心分别督办相关部门和社区负责督办，实现"双督"；诉求办理工作按照"街道吹哨、部门报到"机制分级分类进行办理，办理结果分别向居民和市区系统进行反馈，实现"双反馈"。

【案例】

什刹海地区老房多，平房多，因此上下水问题成了困扰居民生活的头等难题。为了解决百姓生活中的这个痛点，什刹海街道全响应中心联合街道城市管理办公室、各社区一起推出了"双派双督双反馈"机制。只用一周的时间，困扰兴华社区三年多的上水管问题解决了；地安门西大街 8 个平房院的污水管线问题也在四天内得到了解决。

说起"双派双督双反馈"的效果，家住什刹海街道兴华社区的老居民周士安打开了话匣子。"我们那个楼是 30 多年的老楼，由于上水的阀门生锈，3 层以上的居民家里总是停水，有的时候即便有水也是黄的，没法用，我和老伴平时用水都得去超市买桶装的。"周士安说，以前也打过不少热线电话，最终都没能妥善解决。

有一次，周士安碰到社区书记盛洁，提出了这个困扰了居民们三年多的问题："我们楼的上水问题什么时候能解决，岁数越来越大，下楼买水费劲。"

看着正在往家里提水的周士安，盛洁下决心，一定要帮大家啃下这块"硬骨头"。"您再打一次 12345 把问题反映一下，我这就去找街道相关负责人想办法。"说完，盛洁就去找李越和全响应中心的负责人，一起商量对策。就在 12345 的督办单下来的同时，几人也拿出了解决问题的第一套方案。

"要想彻底解决问题，最好的办法就是更换整栋楼的上水管线。但住在一楼的一位住户以施工动静太大，自己身体不好为由，就是不同意更换管线。"盛洁说，面对这个已经"双派"下来的任务，春节一过，街道和社区就将全楼的居民组织到街道司法所召开居民议事会，商量解决方案，最终协商的结果是将一楼生锈的阀门更换掉。

"议事会上，一楼的那户居民表示，同意换新阀门，但由于老楼设计没考虑下水问题，是否能把她家的下水道堵塞问题也解决了。"盛洁说，居民的意见达成一致后，街道立即派施工单位换上了新阀门，并把一楼居民家的下水道堵塞问题也解决了。从街道投诉到通上水，只用了一周时间，全楼居民的用水问题就得到了圆满解决。

初战告捷，李越和盛洁又把眼光盯在了地安门西大街8个被污水管线困扰的平房院。由于污水管线涉及多个部门，更换管线手续复杂，虽然以前居民多次反映污水管线堵塞的问题，但就是迟迟得不到解决。

清明节前，居民又通过12345热线反映了这个问题，"双派双督双反馈"机制再次启动，任务派给了维修部门和兴华社区。接到诉求，施工单位很快就进场开始施工，更换了120多米长的管线，新修了4个排污井，兴华社区的社区干部和社工每天在施工现场"盯"着，最终仅仅用了四天，污水管线堵塞的问题就解决了。

三、在线服务

2019年11月，新版北京通App上线(见图12-3)，让12345首次扩展至移动端渠道。新版北京通App可办理近600项服务。北京通App客户无须打电话，在App上将问题以"文字＋图片"的形式反馈后，App会自动将客户实时位置发给12345，形成"市民发起—政府响应—处置解决—结果反馈—点赞传播"的闭环。

2020年1月1日，北京12345公众号正式开通(见图12-4)，公众号设置了"民意直通""工作矩阵""个人中心"三个选项。其中，"民意直通"里设置了"我要咨询""我要投诉""我要建议""我要表扬"等栏目。"工作矩阵"整合了全市各区、街道乡镇、委办局的官方微信，市民可以通过这个菜单直接访问各单位的公众号。点击"个人中心"，还能通过进度查询功能查询市民反映问题的办理进度、历史咨询诉求结果等，同时对问题解决情况进行满意度评价。

图 12-3　北京通 App 界面　　　　图 12-4　北京 12345 公众号

四、应急管理

2020 年初新冠疫情突发，北京 12345 聚焦疫情热点，将来电诉求分类整理，梳理出共性问题，请相关部门给出权威答复，再通过网络、媒体等渠道广而告之。

利用群众来电信息，12345 热线加强社情民意分析研判，为政府科学决策提供有力支撑。例如疫情期间"放宽车辆限行政策""建议医院增加开药量"等市民建议由 12345 热线反馈给相关部门后，得到迅速回应，受到市民一致好评。

为方便外籍人士获取疫情信息，12345 热线提供英、法、德等 8 种外语服务。北京 12345 热线还开通了卫生健康专家咨询专线，每天安排 8 位医学专家、4 名心理专家参与咨询工作。

五、企业服务

2019 年 10 月，北京 12345 开通企业专线，设立 50 个人工专席。首批话务员有 70 多人，多数是从有经验的话务员中公开招聘优选而出，业务能力要求高，人员学历以本科为主。在企业专席，话务员获得了多重支持。知识库中包括北京市近 60 个部门的政策法规，来自北京市市场监管局、政务服务中心、税务局、人力社保局、商务委、经信局、知识产权局及投资促进服务中心等 8 个部门的人员每天驻场解答。相对复杂的疑难问题，由北京市投资促进服务中心统一协调、给出方案，进行派单。

12345 企业专线将企业来电事项分为咨询、诉求、举报三类，针对不同类型的来电实行四级反馈机制：即时、3 天、7 天、15 天内答复。

一般咨询问题，话务员根据知识库的内容直接答复；复杂咨询问题形成企业服务工单，直接派单至承办单位向企业来电人回复。涉及单个部门的复杂咨询问题和一般咨询问题要求在 3 天内给予答复。涉及多部门的复杂问题、诉求类和投诉举报类一般事项要求 7 天内答复。对于诉求类和投诉举报类复杂事项要求 15 天内答复。时限内未办结事项进行挂账，并向企业反馈下一步工作措施和办结时间。

企业工单通过系统网络派发后，12345 全程跟踪工单的办理情况，一旦超时限未回复，派单系统将进行自动催办和督办，如仍未办理，热线将进行人工督办。

据报道，北京 12345 企业热线将加强国际化服务，与北京外国语大学多语言服务中心合作，提供英、法、德、俄、阿拉伯、西班牙、日、韩等 8 种通用语言"三方通话"，及时为企业提供服务、解决问题。

六、IT 系统建设

12345 通过群众诉求派单流程再造，初步建成以诉求量分析、类别分析、地域分析、考核排名、城市问题台账、高频事项统计为主题的数据分析系统。

2019 年，北京 12345 热线开始对现有信息化系统进行升级，逐渐实现智能前端受理、自动分类派单、实时动态考核评价，全面提高电话受理效率和大量群众诉求的全流程跟踪督办。此外，充分利用大数据技术进行来电分析，建设反映社情民意的数据库，通过解决一个诉求推动解决一类问题、带动一片治理，提升区域治理能力。

七、媒体合作

2014 年 10 月，12345 热线和北京人民广播电台新闻广播合作开设《12345 社情民意播报》专栏，采取新闻连线直播的形式，每周五晚上 8 点在北京新闻广播电台 (100.6 千赫) 播出，由 12345 值班人员播报一周来电情况综述、群众反映的诉求热点、诉求办理情况等内容。

第十三章　佛山市12345政务热线

　　佛山市 12345 政务热线是全国较早实施热线整合的政务热线之一,其开创的"五统一"模式曾作为示范在广东省全省推广。近年来,实施"三招三培"用工制、创办 12345 学院,成立"首席数据官工作室"探索政务服务中的人工智能应用,一系列创新举措为政府服务工作带来新动力。

一、整合状况

　　佛山市政府 12345 政务热线建设于 2007 年,目前已开通网站、微信、微博、移动终端、自助终端等多种网络服务渠道,实行 7×24 小时不间断话务服务。2014 年,佛山市对 12345 政务热线进行升级改造,逐渐并入全市 60 多个部门近百个热线号码。2015 年,佛山市大力推进人民满意政府建设,推动网络问政、网络行政、网络监督"三网融合",以"佛山 12345 热线"为载体和品牌构建佛山市政民互动大平台。为此,佛山市以 12345 热线工作平台为基础,不断推动平台功能扩容,建设集指挥调度、效能监督、大数据应用于一体的政务服务中心,推动热线走向第二次转型。

　　佛山 12345 热线座席规模为 300 人。2018 年,12345 平台服务处理量达 445 万人次(其中电话服务量 202 万人次,网络服务量 243 万人次),向各区、各部门派发工单 79 万件次。

二、运营管理体系建设

　　佛山 12345 热线服务平台于 2014 年率先实现 12345 服务方式全渠道、全天候覆盖,并按照统一服务渠道、统一指挥调度、统一办件规程、统一效能监督、统一数据应用的"五统一"模式全面运作。图 13-1 所示为佛山 12345 平台"五统一"模式。

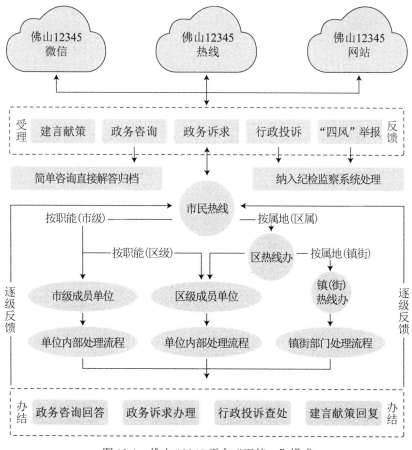

图 13-1　佛山 12345 平台"五统一"模式

为保障 12345 平台的有效运作，佛山市政府设立了专门的领导小组和指挥中心；搭建了由市、区、镇（街）三级共 300 多个政府机构共同组成的成员单位快速响应体系；积累了涵盖各级政府机构共 13 多万条动态更新的政策信息和办事指南知识库；建立了红黄牌、案例通报、绩效考核、"一督到底"等一系列行之有效的办件效能监督制度和措施。

佛山 12345 平台根据业务类型将前台座席分成消费维权、劳动社保公积金、公安业务、"四风"投诉及综合等 5 个队列，强化前台排班管理精细化和绩效考核能见度，提高平均劳动生产率，提升座席服务热情。后台划分为 6 个工作板块（部门），包括人力资源、座席服务、政务效能、互联网、大数据、智能化。

对于市民咨询，要求工作人员能回答的问题即时回答，如需要承办单位回答的，咨询类业务承诺在 24 小时内答复，诉求类业务一般要求在 5 天内办结。为了让办件更有效率，12345 热线设立了统一效能监督机制，如红黄牌制度，对事件办理超出时限的单位发出黄牌警告，情节严重的发红牌，严重的会被追究党纪政纪责任。

针对员工招聘难、流失率高、培训成本高、社会参与少等问题，佛山 12345 探索出一套"三招三培"的用工模式和人才培养计划。"三招"即开展员工招聘、志愿者招募、实习生招收的多元用工模式；"三培"则指推出职业培训、人才培养和文化培育的行动计划。

通过大胆探索引入社会志愿者、大学实习生等资源参与话务服务，推动政府服务进一步社会化。目前，佛山 12345 平台吸纳社会各界人士组成的志愿者队伍达 300 余人，分别担任义务质检员和义务座席员，通过他们的参与、监督不断提升热线的服务水平。招收大学实习生参与 12345 工作已逐渐成为常态化安排。

佛山 12345 平台重视队伍整体素质的梯度提升，实施职业培训、人才培养和文化培育"三培"行动计划，在牢固话务服务、政务知识等职业培训的基础上，通过实施各类训练营计划，培养优秀管理人才和内训人才。同时，在内部传导"一线万岁"和"快乐工作"的团队文化，持续做好员工关怀，组织多项文体活动，号召员工积极参与公益事业等。

佛山 12345 平台通过对数据与案例的深入分析研究，发现各领域的痛点、难点、堵点，2018 年，佛山 12345 平台通过各种渠道发布多个领域的专题数据分析报告达 70 多份，为政府决策提供真实的数据参考。在释放价值的同时，与政府部门紧密合作，使主动的政务服务成为可能，从源头助推佛山城市管理，提升佛山智慧治理建设水平。

创建"首席数据官工作室"，通过数据管理、数据活化、数据智能、数据开放等手段，不断深入挖掘数据，产出有价值的数据成果，助力佛山城市治理智慧化。

三、在线服务

佛山 12345 平台的主要在线渠道包括官网和微信公众号。据官网公布的统计数据，2018 年，佛山 12345 平台服务处理量达 445 万人次，其中电话服务量 202 万人次，网络服务量 243 万人次，在线服务占比超过电话端服务。图 13-2 所示为佛山 12345 微信公众号。

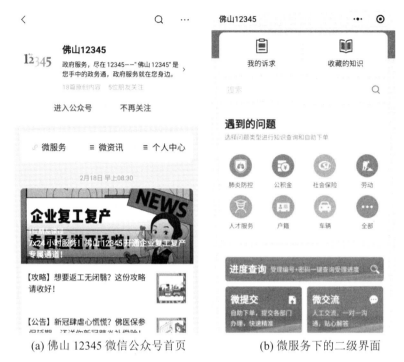

(a) 佛山 12345 微信公众号首页　　　(b) 微服务下的二级界面

图 13-2　佛山 12345 微信公众号

佛山 12345 微信公众号首页有三个一级选项：微服务、微资讯、个人中心。微资讯中包括 12345 学院、智能客服、互联网 + 督查选项，2020 年新冠疫情期间，新增疫情热点政策、疫情资讯选项。智能客服选项下的三级界面提供自助咨询服务。点击"我的服务"中的"我的诉求"选项直接进入小程序页面。

四、企业服务

佛山 12345 平台配合市委市政府开展"服务企业暖春活动"，对工作组走访企业获得的诉求问题进行分发、核对、答复。同时，对收集到的问题情况进行了大量的数据分析和挖掘，形成《企业暖春行动工作情况报告》，为佛山市委、市政府决策提供支持。

依托 12345 平台现成的知识库体系和业务流转体系，佛山市创新推出政府与企业实现零距离沟通的互联网载体——政企通 App，保障企业通过政企通反映的问题得到高效处理。

五、IT 系统建设

作为全国最早实施热线整合的地方综合性政务热线之一，佛山 12345 平台也是率先向智能化运营转型的机构之一。2015 年及 2017 年，分别入选信息惠民国家试点城市项目和"互联网＋政务服务"国家示范工程。

作为信息惠民国家试点城市项目之一，佛山 12345 平台于 2015 年在全国政务热线行业率先启动智能语音应答机器人研发工作。2017 年，佛山再次入选"互联网＋政务服务"国家示范工程，推动智能机器人项目研发，完成了部分业务自助语音咨询导航服务的实际应用。2018 年，佛山 12345 平台引入"首席信息官"机制，进一步实践以信息化支撑业务转型的发展理念，完成了政务知识智能问答机器人项目建设及工单系统智能政务分类功能，上线后每月在线咨询量超过 1 万人次，大大减轻了人工话务压力。在此基础上，佛山 12345 平台目前已启动新一期项目建设，力求让人工智能应用助力平台发挥更大作用。

六、媒体运营

佛山 12345 平台于 2018 年引进"首席互联网官"，设立"互联网中心"，全面发力推进服务转型。创新打造市民公开课堂，推出"12345 学院"概念，创新政务知识传播渠道，将 12345 平台汇聚的各类政务知识通过更加喜闻乐见的方式推送到社会。改版后的佛山 12345 网站着重推出"12345 学院"服务，创建专门传播政务知识的"玲玲频道"，并陆续进驻抖音、南方号、知乎等多个面向不同层次受众的社交平台。与佛山电台合作创建"走进 12345"《对话民生》直播节目，邀请政府职能部门上线节目，针对各类政务问题为市民、企业答疑解惑。

"数说民情"栏目就是佛山 12345 平台以数据开放声音的具体实践，由首席数据官每周对社会热点进行数据案例解读，推动城市管理建设。该节目在电台、报纸、网络等各渠道播出后，佛山 12345 平台的积极探索受到全国各地的关注和肯定，2018 年，首席数据官多次应邀赴全国各地演讲分享政务大数据应用经验。

《佛山 12345 数据观》是佛山电台于 2018 年开设的新栏目，每周固定时间，由佛山 12345 首席数据官"数说民情"，以佛山 12345 平台庞大的数据库为信息来源，针对政府职能部门政策、近期社会热点，从全新的视角向广大市民解读数字背后的现象。该节目播出后，佛山 12345 平台的积极探索受到全国各地的关注和肯定。

【案例】

　　2018 年 8 月 2 日，受强台风"妮妲"影响，根据市政府有关通知精神，佛山市采取停工、停业、停市、停课、停运措施。8 月 1 日晚，为提前做好应对工作，市热线办于当晚 18 点 37 分联系市三防办了解本次台风相关资讯，18 点 46 分即获得信息反馈，当晚至次日白天，市三防办每隔一小时主动向市热线办更新台风实时信息。8 月 1 日 22 点 59 分，市热线办通过媒体了解到市内公共交通停运消息，立即与市交通运输局取得联系，市交通运输局积极了解各区公共交通运营情况，并于当晚 23 点 35 分以及次日 0 点 07 分和 7 点 19 分主动联系市热线办反馈有关交通停运实时情况。当天，各区热线办也积极与市热线办保持密切联系，及时反馈各区行政服务窗口的对外服务情况。为有效保障政务服务的畅通，12345 平台全体座席人员主动坚守岗位，并通过 12345 微信公众号及时、主动地将各单位反馈的信息指引向市民发布。

第十四章　综合分析

通过以上案例，我们可以初步了解目前我国一、二线城市政务热线的运行状况和服务水平。根据这些案例资料，我们从以下几个维度对当前政务热线的发展创新进行综合分析。

一、协同机制

政务热线作为政府整体视角下实施城市治理的重要工具，在经历了热线整合、平台升级的互联网化建设和改造后，正日益成为政府改革社会的一种协同机制。

协同机制好比交通管理中的道路与法规，设计者规划好连接路径后，还需要有相应的规范和管理细则作为畅通运行的保障。从顶层设计的角度看，政务热线负责或牵线相关职能部门联合制定面向所有相关单位及公众的热线管理办法、监督管理办法，经市级主管单位通过后颁布实施。管理办法中明确热线受理范围、工作流程、时限要求等事项。

例如杭州市 12345 网站公布的《市长公开电话服务规范》中明确规定：一般信访事项，3 ～ 5 个工作日予以反馈；情况复杂的，由相关职能部门提出申请，报本级公开电话负责人批准，可适当延长办理期限，但延长期限不得超过 30 日，并告知信访人延期理由。上海的做法是由市政府下发《上海市人民政府关于做好"12345"市民服务热线工作的意见》《上海市人民政府办公厅关于印发〈上海市"12345"市民服务热线办理试行办法〉的通知》作为指导性文件，各区政府据此制订辖区市民热线管理办法并公示；上海市政府同时向市属机构下发《关于进一步加强 12345 市民服务热线督办工作的实施意见》(沪市民热线办发〔2015〕3 号)，明确上海 12345 的督办职能，要求通过日常督办，推动热线事项办理更加及时、规范、有效；通过重点督办，明确疑难事项办理责任，推动问题及时解决；通过专项督办，推动完善涉及政策空白、职能交叉、管理缺位、推诿扯皮等问题的发现、研究和解决机制。

12345 热线与城市网格化平台联合工作，是现阶段政务热线融合发展的主要模式。网格化管理帮助热线工作触达基层，像毛细血管一样，将热线工作渗透进城市生活的方方面面，热线就像心脏和大脑，整理、分析海量的数据，为网格化管理提供宏观视角。

在热线工作规范、标准化流程基础上，针对复杂、疑难问题，各政务热线均有相应的升级解决机制，如杭州 12345 实行机关干部挂职、驻场制度；上海 12345 实行"三位一体"的督办机制、市领导联席会议制度等；北京市 12345 则是通过"接诉即办"的工作机制打通市政府与各责任单位的互动渠道，确保群众诉求派发准确、流转顺畅、处置迅速。

二、流程及指标观察

由于政务热线平台都是基于客户中心系统，并由专业的第三方管理团队实施运营，因此在热线平台内部管理上统一遵循成熟客户中心的运营标准，拥有覆盖人力资源、团队建设、环境设施等方面的流程管理体系，拥有完善的考核评价服务过程和服务质量的指标管理体系。由于政务热线的特殊定位以及所处的极其复杂的社会环境，在热线平台发展过程中需要不断创新流程、指标，一方面顺应深化改革的政策指引，另一方面保障热线整体工作效能，促使服务质量和运营水平不断提升。

例如杭州 12345"最多跑一次""一小时代办机制"的流程创新，以及包括按期办结率、回访核实率、市民满意率、重复投诉率、办结时限 5 项指标在内的效能监测体系创新；上海 12345 的"1515"原则等。还有一些由市政府层面制定的工作机制、监督管理办法，如北京市"投诉即办"和"双反馈"制度，佛山市政府实施的红黄牌、案例通报、绩效考核、"一督到底"等制度。

从公众参与度的角度看，除了针对服务质量的满意度评价，反映公众活跃度和参与度的指标总体上是缺失的，如 12345 热线受理总量、受理总量与城市常住人口比例、各类诉求受理量及在总受理量中占比等关键指标相对缺失，或没有连续公示。

2019 年全国陆续启动的政务服务"好差评"制度，很大程度上吸引了公众参与政府工作的监督，是一项以客户评价的方式倒逼政务服务能力提升和政府职能转变的制度性创新。

三、服务体验创新

一直以来，满意度都是评价服务结果的重要指标，在互联网经济高速发展的今天，这一评价方式逐渐暴露出它的局限性。比如在一通服务结束后，面对系统自动推送的打分请求，客户往往不能明确具体评价的对象是服务态度、服务过程还是服务结果。2019年开始推行的政务服务"好差评"制度，由于加强了公众的主动参与性，可以看作一项提升客户体验感知的管理创新。

北京市人民政府办公厅2019年印发《关于坚持以人民为中心推进一体化网上政府建设的工作方案》，在基本原则的表述中即包括"体验"一项，具体解释是"聚焦政府信息找得到、找得快、找得准确，办事创业办得了、办得快、办得舒心，互动交流有回应、回得快、回得贴心等企业群众需求，提供精准化信息获取、实用化政务服务和人性化互动交流，不断提升客户体验"。

体验管理是面向过程的管理，信息容易获得、诉求得到快速响应，交流舒畅有温度等都是获得好的体验的评价指标，而客户参与度指标则是"好差评"制度的基础指标。举例来说，客户在网购时都习惯先看评价，再决定是否购买，如果一件商品的销售量上万，客户评价上千，就很容易促成交易。而较少的销售量和评价量则不容易形成交易转化。因此，关注量、阅读量、销售量、评价数、活跃度都是重要的参与度指标。

基于互联网技术的全渠道、智能化应用的发展，为获得更广泛的参与度创造了条件，带来了大量创新客户体验的机会。目前政务热线开通的在线渠道包括网站、App、微信、小程序，以及一些本地服务、其他政府应用中的插件应用。由于未能完整收集到这些应用的流量数据，根据案例中各政务热线在线渠道更新频率和页面呈现的功能来判断，微信公众号逐渐成为主要的在线渠道。以微信公众号及小程序为代表的政务服务平台，体现了一体化公共服务"小前端、大后台"的建设思路。在智能应用方面，由问答机器人提供高频问题答案并进行引导，是在线渠道中较普及的应用。

在上述案例中，微信公众号的功能主要体现在政策发布、便民服务与个人诉求信息管理三个方面。发布政策或热点新闻是目前大多数政务热线微信公众号的运营方式，便民服务是目前较高阶的做法，如深圳市12345一级类目"在线服务"下的二级类目"民生服务"，采用嵌入式方式自动链接到提供城市服务的相关政府网站或公共系统中，如挂号、社保、车辆服务等，同时还提供在线客服服务。政务热线在线渠道通过采用嵌入式的治理模式，大大提升市民便捷、易用的体验感知，充分体现以公众为中心、关切民生及各种治理途径交互合作中的价值。

理念、手段总是相辅相成，好的体验意味着管理的创新与精细化，技术的发展与应用，从机制来讲就是流程与指标的创新，从环境来讲就是更加广泛的连接、互动和参与，最终目标是通过不断优化政务环境激发社会活力，创造经济增长，让企业群众有更多的获得感、幸福感。

四、大数据应用

数字经济时代，政务热线有了全新的定位，包括实施社会治理的"中枢机构""城市大脑"和"指挥中心"等，通过引入大数据分析平台，可以对热点问题和突发事件进行实时预警；通过对热点、难点问题进行分析、研判，能够及时帮助承办单位及政府主管部门掌握社会民意；反映市民呼声，为加强社会管理和公共服务提供决策参考，实现智能化决策分析。

依托 12345 平台汇集的信息和数据，定期形成专题报告为政府决策提供参考，已经是政务热线的一项重要职能。例如杭州市 12345 通过综合分析来电反映的问题定期编发《市长公开电话简报》，为市领导提供决策信息。上海市 12345 建立大数据分析合作机制，积极开展与各学术机构、专业团队联合进行的市民诉求大数据分析挖掘工作，包括每年与上海市改革发展研究院共同出台大数据分析报告，聚焦市民反映的问题和民生舆情，运用大数据分析技术，为政府领导决策的预见性、时效性、深入性提供有效的数据支撑。深圳市 12345 公众号定期发布"数说民生"专题报告。佛山市开设"数说民情"栏目，通过首席数据官每周对社会热点进行数据案例解读，推动城市管理建设。

五、媒体合作与传播

由于 12345 平台在处理事件方面有更高的权威性，本身具有政府职能监督的角色，可以与媒体合作形成合力推动新闻舆论监督与政府舆论监督，能够更好地推动法治建设。媒体宣传对提升 12345 平台的影响力，与民众开展更加广泛、深入的互动有不可替代的积极作用。

杭州市 12345 与新闻媒体合作推出《直播 12345》节目，在直播中接听群众电话投诉，并现场接通办事部门，第一时间为群众搭起了投诉者与被投诉者、投诉者与政府职能部门的直接沟通平台。该节目首创政务热线电视直播媒体渠道，对群众多次反映而迟迟得不到解决的问题，采用"一追到底"的方法，直至最终解决。

随着新媒体时代的到来，政务热线在建设全渠道一体化平台的基础上，也在积极尝试各种新媒体的运营。网站、公众号、App 本身就是开放性媒体，可以实时传达各种政策资讯、社会热点新闻，对民众诉求办理进度和反馈情况的实时公布，公示各类诉求的综合统计数据等都是增加沟通透明度，提升品牌影响力，树立口碑的有效做法。除此之外，佛山 12345 推出"12345 学院"概念，打造市民公开课堂，创新政务知识传播渠道，创建专门传播政务知识的"玲玲频道"，由首席数据官主持"数说民情"，进驻抖音、南方号、知乎等多个面向不同层次受众的社交平台等都是新媒体运营的创新尝试。

六、突发事件应急管理

在规模型客户中心运营体系中，针对突发紧急事件都会有相应的应急预案，包括应急制度、应急界面的规划等，此外还包括日常工作中的应急培训、在线预警系统强化和应急流程优化等内容。其目的在于保障紧急突发性事件能够得到及时响应和有效处置，在浪涌式高峰话务中保障热线的畅通。因此，重大社会突发事件往往是全面检测政务热线平台运营水平的试金石。

在 2020 年初新冠疫情突发期间，不少政务热线都设置了疫情专席，如贵阳市 12345 在疫情发生后立即启动应急响应机制，抽调经验丰富的员工，开设疫情专席，进行全天候服务。对于应急案件，要求 5 分钟内派遣到联动单位处置，联动单位当天反馈工单处置情况。为确保案件尽快处置，贵阳市 12345 热线成立疫情专班，加强对相关部门协调。专班每天分 4 个时段对案件进行梳理统计，每 2 小时定期对疫情相关案件进行督办，并形成工作台账。

深圳市 12345、北京市 12345、佛山市 12345 的微信公众号上也都设置了"疫情专区"，及时发布政策信息，提供热点问题的自助查询服务。深圳市 12345 还在微信公众号上提供了疫情线索上报的功能。

"一号响应、左右协调、上下联动"是当前政务热线工作的主要策略。在广泛连接与沟通的基础上进行信息的传达、汇集与研判，通过协同机制联动职能部门，助力政府实施精准治理、实现社会和谐发展，是政务热线在数字化经济时代的重要价值体现。

《 第四篇 》

综合治理的理论体系
——中国 12345 政务热线的思考与探索

　　在我国，政务热线已成为当代社会治理中不可或缺的一部分，旨在为民众提供便捷、高效的政府服务与问题解决渠道。其中，12345 政务热线作为社会综合治理的理论体系的重要组成部分，不仅承载着政府与民众沟通的作用，更是推动社会治理创新与现代化的重要平台。

　　本篇将从历史背景、发展脉络和核心理念入手，深入探讨 12345 政务热线的运营模式、管理机制及技术支持等，剖析其对政府治理的重要意义及对社会稳定的积极影响。同时，还将聚焦 12345 政务热线在综合治理中的角色定位和运营策略，深入解读其在推动公共服务优化、问题解决和风险预警等方面的作用。

　　通过对 12345 政务热线的思考与探索，本篇列举了现有的挑战与问题，并提出相应的改进措施和发展建议。这将有助于完善政务热线的运营机制，提升其服务水平和满意度，进一步提升政府与民众之间的互动和信任。

　　本研究旨在为政务热线运营者、学者、研究者和政府决策者提供有益的参考，促进我国政务热线运营的创新与发展，为建设服务型政府和和谐社会做出积极贡献。让我们一同深入探索中国 12345 政务热线的理论体系，为政务热线的未来发展描绘蓝图。

第十五章　综合治理理论创新

第一节　不是所有的声音都叫"民意"

谈及"民意"，相信大家再熟悉不过，字面意思就是人民群众共同的意愿和诉求。对于 12345 政务热线来说，诉求背后的"民意"更多地来自民众共同的需求和痛点。从痛点出发，从最朴素的本能和最简单的逻辑出发，换位思考，设身处地地为市民着想，同时借助专业能力，才能从真正意义上为市民处理并解决问题，捕捉市民群众的最根本的需求，站在最初的出发点去深挖需求，这才是 12345 政务热线所应体现的价值。

例如，有市民拨打 12345 政务热线投诉地铁口的流动摊贩问题，纷纷表示流动摊点造成环境脏乱差，并引起交通堵塞，严重影响其日常基本出行。接到投诉电话，12345 政务热线及时响应市民需求，根据市民所反映的情况准确、快速处理，通过智能化分类将投诉直接分配至直属相关部门，并引起相关部门的重视，通过后期不定期的重点盯防来防止流动摊贩问题的重复发生，从而为市民解决了实际问题，还市民一个干净、美丽、整洁的居住和出行环境。

那么在这里，广大市民群众的民意能理解为就是投诉流动摊点问题，抵制地铁口的乱摆乱卖行为吗？

实际上，当小摊贩在真正意义上被清理后，又有部分市民抱怨小摊贩被清理后给其生活带来了不便，上班族小张表示，以前都是在地铁口或者公司附近的流动摊点上购买早餐，现在没有了这些小摊贩特别不方便，他只能绕一大圈至街对面的店铺购买早餐，这样来回得多花费 10 分钟，由于上班时间紧张，他经常只能放弃吃早餐。还有很多跟小张有相似经历的年轻人，他们纷纷表示选择流动摊点最主要是图方便，而且流动摊点的味道也确实都还不错，能够满足其基本需求。

以城市地铁口的流动摊贩案例来说，地铁口周边人口流动较大，小商贩、黑出租等聚集扎堆，容易造成周边环境的脏乱差，同时可能引起交通堵塞、安全事故等突出问题，这也将严重影响市民群众的正常生活和基本的出行。但又有相关调查显示，流动摊点在某种程度上还是受市民们欢迎的，只不过超七成市民明确反对流动摊点摆在自家门口，可见大多数市民并非绝对意义上的抵制流动摊点，而更多的是无法容忍自家门口的流动摊点。小小的流动摊点在给市民带来便利的同时又困扰着市民，从最初的痛点出发，大家担心流动摊点的剧增会使环境越来越差，日益剧增的吵闹会影响他们的日常生活，人口的增加会挤占本就日趋紧张的公共资源，从而加大整个城市市容治理的难度。

这里，不难发现广大市民群众就流动摊点到底该不该彻底清除，在观点上是相互矛盾的，一方面他们不接受因为流动摊点的存在导致的城市市容管理问题，另一方面他们又抱怨流动摊点的彻底清除所带来的生活及出行的不便利。而作为12345政务热线来说，关注的应该是更深层次的民意问题。表面上市民群众投诉的是流动摊点问题，但从其矛盾点不难推断，其核心就是实际存在的消费者需求得不到满足的问题。

消费需求，即消费者对以商品和劳务形式存在的消费品的需求和欲望。为什么某些地铁口容易出现流动摊点，而这些流动摊点在相关部门进行清理后又总是不断再次出现，其根本原因是这里存在一条隐性的刚性需求关系链，周边市民群众对商品消费的需求得不到满足导致流动摊点难以杜绝，其核心问题就是周边的商业规划不够合理。

随着人们物质文化生活水平的日益提高，多样化、多层次的消费需求在逐步发展，消费领域也在不断扩展，消费内容日益丰富，消费质量不断提高。而此时地铁口的零消费商圈的现状显然不适合日趋发展的消费要求，那么针对流动摊点问题并结合地铁口商圈消费需求的现状，是否可以寻找一个居中的突破口中和所面临的这两个问题，实现社会效益、市民效益最大化呢？显而易见，现今社会条件下的市民消费需求就成了真正意义上的民意了。

还是拿地铁口流动摊点这个典型案例来说，市民在拨打电话投诉流动摊点问题时，作为12345政务热线，是否应该剖开问题的表面，挖掘其潜在蕴含的真正民意呢？借助相关部门进行一系列的市容环境专项整治工作来粗暴地解决投诉问题，这种治标不治本的行为没有能够剖开问题看本质，最终忽略了根本问题。只有站在市民的角度换位思考，从最初的痛点出发解决了根本问题，才是从真正意义上听民声、聚民意、解民忧、化民困。这种需求是更代表大多数市民需求的"民意"。

谁来摸清市民群众的真正民意呢？也就是说，市民群众的消费需求该如何才能得到满足呢？现实情况是 12345 政务热线并没有相应的职责来解决该类问题，城管也并不负责解决问题，政协又缺乏最完整的一手数据来源，而空有理论缺乏实例的学院派更是缺乏管理经验。

第二节 挖掘真正民意的 12345 民生智库

从地铁口流动摊点的投诉案例来看，导致问题的根本原因是快速增长的服务需求被逐渐跟不上变化的城市规划所制约。如何解决这一问题？如何发挥市民热线的通道作用？我们先来看 12345 政务热线的实践。

随着大数据时代的到来，电子政务面临从"数字政务"向"智能政务""智慧政务"的转型，政务热线的定位也需要从提供传统信息服务平台转向更加精准、智能的数据服务中心。

在此背景下，12345 政务热线运营团队充分发挥自身运营和技术研发一体化优势，开拓并创新热线数据应用的新思路，实现热线"自助＋智能＋人工"的服务模式，重点通过热线数据汇聚、分析、对比等构建政务大数据自主分析评判平台，实时、全面地感知市民需要的政务服务信息，及时、精准地发现城市治理的薄弱环节，成为社会"民声"传递的重要渠道和政府社会治理"症结"的"CT 机"，为服务优化、部门执法和政府决策提供重要的参考和依据。

作为智慧城市智库，基于具有"感知城市"能力的 12345 政务热线在服务过程中积累的海量数据，可以与研究民生问题、服务改善民生的民生智库相互结合起来，能够更及时、更准确地反映公众需求、民生热点难点、社会问题等。这对政府部门改善服务和治理的精准性，以及提升应急管理能力有重要的帮助。随着大数据管理和应用水平的不断提升，政务热线大数据的价值将得到进一步发挥，从而助推公共治理走向精准化。

近年来，12345 政务热线不断创新改造，开展以主动协调为抓手，打造疑难事项督办的新模式，做到所有政府部门专线统一受理，降低运营成本，便于资源统筹管理，提升服务效率，实现全方位、多层次监督的联合共建模式。

日常工作中，12345 政务热线在做到立即响应、快速处理问题的同时还需要探索市民群众的真正民意所在，通过表层问题来挖掘潜在问题，找到根源并从真正意义上解决问题，高效、优质地服务于民。假设我们在接到市民关于流动摊点的投诉电话后，能够立即主动介入案件中，从市民群众切身需求出发来重新审视、协调、处理此类问题，并通过后期的定期反馈来实时监控落实成效。通过整合一系列的资源，即12345民生智库、人大代表和政协委员、住建、工商、公安、城管、互联网企业、行业专家、学术机构、咨询机构等各个部门联合共建，将各部门相互联合起来，站在实现社会综合效益最大化的角度，做到权责分工明确，多层多面督办，压实责任，试想必能产生不一样的连锁反应，最终得出不一样的解决方案，例如在地铁口布局临街商铺这样的城市商业布局的优化方案，既解决了地铁口流动摊贩投诉问题，又从根本上解决了市民的本质消费需求问题。

地铁口的流动摊点在某种程度上方便了市民购物，为市民群众的生活带来了便利，但它也给当地的市民们带来了困扰，表面的城市市容市貌问题，核心在于商业布局的不完善，城市的现状与经济发展的需求不相适应。而在地铁口布局临街商铺这样的城市商业化布局的优化方案，它的建设和发展不仅要围绕全面建成小康社会，贯彻科学发展观，坚持可持续发展战略，还要立足城市的经济发展状况，合理地进行规划、建设和管理，以构建符合当地消费能力和发展目标的现代化商圈，从而做到不断提高现代化服务水平，提高城市综合服务功能，满足居民生产、生活需求，提高居民生活质量。12345民生智库必须与住建、工商、公安、城管、互联网企业、行业专家、学术机构、咨询机构等所有部门同心协力、共同合作，才能从真正意义上实现社会效益、市民效益的最大化。

在数字智能化的当下，市民日益增长的沟通需求和落后的热线服务之间的矛盾，急切需要建立标准化的客户中心系统和专业化的运营模式。同时，需要更多的机构一起来参与，如住建、工商、公安、城管、互联网企业、行业专家、学术机构、咨询机构等，做到专业领域信息共享、资源整合、推进业务发展、提升效率、节约成本，同时在各专业领域的交叉合作中发现问题，完善边界的界定规则，推动整个社会的发展。

第三节　综合治理理论的提出

近年来，我国学者提出政务热线转型发展的"三个定位"：第一，便捷、高效的服务平台，成为民生诉求的快速响应渠道、公众咨询与政策的解读窗口；第二，协同治理的重要枢纽，成为政务服务体系的重要节点、跨部门的协同调度中枢、政务服务的效能提升中心；第三，智慧治理的有力支撑，政府感知社情民意的"传感器"、基于热线的大数据管理中心、数据驱动的决策辅助系统。

12345 政务热线平台提出综合治理城市治理理论，将政务热线运营分成民声、民意、民智三个发展阶段。12345 不仅仅是一个号码，更是一个城市的民生智库。

综合治理理论作为对政务热线运营发展的规划蓝图，通过不同阶段的政务热线运营特点、治理目标和价值体现的描述，为当下政务热线的成熟度发展提供了可参照的基本模型。

民声阶段的政务热线通过整合实现了系统智能化，通过专业运营、标准化建设初步实现数据治理，主要解决市民日益增长的沟通需求与落后的热线建设之间的矛盾。在运营模式和治理模式上，体现为接诉、响应、处理和优化的流程式循环特点，较多地发挥执行方面的功能，在社会问题治理上更多点对点地应对和处理。图 15-1 所示为民声阶段政务热线的运营特点。

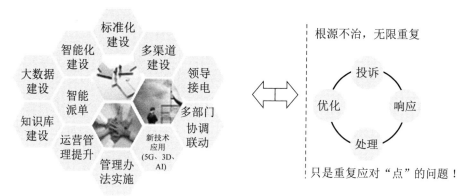

图 15-1　民声阶段政务热线的运营特点

民意阶段的政务热线具备完善的智能化数据采集、分析、管理和应用手段，能够深化数据分析维度，具备切实可行的多部门间信息共享机制，能够协同多个政府部门及相关机构联合共建治理，切实解决市民需求，同时推进现有法律法规进一步完善，助力传统领域治理方面做出具体举措。这一阶段的运营模式可以将传统的点对点问题处理模式上升为问题挖掘机制，从点到面地解决民生问题。图 15-2 所示为民意阶段政务热线的运营特点。

图 15-2　民意阶段政务热线的运营特点

民智阶段的政务热线已经形成立体的问题解决机制，具有联合多方力量推动解决日益复杂市民需求的能力。图 15-3 所示为民智阶段政务热线的运营特点。

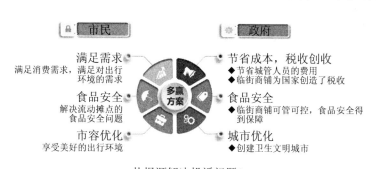

从根源解决投诉问题！

图 15-3　民智阶段政务热线的运营特点

民智阶段政务热线运营的评价维度包括：有哪些举措可以通过整合智能应用、咨询分析、媒体跟踪等机构提升政务处理水平；形成了哪些对政府层面有影响的价值输出，例如行业发展指导、政策制定参考、城市规划建议等；与政府、平台运营商、咨询机构、行业协会等机构的合作与互动；对规范行业整体发展方向、助力新兴行业发展治理、排除风险发挥过哪些作用，等等。

12345 政务热线从数据治理出发，从最初的数据分析报告到业务分析，形成《构建政务热线大数据的城市治理预警机制——机遇对政务热线大数据的分析与挖掘》等研究报告，为 12345 政务热线的建设和发展明确了具体的路径。部分地市还成立全国政务热线研究工作室，通过打造融合架构的生态体系，在破解城市治理难题、加强数据开放运用、提高公共服务水平等方面寻求新突破。同时，借助大学的专业力量，培养一批具备扎实理论基础、研究能力和实践能力的政务热线运营管理人才，为 12345 政务热线的持续发展储备坚实的人才力量。

第十六章　全体系的赋能

综合治理理论作为一套完整的政务热线战略体系，它包含从技术到运营，到人才建设方面的清晰规划，具体体现在理论体系、技术创新体系、运营体系、融合架构体系、赋能体系、影响力体系及认证体系的建设方面，综合治理理论的战略实施的目标是最终为参与社会治理的组织、个人进行全体系赋能。图 16-1 所示为完整的政务热线战略体系。

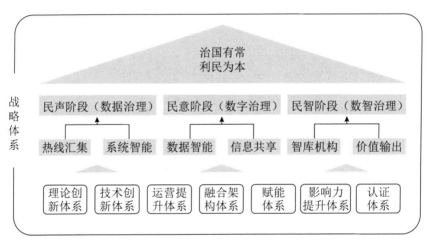

图 16-1　完整的政务热线战略体系

第一节　政务运营人才构成

人才资本是智库的核心竞争力，根据《政府智库》的定义，智库 (think tank) 是政府的智囊机构，是指由专家组成、多学科的、为决策者处理社会、经济、科技、军事、外交等各方面问题出谋划策，提供最佳理论、策略、方法、思想等的公共研究机构，是影响政府决策和推动社会发展的一种重要力量。智库的本质在于提供高质量的思想产品，这既包括为公共决策服务的政策、建议和分析报告，还包括对经济社会发展具有积极推动作用的公共知识。智库的重要特征是专业性和针对性。专业性最主要的体现是对公共政策的研究，智库研究必须挖掘、解释和修正对研究对象的理解，要在一种系统性的结构中运转，用精确的术语解释研究主题，明确操作需求，分析相应的数据，得出结论。

技术的发展不仅仅给人们带来了翻天覆地的变化和巨大的便利，也给政务热线带来了转型和发展的契机。能否抓住宝贵的机会让政务热线发挥更大的价值和影响力，则需要根据我国智能技术发展的特点及热线自身的情况提前制定发展战略，也需要一个专业的团队来指导落实项目，这个团队既包括热线的"自己人"，也包括外来人。

一、"外来的和尚好念经"

为什么需要"外来的和尚"？

引入智能技术来推动政务热线的发展决不能是"拿来主义"，仅仅靠热线和技术公司的协作，可能并不能使热线的发展实现飞跃，这需要集合多方面的专家意见对热线的未来发展进行综合考虑。12345 政务热线在服务对象、服务内容、业务复杂度、涉及领域等方面，都与企业客户中心有很大的区别。

1. 面对的对象繁多

对于企业客户中心来说，面对的对象主要是企业的潜在客户和现有客户。对于 12345 政务热线来说，服务的客户也是两种：市民和由于各种事项来该城市的市民。看上去对象种类似乎差不多，实际上在业务处理上会有很大的区别。对于企业客户中心来说，无论是潜在客户还是现有客户，致电客户中心的主要目标都与该企业的产品相关，因此对于客服中心来说，对客户的解决方案相对可控。而 12345 政务热线的服务对象超过千万，以上海为例，2022 年上海常住人口为2700 万，这意味着，上海 12345 政务热线的服务对象超过 2000 万。而市民的诉求及期望各不一样，这使 12345 政务热线的服务压力和服务复杂度大大提升。

2. 服务内容多样

企业客户中心所涉及的服务内容往往是明确的，主要是与企业本身有关的产品、服务、销售、市场行为等的咨询、售后、投诉、建议等服务内容。而政务热线面向全市市民，服务内容涵盖了整个教育、医疗、社保、交通出行等民生及非民生领域的政策咨询、投诉建议、政民互动等。因此，政务热线座席代表需要掌握的知识广度要远超企业客户中心的座席代表。

3. 执法依据复杂

企业客户中心的座席代表仅需要依据企业自身的规章制度为客户提供服务，其中考虑的问题大多涉及企业利益。而 12345 政务热线则需要将法律法规作为受理业务及承办单位处理事项的依据，不能够越权越责。举个例子，某市 A 区物价检查所对 B 企业不执行政府指导价的违法行为进行了行政处罚。B 企业不服，认为 A 区物价检查所没有价格违法行为的行政处罚权，因此申请行政复议。而 A 区物价检查所认为，根据 A 区编办下发的三定方案，A 区物价检查所具备价格违法行为的行政处罚权。《中华人民共和国价格法》规定，县级以上各级人民政府价格主管部门，依法对价格活动进行监督检查，并依照本法的规定对价格违法行为实施行政处罚。根据 A 区发展与改革局的三定方案，A 区发展与改革局负责组织价格调控、价格监测、农产品成本调查工作，管理国家、省、市列名管理的商品和服务价格，负责行政事业性收费管理工作。由于 A 区物价检查所没有执法权，B 企业最后申诉成功。因此，12345 政务热线在处理市民诉求时，需要在纷杂的法律法规中找到适用于该市民具体诉求的法律法规。

4. 涉及领域广泛

企业客户中心所涉及的领域仅限于企业本身以及所在行业的领域。而 12345 政务热线服务领域很大，涉及工商、公积金、城管、人社、国土、卫计、司法、公安、信访等，下至民生，上至法律法规、国家政策。举个例子，客户投诉食品企业欺诈，如果客户致电企业客户中心进行处理，则由该企业客户中心客服部门转至客户事件发生的上级部门处理即可，但如果市民向政务热线投诉食品企业欺诈时，则需要根据不同的情况转由不同部门处理：涉及食品安全的欺诈行为，由食药监部门监管；涉及价格的欺诈行为，由价格部门监管；涉及假冒注册商标、虚假广告的欺诈行为，由工商部门监管；涉及假冒商品条码、假冒质量标志的欺诈行为，由质监部门监管；涉及假冒未作为商标注册的地理标志名称的欺诈行为，由质监部门监管；涉及法律、法规、规章未明确具体监管部门的欺诈行为，由工商部门监管。因此，12345 政务热线的知识库管理要求比一般的企业客户中心更为复杂，既要保证知识库的内容与各个领域的法律法规一致，又要帮助座席代表能够根据市民的描述快速定位到相应的知识条目，提升座席代表工作效率的同时保证市民的服务体验。12345 政务热线的知识库建设不仅需要热线内部运营管理人员的专业性和知识库咨询公司的经验，还需要工商、公积金、城管、人社、国土、卫计、司法、公安、信访等方面的专家帮助构建相对完整的知识架构，并且帮助热线运营人员进行复杂场景的梳理。

5. 影响范围广泛

某小区的市民打电话投诉小区有业主违规占用公共区域建筑自己的私人空间，强烈要求拆除。承办单位接到投诉后去现场调查，确认市民反映属实，立即组织力量进行了拆除，拆除过程中遭遇到市民的暴力抗法，现场有市民抱着煤气罐要与拆除人员共存亡，还有市民威胁要从楼顶跳下来，拆除工作受到阻碍。承办单位经过深入调查发现，该小区违法建筑的业主数量占了总业主数量的一半以上，大部分违章建筑已经存在多年。在这样的情况下，承办单位到底是拆还是不拆呢？如果拆，则会引发被拆业主的群体性事件，最极端的情况甚至可能导致相当恶劣的社会影响。如果不拆，投诉的市民将进行媒体曝光和集体上访，政府形象受到巨大影响，这将置国家法律法规于何种地位？这需要热线与承办单位一起进行深入探讨，综合考虑各方面因素制定合适的解决方案，既解决市民的问题，也将负面影响降至最低。

基于以上特点，想要运营好 12345 政务热线并不是一件容易的事情。对于 12345 政务热线来说，能够回答市民的咨询以及解决每个市民的个性化诉求仅仅实现了政府服务热线的基本功能，要充分发挥 12345 政务热线的作用，需要做的还有很多。举个例子，12345 政务热线想成为政府治理实现的助推器，成为城市治理智库，那么就需要基于热线所定位的热点、难点问题提出针对性的解决方案，需要对当地乃至国家的政策、法律、经济、环保等有非常深入、专业的见解。

二、需要哪些"外来的和尚"

12345 政务热线作为一个公共服务机构，具备论题研究的基础——成千上万个市民的声音，通过对民声的分析能够发现城市法律法规、公共资源使用情况、政府部门服务边界等方面的可优化点，为城市治理提供有力依据。然而依靠

12345 政务热线自身的力量是不足以成为城市智库的。对于智库而言，人才资本是其核心竞争力中最重要的部分。大多数 12345 政务热线的人才主要集中在热线运营层面，对政策、法律、经济等方面的研究还不够深入，这就需要专业人才的加入，这既包括专业的咨询公司、研究所、高等院校的专家学者，也包括一些具备专业人才资源、数据资源的大型商业公司。热线需要组织、集合这些专业人才的力量来为政府建言献策，基于"民声"提出改善建议。

1. 借助法律专家的专业力量推进法律法规的进一步完善

12345 政务热线接到市民投诉，称有一些机动船凌晨开始捕捞红虫，直至中午才结束，产生大量噪声，严重影响沿江市民的休息。这样的情况应该由谁进行管理呢？虽然打捞行为临江，由于政府会议纪要，红虫艇非法行为治理需要由农业局进行牵头，因此市海事局无权限牵头处理；由于打捞红虫不属于渔业行业法律禁止的行为，因此市农业局没有权限进行管制；另外，查处机动船噪声扰民不属于其职责范围内，因此市公安局也无权处理。《环境噪声污染防治法》规定：机动车辆在城市市区范围内行使，机动船舶在城市市区的内河航道航行，铁路机动车行驶经或进入城市市区、疗养区时，必须按照规定使用声响装置。同时，《环境噪声污染防治规定》还规定：机动船舶的发动机应当装置有效的消声器，使排放的噪声符合国家规定的《内河船舶噪声级规定》的要求。虽然两部法规都对噪声要求进行了规定，但没有规定法律责任以及事件处理的责任部门，因此如何处理非法红虫捕捞成为疑难问题。在 12345 政务热线的推进下，市委高度重视这一扰民问题，农业、公安、海事等部门联合当地镇政府开展清理整治红虫捕捞加工专项行动，切实解决了困扰沿江居民许久的难题，也改善了周围的生态环境。

市民的疑难投诉虽然解决了，但关于非法红虫捕捞治理的法律法规空白问题亟待处理。作为民声的收集部门，12345 政务热线能够第一时间了解可能出现的法律法规漏洞，而对于如何判定，如何定责，由哪个部门来处理等问题，12345 政务热线则无能为力。作为市政府的智库，12345 政务热线需要借助法律专家的专长一起做出具有建设性的建议，协助市政府进一步推进法律法规的优化。

网约车是这几年兴起的互联网租车业务，作为一种新兴的出行方式，自其出现以来极大方便了广大市民的生活出行，但是由此衍生出来的服务监管、消费纠纷等问题却不容小觑。2018 年，某地 12345 政务热线收到一系列关于网约车问题的疑难工单，由于各种各样的问题，出现了 722 次的工单回退问题，涉及市消费者委员会、市场监督管理局、交通运输局、黄埔区政府等多个承办单位。工单回退这些问题的责任部门不明确，对市民来说，问题也无法及时、有效地解决。面对日益严峻的网约车问题，热线针对不同情况，先后 6 次通过及提交联合审定的方式来推进问题的解决，并于 2018 年 6 月和 12 月两次牵头召开了网约车问题的疑难工单协调会议，借助各个相关承办单位的力量推动该疑难事项的破解。与此同时，为了进一步确定网约车各类问题的承办单位，热线组织了对网约车公司的现场调研。经过不断的沟通与协商，热线最终梳理出网约车问题的工单转派指引，对网约车违法违规行为监管、消费纠纷调解及其他网约车争议事项明确了相应的承办单位，从根本上解决了网约车问题这一类疑难事项。在这个案例中，12345 政务热线通过联合审定机制和疑难工单协调会议的形式帮助市民提高了网约车疑难问题的解决时效。下一步，作为政府治理实现的助推器，12345 政务热线就需要对受理的网约车问题进行分析，牵头组织法律专家、交通部门及网约车公司一起对网约车相关管理法规进行完善和优化，从源头上解决网约车问题。

2. 联手科研机构和高级学府诊断、治理"城市病"

所谓"城市病"，是指人口过于向大城市集中而引起的一系列社会问题，表现为城市规划和建设盲目向周边摊大饼式地扩延，大量耕地被占，使人地矛盾更尖锐。"城市病"表现为人口膨胀、交通拥堵、环境恶化、住房紧张、就业困难等，将加剧城市负担、制约城市化发展及引发市民身心疾病等。特别是出行时间较长，因交通拥堵和管理问题，城市会损失大量的财富，无形中浪费了能源和资源，不利于城市的畅通发展。研究表明，常住人口超过 1000 万的城市或多或少地都患有"城市病"，而且还有向中小城市蔓延的趋势。常住人口超过 1600 万的城市大多会有严重的"城市病"。

"城市病"的显性表现实际上就是市民对衣、食、住、行等各方面资源短缺或者不匹配的不满和抱怨，当这些不满和抱怨集中性暴发时，也就是"城市病"病发之时。如何对"城市病"进行识别、界定和防治，对每个大城市政府来说都是重中之重的事情。实际上，很多 12345 政务热线都在进行"城市病"的识别工作，例如某地 12345 政务热线每年针对市民关注的难点、热点发布民生热点分析报告，并通过收集社会舆情、选取重点民生问题形成民生事项简报，为政府决策提供参考素材。

然而，由于大部分政务热线不具备对这些问题进行高度概括和深度剖析的能力，因此还不足以根据工单数据来系统地诊断"城市病"的症结，这就需要借助专家的力量建立分析诊断模型。实际上，我国关注"城市病"较多的主要是一些高等院校和国家级科研机构，如复旦大学、国务院发展研究中心、首都经济贸易大学、武汉大学、同济大学、华东师范大学等。因此，12345 政务热线应该联合研究机构或者大学院校的专家一起进行研究。

《北京"城市病"综合治理研究》一书中提到，"城市病"的治理应该秉承三个原则：第一，发展为先的原则。"城市病"是在城市的快速发展过程中产生的，最终要依靠城市的进一步发展才能够解决。第二，预防为主的原则。"城市病"是城市严重失衡的表现，应该防患于未然，避免"城市病"对城市的巨大破坏。第三，综合治理的原则。针对"城市病"不应该"头痛医头，脚痛医脚"，而应采取综合治理的手段，达到标本兼治的效果。12345 政务热线在"城市病"治理中应是"城市病"苗头的发现者，及时发现可能出现的"城市病"，将问题隐患消灭在萌芽状态。

举个例子，违章建筑是很多城市都非常头疼的问题，究其源头，违章建筑的主要成因有以下几个：①住房增长水平难以满足群众日益增长的住房需求；②老住房改造与现行政策之间的矛盾；③土地的价值成倍增长，受到利益的驱使；④基层干部、群众法律观念薄弱。

违章建筑不仅会对城市的市容市貌造成影响，使得征地和房屋征收的难度进一步加大，还会造成一定的安全隐患，增加城市管理的难度。

2018 年底，某地 12345 政务热线通过数据分析发现 2018 年 1—11 月某区产生违章建筑工单共 3069 件，这引起了热线管理部门的重视，对该类工单进行梳理与筛选，整理出多个市民反映集中的区域，将上述问题以重点事项交办区政府跟进处理，并针对该事项给出解决建议。区政府对该事项非常重视，部署资源对这些集中区域加强了巡查，对涉事主体进行了积极协调管理，使其停止建设违章建筑行为，并且对已建成的违章建筑依法依规进行拆除。2019 年 1—8 月，该地 12345 政务热线通过持续、动态的监控，再没有收到以上三个地址反映违章建筑的投诉。在这个案例中，12345 政务热线就扮演了"城市病"苗头的发现者和问题处理者的角色。

上文中的违章建筑问题的解决相对比较简单，有很多"城市病"可能无法通过监管得到彻底解决，例如，群租、乱设摊点等问题往往在 A 区进行了专项整治，B 区又悄悄出现了。这些问题从深层次分析是由资源短缺导致的，需要联合经济学家、城市建设等方面的专家一起探讨相应的解决方案才能根治。

3. 携手咨询公司提升热线运营管理能力

"打铁还需自身硬"是政务热线部门需要对自身运营提出的要求。薄弱的运营管理能力会成为制约热线发展的瓶颈。第三方评估平台对我国 31 个省(市)的335 条 12345 政务热线的电话监测结果显示，能够称为热线的数量仅 32 条，仅占调研总量的 9.55%。图 16-2 所示为热线运营管理能力第三方监控数据。

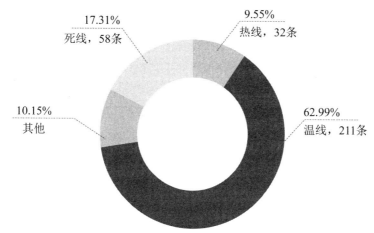

17.31%
死线，58 条

9.55%
热线，32 条

10.15%
其他

62.99%
温线，211 条

图 16-2　热线运营管理能力第三方监控数据

要实现 95% 的客户在 15 秒内接通的国家标准要求，只有两条路径：第一，大量增加人员配置，通过冗余的人员来确保高接通率；第二，配置适当的人手，通过精细化运营来实现高接通率。

热线的运营管理是一门专业性非常高的管理类学科，包括热线的设计与规划、运营与管理、数据与绩效管理，以及客户体验管理。热线的设计与规划不仅仅包括热线的战略规划，也包括中心的文化设计、环境规划设计、信息安全管理、应急管理等环节，而运营与管理包括热线的流程管理、人员管理和系统管理，这三大模块几乎包括热线管理的方方面面，流程管理包括话务量预测、人力预测、排班、知识管理，质量管理，业务流程管理等环节；人员管理则要求热线从人员的招聘、培训、培养、沟通、考核评估直至人员离职都要进行闭环管理，这样才能够保证员工的素质水平能够达到客户中心的要求，为客户提供合乎要求的服务质量。数据与绩效管理帮助热线评估自身的运营水平，通过对标管理实现持续、稳定的提升。客户体验是热线的关注重点，对于 12345 政务热线来说，客户体验更为重要，它直接体现了市民对政府服务的感知和满意程度。

因此，热线部门想通过自身的运营经验来建设一套完整、科学的运营管理体系需要长期的实践，从运营遇到的问题中不断总结、提炼，这需要花相当长的时间，也可能出现思维固化的情况。要解决这样的问题，就需要引入外部的运营咨询专家团队来开阔思路，借助已有的科学管理手段使热线的运营管理水平得到质的提升。

早在 2012 年，12345 政务热线的前身 12345 市长专线就接轨 CC-CMM 客户中心能力成熟度模型，初步搭建了热线运营管理体系，借助第三方专业化资源为热线的运营管理奠定了坚实的基础。自此之后，各地 12345 政务热线再次携手 CC-CMM 国际标准组织及中国公共管理研究中心，通过构建科学合理、层次分明、满足需要的政府服务热线服务标准体系，以制度化、规范化、程序化、专业化建设推进政务热线服务效能持续提升。通过专业咨询团队的指导，12345 政务热线团队对热线运营体系进行全方位梳理、优化和调整，强化了热线服务管控能力，并促进服务效能的持续提升；同时，联合中国公共管理研究中心，充分发挥其在政务舆情领域的研究优势，从政务热线市民需求识别准确性和服务效果契合性角度着手研究，建立了政务热线服务标准。坚实的运营基础增强了政务热线运营团队的专业程度，因此在后期引入智能化应用时，不盲从潮流，选择适合热线实际情况和特色的智能化项目，提升了热线的运营效率。

引入第三方专业的客户中心运营咨询公司能够帮助 12345 政务热线少走弯路，在短时间内搭建起一套适合自己的运营管理体系，这也是智能化建设的基础。任何一种智能化应用在热线部门实施的前提是热线部门已经具备了相关模块成熟的运营管理方案。例如，在引入智能质检系统之前，热线部门自身的质量管理团队要掌握质量管理原理，并且已经具备了一套具体的、能够客观衡量每个细分项目的质检打分标准，这样质量管理团队就能够根据智能质检系统的原理搭建相应的质检模型，使智能质检系统真正发挥作用。如果质量管理团队的质检打分标准偏向于主观判断，那么就很难搭建质检模型，智能质检系统会沦为监测语音异常和语音转文本的工具，其实质作用就很难发挥出来。智能知识库的成功应用则与热线知识结构、知识篇幅、知识文章的客户化程度、知识关联性、知识场景化建设程度强相关，如果热线的知识文章全部是书面化的法律法规，篇幅冗长，那么再先进的搜索引擎也无法保证知识搜索的准确性，更别说在座席代表通话过程中为其进行精准推送了。

三、什么人才算"自己人"

外部专家是 12345 政务热线转型的领航员和推动者，而热线部门的"自己人"才是热线转型的内驱力。那么，什么人才算 12345 政务热线部门的自己人呢？只包括热线运营中心的座席代表、运营管理人员、支撑人员及热线管理部门吗？如果仅仅如此，那么 12345 政务热线能够管控的只能是市民打电话或者通过其他渠道来咨询的简单问题，如果遇到了复杂问题需要转向其他部门进行处理的，热线就无法控制这些问题的响应时间、问题解决效率及服务质量了。

到底应该怎么做呢？接下来将通过几个 12345 政务热线疑难工单案例进行深度分析。

案例 1：距离 A 小区 5 米处有一个交通龙门架，从 2018 年 11 月下旬开始，每当阳光照射到龙门架上，龙门架就会折射出大量耀眼的光线，这些光线折射到 A 小区内居民楼窗户上，严重干扰居民的正常生活，因此该小区居民拨打该地 12345 政务热线进行投诉，希望相关部门能够尽快处理这一光污染问题。12345 政务热线话务人员接到市民投诉电话后，将该工单派送给该区政府承办单位，区政府承办单位又将工单派至 A 小区所属 B 街道城管执法队承办单位进行处理。B 街道城管执法队到现场进行勘查后发现该事项不属于本单位权属，建议 12345 政务热线将工单转交给承办部门 C 进行处理。承办部门 C 通过电话联系市民了解相关情况，发现该市民反映的情况不是承办部门 C 的高速公路辖区，建议热线将工单转至相关职能部门进行跟进处理。由于市民对路权表述不清，承办部门现场勘查时也没有上传相关的现场图片，导致工单在各个承办部门之间无效流转了一个多月，市民的问题没有得到妥善的处理。一个半月后，相关权责部门到该市民家核实具体情况，并安排厂家对相关路段的交通龙门架进行改漆处理，才解决了困扰市民 2 个多月的问题。

在这个案例中，如果 12345 政务热线仅仅关注热线自身的职能范围，那么这个案例到此就结案了，毕竟市民的问题被解决了。

在实际处理过程中，热线并不满足于解决问题，而是对这一疑难案例进行深度剖析，发现当市民的投诉涉及高速路路网时，由于路网复杂，涉及多个路权单位，受制于客观原因，市民对路权的表述往往不清晰，因此针对这类问题提出了在热线端及承办单位处理流程中的优化建议，避免类似问题的重复发生。

案例 2：A 区 B 街道市民反映小区 F2 栋的第十层（顶楼）被安装了多个箱子形状的通信设备，市民非常担心这些设备会产生大量辐射从而影响该居民楼居民的身体健康。热线根据居民的描述将工单分别流转至承办部门 1、承办部门 2 和承办部门 3 后，这些单位均表示不是设备的权属方，并退回了工单，由于不在这些单位的权责范围内，这些单位也没有进一步核实设备权属部门。为了帮助居民尽快解决问题，热线组织相关单位现场勘查，反复、仔细检查后发现设备连通的白色管道直通楼底，沿着白色管道发现一个绿色基站，上面写着承办单位 4，由此确定设备权属单位为承办单位 4，最终承办单位 4 为该市民解决了相关问题。

案例 3：市民反映位于 A 村 B 大街的路灯没有安装，并称该路灯属于村内的路灯，灯基已经安装好，但其余部分还没有得到安装，由于该路段长期没有路灯导致居民的财物经常被盗，存在安全隐患，市民希望相关部门能够尽快安装路灯以解决治安隐患。区政府表示街道内所有路灯都属于路灯所管理，建议转交给路灯所；而供电局表示，由于这些路灯由村民自建，不属于路灯所维护和管理；区照明中心表示由于该路段没有移交给市照明中心维护和管理，不在其管辖范围内。热线组织相关部门现场勘查，根据现场情况看，该路段向 D 大街方向已有路灯，目前照明中心正在建设中，未进行路灯工程竣工验收；而市民反映的增设路灯的路段目前已有灯基，但还未加装相关照明设施。热线与照明中心现场协调后决定，该增设路灯工单由照明中心具体承办。

以上这些案例在 12345 政务热线的协调沟通下，最终都得到妥善的处理，但这些疑难案例由于权责不清导致长时间在各个承办部门之间流转，既浪费了各个部门的工作资源和时间，也影响了政府的威信。以上案例中存在哪些问题呢？

案例 1 中，首先处理工单的区政府承办单位虽然进行了现场勘查，但未上传现场的照片，承办单位 C 仅仅通过电话了解市民的情况，由于没有进行现场勘查导致获得的信息不够准确致使工单被来回转派；案例 2 中，三个承办单位发现该工单不属于自己的权责范围后，都没有进行进一步的核实和实地勘查；案例 3 中，照明中心在最初受理工单时没有深入调查，因此回退了本该属于该部门处理的工单。

这些部门对 12345 政府服务热线不重视吗？当然不是，事实上，市政府对12345 政务热线所受理的工单非常重视，通过考核工单的及时签收率、办结率和满意率来确保各个承办部门能够及时、有效地解决市民的诉求，在这样的要求下，各个承办部门对热线转派的工单也相当重视。然而每个市的承办人员有好几千人，当承办部门对标准的理解出现偏差时，就会出现上述问题。对 12345 政务热线来说，所有承办部门的处理人员都是热线的"自己人"，只有这些处理人员能够了解和掌握该地 12345 政务热线的管理体系和工单处理流程、标准，才能避免出现类似的问题。

怎么让"自己人"认知职责身份，并切实解决市民关注的难点，推进疑难问题的解决呢？ 12345 政务热线采取了以下措施，让庞大的"自己人"团队对标准理解得更透彻，让不同职能的"自己人"干起活来更便捷。

建立疑难复杂事项协调机制，请"自己人"以点带面攻破社会疑难事项。热线中存在同一工单被多个承办单位退回的疑难工单，疑难工单在热线与各承办部门之间多次流转，不仅会消耗巨大的人力成本，还会造成工单处理时限过长，影响市民事项的处理。为此，部分 12345 政务热线建立疑难复杂事项协调机制，针对不同情况的疑难问题提出针对性的解决对策，作为正式条例写入《热线管理办法实施细则》（以下简称《实施细则》）。

《实施细则》明确说明，对职责不清的一般事项，通过电话、网络、传真等快速沟通方式确定承办单位；涉及职责分工或法律适用存在争议的，提交市编办或市法制办联合审定，市编办根据部门职责分工确定承办单位，市法制办根据法律的相关规定确定承办单位；对道路、水域、公共设施、交通路牌等管理权属存在争议的，可通过会议协调、组织现场踏勘等方式确定承办单位；涉及区职能部门争议的事项，可征求业务指导部门意见确定承办单位；法律或承办单位职责存在空白，采用多种协调方式仍无法确定承办单位的疑难复杂事项，提请市政府确定承办单位。

《实施细则》实施以来，热线严格贯彻执行。针对同一工单退回热线 3 次以上，热线采取"提前介入，主动协调"的方式开展多层次督办。通过对化解事项的联合审定意见及承办单未认可的条例法规汇总归纳，对符合条件的事项严格执行转派，对个别明确职责的事项永不退单，通过以点带面的方法，辐射同类事项的工单，解决一件事，解决一类事。

以网约车问题为例，近年某地热线收到一系列网约车问题的疑难工单，各类不同问题工单退回热线合计 700 余次，涉及消费者委员会、市场监督管理局、交通运输局、区政府等多个承办单位。正是靠各地 12345 政务热线召开了相关疑难工单协调会议，借助各个部门"自己人"的力量最终推动该疑难事项的破解。国内 12345 政务热线在不断的沟通与协商中，最终梳理出网约车问题的工单转派指引，针对网约车违法违规行为监管、消费纠纷调解以及其他网约车争议事项，明确庞大的"自己人"团队中到底谁该干什么，从根本上解决了网约车问题这一类疑难事项。

四、建立民生事项交办监督机制，敦促"自己人"持续化解民生事项

"民生无小事"，市民通过 12345 政务热线反映的每一个诉求，都是热线与市各职能部门心之所系的"大事"。目前，各市 12345 政务热线建立健全民生事项交办监督机制，通过梳理全年各区十件民生实事和每月接电区政府及市直部门重点事项，交各承办部门限期办理，并定期监控办理和销案进度，建立从事项梳理、事项筛选、事项交付、事项办理、办理情况暗访、事项销案等全闭环的动态监控机制，持续化解市民集中反映的各项民生诉求。

以气味扰民事项为例，某地的市民反映某幼儿园教室新装修，家长担心甲醛等有毒物质残留会危害学生健康，要求相关部门尽快妥善解决气味问题，热线对该问题涉及工单进行梳理与筛选，发现短期内有较多市民反映该问题。上述事项作为重点事项交办区政府跟进处理，建议区政府加强对幼儿园装修后室内空气问题的监管，严格依照国家和城市空气质量安全标准进行定期检查。之后经过持续、动态的监控，热线未再收到反映该幼儿园室内空气质量问题的投诉。

以某市热线为例，通过建立全闭环实时监控机制与疑难复杂事项协调机制，切实帮助广大人民群众解决社会的痛点难点问题，一年中主动协调督办疑难事项达到 1437 件，其中重点交办的 238 件领导接电事项和 324 件疑难事项全部按期办结。各单位针对难点出实招，完善解决问题的工作机制，让市民享受到了普惠性的政府服务。为该市实现"老城焕发新机"，打造舒适的居住环境和具有吸引力的营商环境，建设人民满意的服务型政府起到了强大的助推作用。

五、推进承办部门"自己人"了解热线体系

各地 12345 政务热线通过编制《政府服务热线工作制度汇编》全面解读各项相关政策。《政府服务热线工作制度汇编》涵盖《12345 政府服务热线管理办法》及其解读材料、《12345 政府服务热线管理办法实施细则》及其解读材料、

《12345 政府服务热线管理办法实施细则八十问》及《12345 政府服务热线知识库审查细则》。

热线组织召开全市相关人员参加《12345 政府服务热线管理办法实施细则》（以下简称《实施细则》）解读培训会。选取业务知识水平高的骨干人员组建成立《实施细则》讲师团。培训介绍《实施细则》制定的背景及过程，并按照热线工单流转的流程和环节，结合工单案例对《实施细则》的重点、要点和亮点进行详细解读，加深各承办单位对《实施细则》的理解和认识，推动市、区两级更好地开展热线工作，进一步提升热线服务能力和水平。

采取相应措施后，承办单位对热线体系有了深入的了解，因此工单处理的效率和质量得到了显著的提升。举个例子，某街道有 4 栋房子的四楼以上房间出现了停水现象，市民曾经拨打市自来水公司的电话，但没有解决，长期停水严重影响市民的日常生活，给市民生活带来极大的不便，市民希望问题能够得到尽快解决。接到工单后，热线座席代表将工单派给了属地区政府和自来水公司。自来水公司在现场勘查发现市政管网没有发生爆漏、堵塞问题，恒压变频设施也过了保修期，实际上这个问题不属于自来水公司的责任。但自来水公司委托水泵厂技术人员检查故障泵组，经过紧急维修后，其中一台故障水泵重启后恢复运作，以解决燃眉之急。另外一台水泵由于机件故障已无法维修，需要整个更换。与此同时，客服人员与居委会保持联系，多次联系居民做思想工作，同时征集居民签名，在获得居民同意后为其垫资安装新的水泵。新水泵安装完成，安装人员向居民说明了水泵产权归属及保修时限问题，目前该址恢复正常供水，事件得到了有效的处理，市民对处理结果表示满意。

为了促进市民问题得到有效解决，区政府还建立了区内协调机制：区政府接到工单后，发现是疑难事项则启动区内审定机制，通过区政府内部审定机制来判断工单的归责部门，加快工单的处理，提升解决效率。

承办部门的相关处理人员会由于职责变动等原因更换，因此通过几次培训并不能保证所有承办部门的相关处理人员都能够及时掌握热线的体系和标准。因此，除了《12345 政府服务热线管理办法实施细则》，热线还建立了完整的承办部门相关处理人员的应用指导手册，方便新换岗到位的"自己人"能对这个岗位了解更多，包括相关政策解读、处理流程、申请表等，新任的处理人员只要下载应用指导手册就能够及时了解与 12345 政务热线相关的所有内容，以保证承办部门处理人员处理工单的质量。

第二节　全体系人才建设

除了承办部门的相关处理人员、外部专业人才力量，12345 政务热线内部所有座席代表、支持人员和管理人员就是热线的主力军，如何对他们进行全方位的培养是热线必须考虑的问题。

12345 政务热线属于客户中心的一个细分领域，在人员管理上有与大多数客户中心一样的特点，政务热线的特殊性也导致其具有一些独特的特点。

从客户中心产业本身发展来看，客户中心人才构成的复杂程度、业务处理的专业程度均在大幅度提升，集中管理与分站点、分城市管理的客户中心已经是常见的状态，客户中心的人员规模也在不断扩大，从过去数十人、数百人的规模发展到上千人甚至上万人的规模，而大型、专业的第三方外包客户中心服务商的从业人数超过 20 万人，这意味着对客户中心人员管理的要求也在不断提升。

近几年来，客户中心行业的招聘专家都感受到人员招聘的压力，尤其是在北、上、广这样的一线城市及二线城市，招聘的压力尤其大。还有一个严重的问题，无论是自建型的客户中心还是外包服务中心，其一线员工、基层人员、中层管理人员的流失情况已成为客户中心无法避免的显性现象。近几年的数据分析结果显示，人员的离职原因主要是工资没有吸引力、工作压力大、没有发展机会、变换行业等。再继续深入分析，人员离职的一个重要因素往往是其能力得不到充分发挥且没有明确的职业发展规划。在此情况下，一些客户中心年度流失率高达 100%，甚至 200%，居高不下的员工离职率已经成为制约客户中心发展的重要决定因素，这为招聘、人员培训、人员发展、人员的挽留工作带来很大的挑战。

从目前客户中心整体情况来看，受成本、薪资待遇、工作性质等因素的限制，客户中心从业人员的整体年龄较小、工作经验少，这导致新员工上岗后容易出现以下问题。

(1) 缺乏工作经验。目前，由于招聘压力的增大，为了尽快招到合适的人才，大多数客户中心已加入校园招聘行列，应届生也成为客户中心的招聘目标，这导致新员工一般没有或者仅有较少的社会工作经验，因此在培训期转向正式员工的过渡期往往比有工作经验的员工长得多，需要对其进行职业化培养和教育。

(2) 缺乏专业的工作态度。新员工年轻气盛、缺乏社会经验，导致他们在从事客户服务初期遭遇难缠客户时容易将自己代入客户的负面情绪中，产生冲突，从而引发服务质量问题。

(3) 欠缺服务技巧。在培训期，新员工还没有真正接触过客户，因此很难将培训中讲授的服务技能知识转化为自己的服务技巧；初次面对客户带来的紧张情绪又容易使其出现话术生硬、解释苍白、无法理解客户意图、知识运用不灵活等问题，导致处理业务速度缓慢、差错频发的情况。

对新的座席代表进行系统的入职培训，可以让他们更快地适应组织和工作的要求，更好地服务客户，为公司发展做出贡献。调查显示，客户中心新的座席代表入职后，平均将接受 26.9 天的入职培训。入职培训后，企业要通过师徒机制来帮助新员工加快适应从培训期向正式工作期的转化，缩短新员工的培养周期。入职后的常规培训能帮助座席代表及时学习新的知识，了解客户需求的变化，熟练运用最新的通信技术，有利于座席代表自身和客户中心的发展。CC-CMM 国际标准组织发布的 2018 年客户中心年度报告显示，参加工作一年后，座席代表还会有 16.7 天的年度培训。

按照客户中心类别的不同，为核心座席代表提供的入职培训和常规培训数量也有所差异。通信行业和国有企业的入职培训时间最长，分别为 37 天和 43 天，说明这两类客户中心更重视座席代表的入职培训，希望座席代表能够尽快熟悉自己的工作，适应组织的环境，达到熟练的水平。而金融行业和外资企业则更重视常规培训，分别为座席代表提供了 22 天和 28 天的每年常规培训，主要是因为这两类企业招聘的座席代表素质较高，入职培训所需时间较短。但在工作的过程中，由于这两类客户中心座席代表工作复杂度较高，标准化程度较低，容易出现一些难以预料的情况，而且行业需求变化较快，这就要求客户中心应经常性地为座席提供相应的培训，不断增强他们的竞争力。而与自建客户中心相比，外包客户中心为座席代表提供的培训数量较少，并以常规培训为主。这一方面是因为外包客户中心的工作往往比较简单，容易操作，所需要的培训不多；另一方面则是由于外包客户中心员工流动率太高，为了控制成本，为座席代表提供天数较少的入职培训，但会在工作的过程中对他们进行相应的辅导，每天抽出一定的时间对座席代表进行常规的培训，指出他们工作上存在的不足。

与对企业客户中心人员要求不同的是，对于 12345 政务热线来说，处理经验越丰富、人生阅历越丰富的座席代表对热线就越有价值。12345 政务热线的座席代表每天会遇到各种各样的市民，有时甚至会遇到由于问题无法解决而威胁要做出极端行为的市民，具有丰富人生阅历或者处理经验的座席代表碰到这样的市民处事不惊，能够及时安抚客户的情绪，甚至可以为社会解除未知的隐患。因此对政务热线来说，座席代表这个岗位是一个可以做一辈子的事业而不是像其他的客户中心那样只是"吃青春饭"。为了降低流失率，让座席代表能够在热线部门得到长足的发展，就需要建立完善的人力资源体系，在岗位课程设计、岗位成长体系优化等方面进行全面设计，从员工入职第一天就开始到对其进行全周期的职业生涯发展规划，使员工最终能够成长为各个方面的专家。

由人力资源、培训与发展部门配合，用人部门支持，各部门共同商讨政务热线员工职业发展规划，列出员工可以发展的每一个职级、每一个岗位的明细，以及向该职级、岗位发展所需要的必要技能、服务年限、绩效要求、时长等。

培训部门需要针对职业发展规划来制订相应的培训计划，相关的培训计划可以分为技能提升类、支持专业类、岗位晋升类、管理类，此外还需要确定哪些培训是某一个岗位必须完成的课程，哪些培训是可以选择的提升类课程。培训部门需要为每一个参加培训的员工建立员工学习档案来记录其获得培训的记录与时间、考试分数，由于知识更迭的速度很快，还需要建立哪些培训在一定时间内需要更新和补充，哪些培训在一定阶段后将会失效等机制。

人才发展规划与培训计划制订后，由运营相关部门确认后正式执行。人才的职业发展规划需要从员工入职第一天开始就以可视化的方式呈现给员工。员工入职第一天的入职培训对员工至关重要，也是将热线基因植入的最好时机。

热线管理人员可以与从一线员工发展起来的优秀员工一同出现在新员工见面会中，并由他们讲述自己的成长发展历程，能够对员工的保留与培养起到很好的作用，让新的员工看到机会与希望并努力留下来，与企业共同发展和成长。

由于 12345 政务热线所处行业的复杂性与业务发展的特殊性，在新职场建立、业务发生变化、人员异动时，人员储备的重要性就会凸显出来。热线的人员储备计划一般如下。

(1) 制定每一个岗位的岗位说明书。

(2) 明确各岗位的职责要求，并对岗位说明书所列明的技能、素质要求等进行量化。

(3) 对每一名员工的信息进行整理，通过人员的工龄、学历、语言能力、职业技能、个性特点、个人发展的意愿等进行分析，确认其职业发展方向以及向该职业方向发展所应该具备的技能。

(4) 结合热线的培训规划，将员工需求进行整合与管理。

(5) 定期回顾人员储备计划的执行状态。

12345 政务热线在人才培养方面把自己定义为"政务人才孵化基地"，为了实现这个目标并且辅助员工实现其在热线部门的职业发展目标，12345 政务热线在人才培养方面设计了三大体系：培训体系、能力提升体系和认证体系。图 16-3 所示为某地 12345 政务热线人才培养体系。

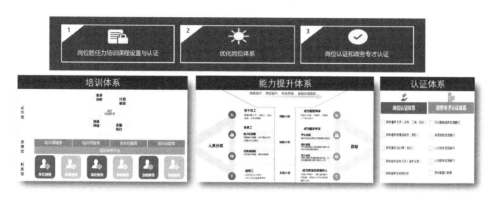

图 16-3　某地 12345 政务热线人才培养体系

12345 政务热线的能力提升体系分别针对新员工、老员工和骨干员工设计不同的培养机制。针对不同层面、不同需求的员工制订培养计划，提供技能提升课程，使员工的个人潜力得到最大限度的发挥，拓宽员工职业发展规划的方向。

一、启航计划——培养职业政务服务人

新员工培训是每个企业都非常重视的模块，绝大多数客户中心都制订了完善的新员工培养计划，但大部分的新员工培训质量都有待提高，这导致新员工的流失率大大提升。相关机构调研表明，客户中心的流失主要发生在新入职 3 个月内及入职 2~3 年这两个阶段。12345 政务热线和大多数客户中心一样，将新员工培训分成理论培训期和实操期。

某地 12345 政务热线的理论培训分成以下几个模块。

文化熏陶：文化建设对企业来说非常重要。例如，阿里巴巴进行新人培训时会花一个月的时间反复进行文化"洗脑"，以"客户第一"为线索，还原阿里巴巴的核心价值理念，有机连接新员工与客户的关系；通过与 8 年以上员工经验的分享、与高管面对面地交流，来传递阿里人的精神与秉持，建立新员工与组织历史、文化的连接。当地 12345 政务热线也非常重视企业文化培训，从 12345 政务热线的愿景、使命、核心价值、这个职业为市民带来的价值、热线的发展、目前所取得的成绩等角度进行文化宣导，增强员工对热线的认同感、对岗位价值的理解，同时通过一系列的活动和竞赛帮助员工更好地理解热线的文化。

法律法规和常识应用课程：对于热线的座席代表来说，法律法规是最重要、最基础的内容。大部分市民的问题咨询和投诉请求都需要依据相应的法律法规进行处理。为了培养职业的政务服务人，热线在新员工培养阶段力求帮助新员工掌握最基础、最常用的法律法规知识，减轻员工上岗后的压力。

服务技能技巧培训：对于新员工，尤其是从未从事过话务岗位的新员工来说，如何与市民进行既专业又亲切的沟通是一件不容易的事情，因此要通过电话沟通礼仪培训来帮助新员工掌握电话沟通中的发音发声技巧，既让市民觉得亲切热情，也尽量保护员工的嗓子。

系统操作技能培训：系统操作的熟练度会直接影响员工回复客户的速度，对系统操作的不熟练也会导致新员工产生紧张情绪。热线需要通过反复的实操演练和游戏竞赛帮助新员工掌握系统的操作技能。

带教是新员工在业务操作初期的实战导师，对员工的处理习惯与服务意识都有较大影响。热线在选择新员工带教老师时应进行全方位、多元化的考量，包括业务能力、授课能力、沟通能力及帮扶新员工的意愿。热线在经过综合评估后再公开选拔带教老师，并对带教老师进行培训使其掌握辅导新员工的技能，培训内容包括带教工作细则、新员工各阶段带教重点和目标，以及基础带教方法，给予带教人员工作指引。另外，还要对带教老师进行定期考核，形成竞争机制。在新员工上岗初期，热线会根据实际情况由带教进行一对一、一对二、一对三的辅导。

热线的带教方式包括跟听学习、常见问题辅导、电话实时辅导、疑难问题答疑和差错分析，对新员工的流程理解和实际操作进行全面辅导。对带教尺度不统一的情况，热线还提供了统一的反馈平台，由管理人员进行解答，帮助带教解决一些特殊的疑难问题，提高带教质量及效率。

二、续航计划——培养服务专家

新员工上岗三个月后，已经逐渐掌握了基本的服务技能，其业务能力逐渐成熟，为了帮助员工成为服务专家，热线与中山大学联手设计了政务专业的课程，包括行政管理类、社会保障类、社会医学与卫生事业管理类、土地资源管理类、教育经济与管理类、政治学类和综合类课程。热线除根据实际运营情况为在职员工提供技能提升以及加强业务能力的在职培训，在其绩效成绩达到要求后，还为其提供政务专业类培训，提升员工的业务服务能力，使座席代表能够更清晰地解释政策法规，提升市民的服务体验。

三、领航计划——成为管理专家

对具备管理潜质的骨干员工，如管理储备、班长、质检、培训、业务支撑等岗位人员，热线根据这些岗位的胜任能力要求，为其设计了管理能力训练营，通过理论知识培训、实战模拟、作业辅导等形式帮助其掌握相应技能，使其成为管理专家。

热线同时为优秀员工或骨干员工提供晋升学习的机会——为专科学历的员工提供免费就读自学本科的机会，为本科学历的员工提供免费就读在职研究生的机会，激励各层级员工不断提升，为热线做出更大的贡献。

随着员工工作价值观呈现多元化发展的趋势，员工对工作的期望除了获得薪资、归属感、人际关系、发展机会，更多的员工开始关注自身的成长。如果员工在企业中一味地输出才干而不能获得输入，也就是说自身没有得到成长，能力没有得到提高，他们对工作的兴趣或热情也会消减。

能力诊断可以帮助员工找到自己当下努力或未来努力的方向，技能评鉴是员工能力诊断的主要方法，提升员工能力，首先要让员工清楚地知道自己与组织要求的标准还存在哪些差距，因此，制定一套岗位胜任标准是非常重要和必要的。热线不同岗位、各岗位不同层级的员工的能力要求是不一样的。岗位胜任标准从"人职匹配"的角度分析完成特定岗位工作任务应具备的条件，它是针对完成工作任务而言的，即岗位标准能够保证被试者在特定岗位完成的工作任务。

胜任力模型就是针对特定职位表现优异要求组合起来的胜任力结构，是一系列人力资源管理与开发实践（如工作分析、招聘、选拔、培训与开发、绩效管理

等) 的重要基础。麦克利兰认为胜任力模型是"一组相关的知识、态度和技能，它们影响个人工作的主要部分，与工作绩效相关，能够用可靠标准测量和通过培训和开发而改善"。吉尔福德则认为，胜任力模型描绘了能够鉴别绩效优异者与绩效一般者的动机、特质、技能和能力，以及特定工作岗位或层级所要求的一组行为特征。胜任力模型是近年来随着我国人力资源管理理论和实践能力的不断提高而提出的一个全新的概念。胜任力模型具体含义为：对组织或企业中的某一个职位，依据其职责要求所提出的，为完成本职责而需要的能力支持要素的集中表示。它能够具体指明从事本职位的人需要具备什么能力才能很好地满足该职位职责的需要，是人们自我能力开发和学习的指示器，同时人力资源管理工作者或职位的直线经理可依据该模型对员工进行有针对性的在职辅导，以使员工或从事该职位的人员具备所需要的能力。该模型还可以作为人力资源管理工作者对员工及从事该职位的人进行职业生涯规划的基础，也可以作为制订培训规划的依据和信息源。

培训是人力资源开发的核心，准确把握培训需求，是实现高质量、高效率培训的前提。而"哪些方面需要培训""员工需要哪些培训"等问题是首先需要解决的，即培训内容是培训需求分析的关键。员工胜任力模型的构建过程不但可以评定各层次员工现有的能力水平和素质现状，并且这些信息是量化的，有可比性，这种差距就是培训的内容和目标所在，即发现员工的能力素质短板，对症下药，有针对性地设计培训内容和培训课程。

热线通过以下步骤完成岗位胜任标准的制定。

(1) 寻找测评指标。利用工作分析问卷和访谈法，在梳理岗位工作目标和工作职责的基础上发现岗位所需的任职资格 (KSAO 模型)。

利用行为事件访谈法发现待测岗位成绩优异者与成绩平平者存在的素质差异，发现在岗位上创造优异成绩所需的素质指标，即胜任力模型。通过与员工沟通访谈了解到目前亟须提升的指标都是员工的基础素质指标。

(2) 确定了各指标名称后，将测评指标类别进行划分，并进行指标定义，分解测评指标素质剖面和典型行为，选择测评指标的测评方法组合。

(3) 在制定测评指标方面，注重细节分类并量化，将同一岗位绩优者与一般者之间的数据进行分类，分成几个素质群，每个素质群包括数量不等的素质维度，每一个素质维度用不同的素质等级来表现，通过素质剖面将素质指标具体化、结构化和行为化，使数据具备可观察、可测量、可评价的特点。

(4) 实际测试环节，测评能够帮助热线更客观地了解某个员工是否具备胜任某项岗位的能力素质，辅助定级工作的有效展开。

完成胜任力模型后，热线根据业务难易程度及政务服务方向，搭建了立体化的认证体系，包括等级认证体系、岗位认证体系和政务专才认证体系。认证体系的搭建能够帮助员工明确在热线的发展方向，提高员工的稳定性，实现热线全体系人才建设的最终目标。图 16-4 所示为某地 12345 政务热线认证体系。

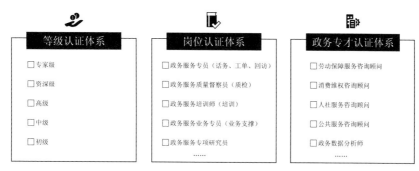

图 16-4 某地 12345 政务热线认证体系

第三节 系统、机制的赋能

不少市民对各地 12345 政务热线的印象可能是，接线人员一手拿着话筒与客户沟通交流，一手用笔记录市民反映的问题，然后凭着对政府业务的熟悉，将答案告知市民，如果自己没办法解决，则将问题转发给相关部门处理。

其实，现状早就发生了翻天覆地的变化。12345 政务热线有庞大的接线人员团队，他们坐在计算机前，头戴耳麦，一边与市民沟通，一边在计算机上记录市民问题，查询相关资料回复市民。遇到投诉，则派工单给相关部门处理。

随着新型沟通工具的出现，12345 政务热线一直在与时俱进，积极推出政府服务的各项新沟通方式等，方便市民使用。

一、科技赋能运营，多渠道服务更高效

比如早在 2015 年，某地 12345 政务热线已经推出 12345 微信公众号。截至

2022 年 10 月，该地市 12345 政务微信平台的功能分为三大模块：一是微服务，包括六稳六保服务、投诉建议、穗康、立拍、领导接电；二是微资讯，包括公积金助手、市民卡查询、医保待遇、秒查、政务热点；三是微互动，包括进度查询、在线客服。其中，"六稳六保服务"助手通过目录菜单点击问答的交互形式为市民提供权威资讯，含惠企信息、企业或个人关注度较高的有效信息及疫情期间暖企政策等方面的热线业务；"公积金助手"通过菜单点选和文字输入的形式实现人机交互，为市民提供公积金业务咨询与指引，包含公积金提取、公积金缴存、公积金贷款、公积金网上办事等方面的热点业务信息。

广大市民在关注各地 12345 政务热线微信公众服务号后，需要先进行客户资料注册、客户账号绑定 (手机号 + 验证码)，绑定客户账号后就能提交各类诉求、进行在线交流等。

考虑到市民在微信中提交诉求没有人工辅助，信息填写不全可能导致无法及时为市民解决问题，各地 12345 政务热线结合话务渠道的各类工单模板，以市民反映的事项为维度，制定了结构规范、简明，要素全面且通俗易懂的市民下单模板，市民可根据模板填写相关要素信息，并可上传事发地点的照片，及时反映真实情况。

只要市民们根据需求填写要素并下单，12345 政务热线的工作人员收到投诉内容后就会及时进行处理。市民还可以在"进度查询"栏目查询到工单处理进度，方便、快捷。

对希望了解更多政府相关部门办事指南、工作动态的市民，则可以在"政务热点"栏目中获取热门话题、工作动态和知识查询等信息。

此外，某些地市的 12345 政务热线还推出"12345 自助查询"微信小程序，提供"秒查""秒下单"功能。

"秒查"主要提供办事咨询、信息查询功能，选取目前市民较为关注、热线话务量最多的业务类型，共有商事登记、公积金 (贷款指南、提取、密码重置、缴存查询、贷款查询)、公安 (户口、出入境、身份证、户政预约、出入境预约、违章查询、车管业务)、医保 (医保待遇、异地就医)、生育保险、社保 (参保咨询、关系转移、参保常见问题解答)、就业 (登记、拖欠工资)、办事地址、社保卡查询等 23 个模块。"秒下单"主要提供快捷投诉、举报的功能，以社会热点诉求为导向，包括立拍下单、停水电 / 水浸 / 自然灾害、拖欠工资、物流快递、垃圾分类、不动产登记 / 地籍测绘和企业服务 6 个模块，其中立拍下单主要包括城管（乱摆卖、市容环境、施工扰民、违章建筑、井盖破损）、交通（乱停车、非法运营、出租车投诉、公交车投诉/建议）、环保（工业噪声、生活噪声、商贸噪声、大气污染/油烟、污水）三大类业务。

各地领导们来12345政务热线接线时，广大市民会非常积极、踊跃致电。考虑热线繁忙，市民诉求不能得到充分受理的问题，某些12345政务热线从2019年起开展各区领导接电微信渠道预受理工作。市民可根据12345微信公众号发布的接电预受理公告和提示，在指定时间内通过微信公众号"领导接电"功能提交诉求，预受理事项将提交接电领导，批示后，转派接电单位办理。

这一科技赋能的方式提升了工作效率，能让更多受到市民关注的问题得到尽快解决。为加强"互联网+热线服务"的深度融合，各地12345政务热线开展智能化热线服务平台建设，实现多渠道信息集合、全流程查询、个性化信息精准推送，为市民提供更加便民、智能、高效的热线服务。

1. 中央大脑知识库，快速响应好帮手

热线、微信、小程序，都是普通市民接触12345政务热线的服务接口，12345政务热线内部还有庞大的内部知识库系统、派单流转系统、云平台等，这对市民来说，都是黑匣子，但对12345政务热线来说，它们都是提升工作效率不可或缺的技术好帮手。

比如12345政务热线的知识库，正是有了这个中央大脑，任何一个12345政务热线的客服人员才能检索到各种市民所需的资料，为市民们提供精准的解答。12345政务热线的知识库能连通全市各级承办部门，采集和管理各部门报送的知识内容，形成"功能操作易、信息检索快、知识定位准、搜索结果精"的本地热线知识集群，为12345政务热线的客服人员及时解答市民咨询、准确派发诉求工单提供有力保障。

举例而言，截至2020年底，某地12345政务热线的知识库有知识点2万余条。正是在这个庞大而高效的知识库支撑下，该地市12345政务热线的电话渠道一次性解答率85%，同比上升0.12%；互联网渠道一次性解答率81%，同比上升0.03%。

2. 智能客服助理，打造政务服务专家

政务热线客服中心受理的市民来话业务复杂多样，以某地12345政务热线

为例，其事项分类高达 1913 个，工单子表 20 000 多个，话务员平均话后整理时长达 1.2 分钟，其中以销售维权工单填写最为复杂，平均一张工单有 42 个要素需要填写，平均整理时长将近 2 分钟。随着业务量的不断攀升，该地 12345 政务热线管理部门积极致力于智能化建设，在解决市民诉求的基础上，以提高客户体验、服务效率、服务水平为目标，以数据驱动和服务驱动为主要方式，构建全方位、一体化、智能化的价值服务中心体系。

该地推出"某小助"作为一款为复杂政务场景量身订制的智能客服应用，经过近两年的研发和现场打磨，于 2020 年上线 12345 客服平台。

作为一名全技能型的 AI 座席助理，"某小助"在客户中心服务全流程的若干关键点发挥重要作用。通过对一些服务关键点的支撑，能够把每一位座席员都打造成政府服务专家；同时，它还胜任一些独立工作场景，如 IVR 智能导流、机器人回访等，是名副其实的优秀 AI 雇员。

"某小助"的主要功能包括：对语音进行"同屏转写"，对服务过程的交互信息，客服人员在"听到"的同时也能"看到"；可以智能建立、填写工单；通过同步质检、服务质量监控，提升服务水平；准确识别事项类型，抓取相应工单模板提供给客服人员，对识别有问题的事项通过人工干预反哺机器训练，可以越来越精准、高效地服务市民。

由于工单流转几乎覆盖了客户中心服务全流程，因此机器人建单、填单成为这款应用的核心能力，它包含以下几项关键技术。

事项识别：通过语义分析识别来电诉求并命中事项分类，并选中工单模板。研发团队前期通过大量的事务标注和训练量，来保证识别的准确率。

无接口知识跟随：座席在服务市民时，会遇到很多对专业性要求非常高的知识场景。"某小助"通过捕获上下文信息，做到知识跟随和自动跟进检索，匹配到相应的知识点，而无须像以往一样去寻找知识库接口 [①]。

无接口自动填单：由于"某小助"具有文本同屏、划词复制功能，机器可直接获取座席与客户实时通话语音流，并进行通话实时转写推送。同时，当来话事项被识别分类后，该类事项的关键点会被标红提示，座席通过画线方式可直接拉动数据自助填单。

---

① 知识库的整理与维护通常是由政务系统内各个单位分别进行相应的知识录入和维护，因此会有不同的接入点，即接口。

通过引入 IPA 流程机器人，人工只需要对机器人提供的内容列表进行审核，补充缺失内容，然后一键填单。

"某小助"上线以后，该地 12345 政务热线的人工服务压力得到大大缓解，仅在填写、整理工单这一项业务上，就实现了一倍多的效率提升。而这种能力其实是基于 20 多万通来话与上万个工单模板的机器训练取得的成效。"某小助"提供的服务实时监控和质检功能可对有问题、不合规的服务及时告警，由人工接管，及时进行补救。市民对服务的满意度也由此大大提升。

3. 大数据共享平台，提升城市治理水平

对需要派发给承办部门的工单，可以通过"数字基础应用平台"汇聚的标准地址库及实有人口、房屋、单位信息等数据进行定位。近年来，部分 12345 政务热线系统 90% 以上的投诉工单通过市标准地址库实现了准确定位，提升了工单派发效率和处理精确性，避免了工单错派带来的二次派发，节约了当地 12345 政务热线和承办部门的宝贵时间。

近年来，大数据应用在各行各业开始广泛应用，使得沉淀已久的海量数据可以精细化颗粒的方式呈现个体特征。但相关研究中心认为，政务热线仍存在数据共享和开放程度不高的现状。全国的政务热线获取的数据中，近九成数据只供内部运营使用，1.5% 供考核承办单位使用，3% 左右供相关部门改善运作使用，1.8%供本市政府领导决策使用。

少数 12345 政务热线通过利用大数据共享平台，实现了对海量数据的利用，便于决策部门掌握社情民意、精准化实施城市治理，更好地服务广大市民。

部分 12345 政务热线在全国首次建立城市治理投诉大数据共享平台，通过该平台，这些 12345 政务热线可以实现自动数据分析和热线数据可视化展示。

对 12345 政务热线内部运营来说，城市治理投诉大数据共享平台能实现数据分析自动化。系统可以自动识别来电涉事地址所属区域、街道或乡镇、社区居委会，自动化分析热点问题，改变人工处理的模式，支撑完成热线数据分析报告，提高发现问题的效率和有效性。

12345 政务热线还可向外部政府部门输出城市治理精细化管理数据。城市治理投诉大数据共享平台可以实现热点数据动态可视化展示，根据热线数据开发投诉热点分布热力地图，精准定位市民关注度高、反复出现频率高的黑点与难点问题及所属区域，并动态呈现市民诉求发展趋势。夜间施工、占道经营、环境污染

等扰民问题在"CT 机"的扫描下，问题发生的区域、位置分布，可以通过全市城市治理的热力图清晰展现，与领导接电单位共享分析结果，直观发现问题，让各部门单位共同精准打击问题难点。

城市治理投诉大数据共享平台"激活"12345 政务热线。从开通运营至今的全样本数据，以市民诉求、事项发生时间、地域等多维度为切入点，通过大数据分析平台，实现系统自动识别来电涉事地址所属区域、街道或乡镇、社区居委会的功能，对热线咨询类、投诉举报类、消费维权类、城市治理投诉类等热点问题进行详细分析，聚焦社情民意，透视社会治理短板，直观发现热点、黑点、难点区域，助力"热线用数据说话、政府用数据决策"。

有数据显示，自 2017 年至今，某地 12345 政府服务热线共发布 10 期大数据分析报告，从"城市治理类投诉热点"到"关于消费维权市民投诉最多的是什么"，再到"市民最关注五险一金什么问题"，实现快速从海量数据中发现疑难热点问题和矛盾隐患，并通过媒体向全社会曝光。

一方面，各级政府通过 12345 政务热线发布的数据分析报告，找到了城市治理中的"疑难杂症"，掌握了管理和监管工作中的薄弱环节，有针对性地开展执法和专项整治，让问题相关的区、街(镇)、社区都动起来。从制度创新的角度破解城市治理热点、难点，将传统被动的、大水漫灌的管理转变为主动的、精准滴灌的治理，为深化改革、完善城市治理提供决策支撑，形成提高城市治理水平的良好态势。另一方面，12345 政务热线用"一图读懂"的形式发布数据，让当地的民声热点数据变得透明、易懂，让公众在了解信息、参与监督的同时感知政府对优化治理的诚意。

各地 12345 政务热线深化政务大数据的分析与挖掘，创新数据应用新形式，打造精准社会治理的"CT 机"，实现对社会治理的"精准打击"，节省了日常执法成本，从市民接受"被动服务"转为"市民点菜、政府服务"的模式，以"小热线"创出"大格局"，提升城市公共服务能力。

此外，部分 12345 政务热线通过与市政务信息系统实现互联互通，完成热线咨询投诉数据"横向到边、纵向到底"的开放共享，横向包括咨询、投诉、求助、举报、建议五大诉求类别，三级共 1913 项事项分类覆盖 127 个部门；纵向以市、区、街、社区四级一体化数据流转体系有效支撑起热线接听、办理、跟踪、监察等业务。

通过建设全媒体立体化互动服务体系，整合话务、微信、网站等多渠道资源，多地实现了与城市紧急救助中心、政务服务中心、网上办事等信息系统的互联互通，形成集咨询、投诉、举报和行政审批等信息为一体的全市热线数据库，为市民群众提供全方位、多渠道、一体化的政府服务支撑。

5G 技术正在逐步商用，部分 12345 政务热线已经提前部署，开展 5G 与热线结合的前沿研究和技术储备，通过 5G 实现精准、快速定位和 3D 地图，精准确定致电客户位置，为市民提供细颗粒度信息，为后台工单处理承办部门提供精确位置信息，加快工单处理效率。

AI 技术的应用方兴未艾，在智能交通、环境监测、应急联动、公共服务、公共安全、医药卫生等各个政务信息化领域全面开花。12345 政务热线正逐步通过 AI 应用的政务信息，为广大市民提供更为便捷的服务。

通过这一系列已经实现和正在逐步实现的科技赋能举措，如某地 12345 政务热线 2022 年累计受理工单 1800 万件，其中涉及环保、交通、城市管理、城乡建设重点行业热线受理工单量 106 万件，为市民排忧解难，树立起优质的执政为民形象。

二、机制的赋能，12345 走得更稳

自成立以来，各地 12345 政务热线始终坚持"以人民为中心"的指导思想，为市民提供智能、高效、便捷的服务，实行"统一接听、按责转办、限时办结、统一督办、统一考核"工作机制，为全市市民提供"一个号码、一站式服务、一体化处置"的服务，并一直不断完善系统、建章立制提升服务效率和服务产能。

1. 知识库上传机制，让信息更准确

以某地 12345 政务热线举例而言，该地作为一个省会城市，被定位为国家中心城市、超大城市，全市下辖十多个个区，常住人口 1000 多万人，拥有国家高新技术企业 8700 多家，集结全省 80% 的高校、70% 的科技人员，在校大学生总量居全国第一。

该地的各个角落每天都发生着各种变化，为了治理好这样一个庞大的城市，市政府的各职能单位经常会出台各种政策法规。虽然传统新闻媒体、互联网媒体等都会将这些变化广而告之，但还有很多市民平时并不太关心这些消息，只有需

要时才会拨打 12345 了解相关内容。

为了给市民提供及时、准确的信息，12345 政务热线建设了知识库系统，并与各承办单位沟通，请各承办单位及时提供信息。

2018 年，为充分调动各承担单位的积极性，当地 12345 政务热线在《12345 政府服务热线管理办法实施细则》增加了相关条款，明确各承办单位更新维护知识库的职责，内容如下。

第四十五条　承办单位负责知识库更新维护，主要职责包括：

（一）配置本级及以下知识库人员岗位权限；

（二）制定知识库子目录，以及知识点新增、修改、审核、下架等具体操作；

（三）接收知识库通知，及时处理知识点反馈和上传解读材料；

（四）对热线中心就原有知识点拆分、关联等调整的审核；

（五）制作市民版知识点；

（六）接入、共享、使用知识点内容。

第四十八条　知识库按照采编、审核、发布、下架等流程进行管理维护：

（一）知识点采编：承办单位根据业务需要及热线中心反馈的新增、修改、拆分、关联等需求，按照知识库目录层级和格式要求，对知识点内容进行采集、编辑；

（二）知识点审核：按照"谁提供、谁审核、谁负责"原则，承办单位围绕知识分类、业务内容、相关链接、关键字等方面，对本单位已采编或热线中心提交的知识点进行修改完善，确保其内容合法、完整、准确、有效，并在 5 日内完成审核操作；

（三）知识点审查：热线中心对承办单位提供的知识点内容及形式进行审查；

（四）知识点发布：知识点通过审查后即正式发布，可供 12345 热线业务系统及微信、网站等渠道查询使用；知识点未通过审查，不得发布和使用；

（五）知识点下架：知识点已超过有效期限，或存在错、漏、长期无人使用、不符合相关规定等情形时，经承办单位审核后进行下架操作。

第四十九条　承办单位起草的规范性文件和具有公共事务作用，涉及公民、法人或者其他组织权利义务、切身利益或重大公共利益，社会关注度高或专业性强的通知等文件，应在市政府门户网站、本单位网站、媒体上公布时，同步将文件上传至热线知识库。

热线中心根据承办单位报送的知识点，向诉求人提供指引服务。

该地 12345 政务热线还在《12345 政府服务热线管理办法实施细则》中明确，知识点提供的标准，便于 12345 政务热线的一线工作人员能以简单易懂的方式向市民提供专业性知识，内容如下。

第四十六条　知识点内容应明确法律法规、政策规章、规范性文件依据、适用范围、适用主体、适用条件、关联关系、常见问题解答等，并按照以下标准提供：

（一）涉及提交资料的，应明确资料获取途径、资料填写说明、资料样例等；

（二）涉及事项受理范围、采集要素等操作规范的，应书面发热线中心确认后，再作为知识点上传；

（三）涉及非实体渠道系统操作的，应提供相关操作步骤图文演示、系统故障报障渠道等；

（四）涉及专业术语的，应对定义的内涵和外延作详细解释；

（五）涉及查询电话的，应注明是否对外，以及可提供的信息查询范围等；

（六）知识点应根据法律法规、政策规章、规范性文件等相关规定，明确有效期限，没有相关规定的预定知识点有效期限为 1 年，每年发回承办单位审核确认；

（七）知识点的内容应当包含法律法规、政策规章、规范性文件依据，或者承办单位的其他行政依据，没有明确依据的内容，原则上不能作为知识点报送知识库。

考虑到 12345 政务热线在与广大市民互动时，会对知识点有疑问，《12345 政府服务热线管理办法实施细则》中也明确了各承办单位解读、反馈知识点的职责，并详细规定了解读的方法，内容如下。

第四十七条　热线中心根据话务员、市民等渠道反馈意见，向承办单位发起知识点反馈：

（一）话务员在工作中发现知识库内容错、漏、过期，或表述不清、内容不完整、内容重复、前后矛盾、新旧冲突、引用失效等问题；市民在微信、网站等渠道发现并提交上述问题；

（二）经热线中心审查后，向承办单位发起知识点反馈；

（三）承办单位根据知识点反馈内容，进行知识点采编、审核、发布等操作后，提交反馈结果，或对无须进行操作的原因予以说明；

（四）热线中心对知识点反馈流程予以督办、考核；

（五）承办单位应在 5 日内按时完成知识点反馈操作。

第五十条　热线中心认为承办单位上传的知识点需要解读的，按照以下程序将解读材料上传热线知识库：

（一）话务员在工作中发现知识点缺少解读且实际需要解读的，或解读材料不符合要求的，经热线中心审查后，向承办单位发出知识点解读通知；

（二）按照《市政策文件解读工作实施办法》的规定，需要对文件进行解读的，承办单位应自收到通知 5 日内，将文件连同解读材料一并上传热线知识库；

（三）经承办单位确认，需要解读的知识点不属于其解读范围的，承办单位应自收到通知 5 日内告知热线中心并说明理由。

第五十一条　知识点解读应通俗易懂，通过问答、举案例、图文、音频、视频等形式，进行形象化、通俗化解读，方便公众理解政策，有针对性地释疑解惑，主要包括：

（一）涉及公民、法人、其他组织权利义务、切身利益，需要社会公众知悉、执行、配合的内容，应说明具体的做法；

（二）涉及办事等公共服务事项的，说明办事的受理单位、地址、联系方式、受理条件、材料、流程、时限以及审批标准等；

（三）涉及政策中的专业术语以及社会公众可能误解、疑问的内容，应进行解释；涉及数据计算的，应举计算示例；

（四）涉及新政策，应说明政策适用的范围、施行时间、注意事项、常见问题等；涉及原有政策修订的，应说明新旧政策施行的衔接、常见问题等。

12345 政务热线督办工作应坚持问题导向，遵循注重效率、讲求配合、务求落实的原则。《12345 政府服务热线管理办法实施细则》中明确了 12345 政府服务热线对各承办单位在知识点方面的考核分值，内容如下。

在"第六十一条：电子监察指标分为时效异常指标和流程异常指标"中，专门列出知识点逾期反馈指标。

第六十八条中说明，月度基础考核共计 100 分，其中知识点按时响应率占 12 分、知识点正确率占 8 分。

第六十九条中说明，加分项考核共计 20 分，其中市民版知识点制作占 3 分、全部知识点按时响应占 3 分。

第七十条中说明，减分项考核共计 20 分，其中知识采编一次性通过率 90% 及以下扣 2 分、不按时提供知识点解读材料扣 2 分。

依托已经实施的《12345 政府服务热线管理办法实施细则》，12345 政务热线的信息来源机制将有规可循，及时、完整、易懂，更好地服务于广大市民。

2. 解决问题有高招，群众满意度影响干部选拔

谈到《12345 政府服务热线管理办法实施细则》，得回溯到若干年前 12345 政务热线的高负荷运营。

某地 12345 政务热线月均话务量逼近 60 万，每月从几十万的工单数据中通过对比问题数量，分析事项分布区域、问题表现、解决问题的意见和建议等，对当月市民反映强烈的劳动社保、夜间施工、环保污染、网络购物、消防安全、交通安全、物业管理、共享单车等 30 多类民生问题进行深度分析，印发一期热线工作简报。

同时，当地 12345 政务热线统计各承办单位的按时完成率、市民满意率、办理时长、知识点反馈处理及时率等关键指标，并进行排名通报，倒逼承办单位采取措施解决民生诉求。

该地 12345 政务热线简报分析的问题也得到了时任市领导重视，简报中的夜间施工问题得到时任市委书记、市长的批示，要求市政府各分管领导高度重视。市城管委根据市领导批示，向热线调取 3—6 月的夜间施工数据，集中力量整治市民投诉较多的夜间施工工地。有市民在区领导接电时反映商铺存在占道经营问题，副区长指示街道办到场处理。街道综合执法队接到工单后，立即牵头联合公安、食药监、属地居委会等部门开展综合整治，对求助人举报的商铺进行整治，对存在的占道行为进行了有效整治和处理。

热线数据成为效能监察的标尺，定期对承办单位办理政府服务热线工作的效能情况进行考核，并通报考核结果，考核结果已成为各级政府、各承办单位干部选拔任用和评先评优的参考，调动了各单位积极解决民生诉求的积极性，提高了市民的满意度和获得感。

市人民政府办公厅出台《关于印发 12345 政府服务热线管理办法的通知》，要求各区人民政府，市政府各部门、各直属机构认真贯彻执行。

管理办法中明确了各承办单位的问题解决时限，并将群众满意度纳入政府目标管理考核体系。

这种重视市民满意度的做法，得到当地媒体的高度赞誉，发表了题为《干部看过来！12345 热线群众满意度将影响你的选拔任用》的文章，也倒逼各承办单位高度重视 12345 政务热线反映的问题，积极解决市民提出的各类合理诉求。

12345 政务热线在运营中不断优化、细化各类问题机制，在《12345 政府服务热线管理办法》出台后，又推出《12345 政府服务热线管理办法实施细则》，将问题解决机制的各项内容细化，更具实操性。

12345 政府服务热线以打造精准社会治理的"CT 机"为目标，从问题处理制度创新角度探索破解城市治理热点、难点，助力社会治理精细化。通过输出热线数据分析成果，便于各级政府部门及时掌握管理和监管工作中的短板，使行政决策更接地气、社会治理更加高效。

第四节　赋能体系让热线如臂使指

至今经过多年的建设，各地 12345 政务热线基本整合了全市各个区县、多个市直部门的数条服务专线，包括劳动保障、国土城管公积金、消费维权、公安业务、综合服务、企业服务等话务队列提供服务。

根据国际惯例，人均 GDP 达 1 万～2 万美元时，城市病症突出，部分12345 政务热线接听市民话务量逐年增长，不少热线几年下来可能接听市民来电超过 2000 万通，多数热线的总体接通率能达到 90% 及以上。各地 12345 政务热线话务量均呈逐年上升趋势，事实上成为重要的市民诉求采集口和储存库。

12345 政务热线基于"便民、智能、高效"的理念，通过健全工作机制、优化团队建设、深化大数据应用、拓展平台功能模块等，引领热线服务在标准化、智能化、精细化的道路上走向深入。同时，政府服务热线通过热线数据汇聚、分析、对比等构建数据分析研判平台，实时、全面地感知市民需要的政务服务信息，及时、精准地发现城市治理的薄弱环节，通过输出投诉云图显示投诉热点区域、涉事区域工单总量、全市投诉问题、全市涉事地址工单量居前的街道、相应的热力图，方便政府各职能部门及时发现疑难杂症，使城市治理有依据。

12345 政务热线成为社会"民声"传递的重要渠道和政府社会治理"症结"的"CT 机"，针对民反映强烈的劳动社保、夜间施工、环保污染、网络购物、消防安全、交通安全、物业管理、共享单车等 30 多类民生问题进行深度分析，定期向社会和政府各部门发布热线工作简报，为服务优化、部门执法和政府决策提供重要的参考依据。

各地 12345 政务热线统计各承办单位的按时完成率、市民满意率、办理时长、知识点反馈处理及时率等关键指标，并进行排名通报，倒逼承办单位采取措施解决民生诉求，推动各承办单位将"以人民为中心"的执政理念落到实处。

第十七章 政务热线九维成熟度评价体系

客户中心成熟度模型是当前评价各客户中心平台运营水平的标准体系，目前市场的主流标准体系都是针对客户中心运营管理层级，缺乏对政务热线内外部支持及投入、数据化水平、智能化水平、开放水平、社会影响水平、热线价值等层级的指导及评价，因此现行的国家和行业标准无法满足政务热线的评价需要。

以综合治理体系为热线发展指导，为政务热线运营提供一套科学、综合且具有前瞻性的评价体系，能够助力政务热线转型成为便捷、高效的服务平台、协同治理的重要枢纽和智慧治理的有力支撑，同时为政务热线服务水平阶梯式进化提升提供框架蓝图，为推动国家治理现代化最大限度地贡献热线智慧。图 17-1 所示为九维成熟度评价体系。

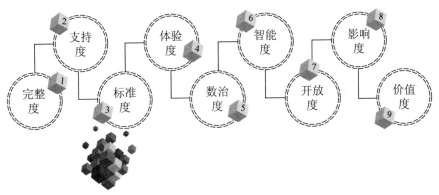

图 17-1　九维成熟度评价体系

九维成熟度评价体系以政务服务中心对现代化治理中国模式和市民幸福的贡献为价值取向，总体评价标准囊括了完整性、科学评价和执行评价三个方面。对科学评价更侧重，占比 70%，包括合理 (30%)、一致 (20%)、全面 (20%)、可行 (30%)，而执行评价占 30%。图 17-2 所示为九维成熟度的科学评价。

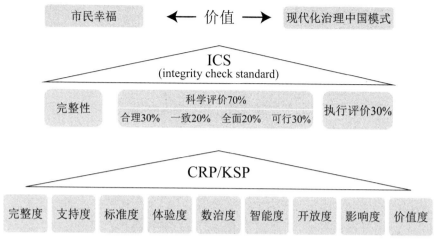

图 17-2　九维成熟度的科学评价

基于该评价标准，九维成熟度标准模型从完整度、支持度、标准度、体验度、数治度、智能度、开放度、影响度、价值度九个维度来科学评价政务服务中心。

第一节　完整度

九维成熟度评价体系的完整度指标关注政务热线服务范围、服务渠道、政策法规、制度体系的整体建设与构成，确保政务热线具备可持续性发展的基础要素。

九维成熟度评价体系的完整度指标的设计目的是推动政务热线完成高质量运营基础要素的搭建，以全国热线的运营情况集合为参考标准，对标集合进行打分，同时以此指标来衡量政务热线的发展阶段，为各地政务热线发展方向提供参考和对标。

九维成熟度评价体系的完整度指标包括以下几方面。

(1) 服务涵盖范围，包括区长热线、各业务特服号的受理范围。

(2) 服务渠道，包含电话、网站、App、微信、微博等多媒体服务渠道。

(3) 具备针对热线设立、机构组建、运营体系的法律法规文件。

(4) 组织机构指独立挂牌的运营管理机构。

(5) 运营制度指指导日常运营工作的管理制度、管理规范、工作指引等。

(6) 联动体系指联动机制、汇报机制、督办考核、应急措施等各项工作机制。

九维成熟度评价体系的完整度指标与支持度、体验度、标准度有关。

完整的评价可以从政策法规支持、审定机制的差异来评价。评价的层次包括法律法规、政府令、办公厅文、局办文、热线文等。

当前，不少城市都有政府令和办公厅文发布政务热线管理规定，确定了群众反馈问题的承办机制，以保障问题的闭环解决。

早在 2015 年 5 月 18 日，天津市人民政府第 53 次常务会议通过《天津市便民服务专线管理规定》，包括总则、事项办理、专线建设、考核监督、附则 5 章 25 条，自 2015 年 7 月 1 日起施行。

【案例】

《天津市便民服务专线管理规定》中明确规定转办事项的督办规定以及回访机制。

第十二条　专线服务中心应当对转交事项的办理进行跟踪督办，督促承办单位按规定时限办理并报告办理结果。

专线服务中心对责任不清、涉及多个部门的复杂问题，应当报市审批办，由市审批办按照职责明确指定主要责任单位处理，并反馈结果。

市人民政府办公厅经市政府同意，印发《12345 政府服务热线管理办法》，该办法在当年立刻施行。

第十六条　对职责不清的一般事项，热线中心通过快速协调机制确定承办单位。

对涉及多个承办单位职责、管辖界限或法律适用存在争议的疑难复杂事项，热线中心通过会议协调、组织现场踏勘、征求业务指导部门意见、提交市编办或市政府法制办审定、提请市政府协调审定等方式确定承办单位。

通过上述政府政策法规支持，确定政府服务热线疑难问题的承办单位，保障焦点难点问题的解决。

第二节 支持度

九维成熟度评价体系的支持度指标关注各地政务热线所能获得的人力、物力、财力及其他专项支持，确保政务热线在执行战略部署时不受限于资源不足。

九维成熟度评价体系的支持度指标设计目的是推动政务热线主管部门重视政务热线运营，根据合理的数学模型计算排名，确保政务热线能够长期、稳定地发展，为后续实现数据化、智能化运营打下基础。

九维成熟度评价体系的支持度指标包括以下几方面。

(1) 资金支持：政务热线年度运营费用根据地级市所在的区域及 GDP 情况、人口情况、平均话务量价值等进行综合模型的计算对标。

(2) 人员保障：政府部门侧热线运营管理人员的配置情况。

(3) 技术支持：话务平台、业务系统等使用的技术体系。

(4) 基础设施：热线办公场地情况，涉及室内绿化、会议室、茶水间、减压室、休息室、人均座席面积、电力、空调等设施的配置情况。

九维成熟度评价体系的支持度指标与完整度、支持度、数治度、智能度有关。

【案例】

部分城市的《12345 政府服务热线管理办法》中明确规定了热线的建设部门，例如：

第三条 市政务办为热线工作的行政主管部门，负责贯彻执行省、市有关热线建设、管理的总体部署，牵头负责热线建设和管理工作。

第六条 加强智能化建设。热线中心负责建设全市统一的热线信息系统，推进智能化在受理、转办、办理、审核、督办、满意度评价、统计分析、效能监察、绩效考核等方面的应用，实现热线全流程数字化、智能化、可视化。

第七条 统筹大数据建设。热线中心负责建设全市热线数据库，加强热线大数据的分析和应用，实现数据在市、区、街道（镇）三级部门共享共用。

第三节　标准度

九维成熟度评价体系的标准度指标关注政务热线搭建客户中心标准架构，具备完善的运营规范及工作流程，各个工作流程依据运营规范实现高效运作。

九维成熟度评价体系的标准度指标设计目的是推动政务热线运营部门梳理关键流程，提升组织架构与业务流程的标准匹配度，实现政务热线标准化作业。

九维成熟度评价体系的标准度指标包括以下几方面。

(1) 文化战略：自身文化建设情况，明确核心价值、愿景与使命，有中长期战略规划。

(2) 组织架构：合理规划部门设置及职能，具有完整的各岗位责任说明。

(3) 运营体系：业务、质量、培训、知识库等流程完整运营体系。

(4) 人员管理：具备完整的人员招聘、入职与离职管理的制度与流程。

(5) 绩效管理：具备以岗位考核为目标的考核方法，以及有效的奖惩制度。

(6) 信息管理：具备定期对信息系统完整性、适用性与安全性进行评审制度。

(7) 应急管理：依据风险等级制定对应的应急管理措施。

(8) 安全管理：具备安全管理体系，囊括了人员安全管理、物理安全管理与信息安全管理等内容。

九维成熟度评价体系的支持度指标与完整度、开放度、数治度有关。

【案例】

部分城市的《政府服务热线管理办法》中明确规定了热线管理部门的组织架构和标准，例如：

第三条　市政务办为热线工作的行政主管部门，负责贯彻执行省、市有关热线建设、管理的总体部署，牵头负责热线建设和管理工作。

热线受理中心（以下简称热线中心）组织开展热线具体工作，负责事项的受理、转办、协调、督办、回访、归档、考核、公开等日常管理工作，组织实施本办法。

第四条　各区人民政府、市政府各职能部门和国有公共服务企事业单位为热线的承办单位，负责事项的接收、办理、转送、回复、检查，更新政务信息，完善热线知识库。

经热线中心同意，承办单位可根据管理权限，将具有行政管理职能和公共事务管理职能的单位列为下一级承办单位，并加强监督和指导。

各级承办单位根据职责规定分级办理事项，在职责范围内对办理行为和结果负责。

第五条　加强标准化建设。热线执行单轨制闭环运行标准，实现服务、数据、管理的规范化和标准化。

第四节　体验度

九维成熟度评价体系的体验度指标关注政务热线应在市民、承办单位、社会的角度进行策划和设计，从多个角度优化，以找到市民及政府最美好的使用体验。

九维成熟度评价体系的体验度指标设计目的是推动政务热线运营部门从市民体验、承办单位体验、社会整体评价等三个角度出发，优化服务接触点，提升市民对整体体验和影响整体体验的各个属性的满意度。

九维成熟度评价体系的体验度指标包括以下几方面。

(1) 一号接入，包括欢迎语长时长、是否有导航语、导航语的数量及时长。

(2) 服务时效，即根据不同诉求类型，设定的办结时间情况。

(3) 时接通率，包括来电在 15 秒、25 秒内接通情况。

(4) 即时解答率，即话务员在知识库的辅助下，可以直接解答的诉求情况。

(5) 转办及时率，即在转办规定时限内，成功转办的工单情况。

(6) 服务便捷性，即社会对 12345 政务热线的服务便捷性评价。

(7) 热线工单清晰度，即承办单位对热线工单传递信息的评价。

(8) 热线系统的便利性，即承办单位对热线系统的便利性评价。

九维成熟度评价体系的体验度指标与完整度、智能度、标准度有关。

【案例】

部分城市的《政府服务热线管理办法》中明确规定了热线的转办事项的办理期限和评价方式，例如：

第十四条　承办单位对接收的事项进行分类办理：

（一）属于本单位职责的，应当在本办法规定的期限以内办结；

（二）认为不属于本单位职责或热线受理范围的，应当自收到事项之日起 2 日内（指工作日，含本数，下同）申请退回，并说明退回的理由和依据。

第十七条　热线实行事项限时办结制，承办单位应当按照以下规定办理事项：

（一）咨询类事项，自收到事项之日起 2 日内办结；

（二）投诉举报、求助、建议类事项，自收到事项之日起 20 日内办结；

（三）法律、法规、规章、规范性文件规定的期限严于上述期限的，办理期限从其规定。

第十八条　除突发类事项，承办单位在办理期限内无法办结的，应当在办理期限届满前提出延期申请，延期办理以 2 次为限。

办理期限为 20 日的事项，每次延期 10 日；其他办理期限的事项，每次延期的时限和办理期限相同。

第二十二条　热线建立满意度评价机制，由诉求人对话务服务和办理情况进行满意度评价。

满意度评价结果为满意、基本满意、不满意。

第二十三条　首次评价为不满意的事项，发回承办单位重办，重办次数为 1 次，重办期限为 5 日。

第五节　数治度

九维成熟度评价体系的数治度指标关注热线数字治理的程度，从数字治理的定位、数字治理能力建设、数据开发共享和协同机制的建设、数据应用寻找根源问题等维度进行评价。

九维成熟度评价体系的数治度指标设计目的是推动数据管理和应用的组织架

构、运行机制、资源投入、领导支持；提升数据管理与分析能力、数据解读与应用能力、数据文化与数据意识、数据安全管理等能力，同时建立内在有效的驱动机制，以及多部门协同和生态体系建设。

九维成熟度评价体系的数治度指标包括以下几方面。

(1) 数据管理，即具备完整数据管理体系，包括数据管理人员、数据安全、数据标准、数据采集、数据分析、数据反馈闭环运营体系。

(2) 数据应用，即数据涵盖的行业、数据应用的范围、应用的程度。

九维成熟度评价体系的数治度指标与价值度、智能度、影响度有关。

【案例】

部分城市的《政府服务热线管理办法》中明确规定了热线的数据中心的管理，例如：

第三十一条　热线中心加强数据分析，实现数据实时可视化，聚焦社会热点、难点问题，通过工作简报、专报和个性化数据展现等形式，为政府科学决策、精准施政提供依据。

第六节　智能度

九维成熟度评价体系的智能度指标关注政务热线面向渠道侧、服务侧的智能化应用水平，以及支撑智能化可持续性发展的基础要素的建设程度。

九维成熟度评价体系的智能度指标设计目的是应对服务需求增长与有限资源之间的张力，改善政务热线内部运行和管理效率，优化政府部门问题解决能力、协同能力和回应性，改善服务体验，提升服务个性化和自主性，提高政府数据治理能力（风险识别和预警）。

九维成熟度评价体系的智能度指标包括以下几方面。

(1) 支撑体系，具备专项资金投入、专属技术团队、专题研究。

(2) 渠道侧能力，即面向诉求人的智能化服务方式，包括语音导航、智能应答、在线机器人、声文识别、位置定位。

(3) 运营侧能力，即面向内部运营环节，涉及工单自动化、智能监控、智能质检、智能回访、智能培训的运用情况。

九维成熟度评价体系的智能度指标与价值度、开放度、体验度有关。

【案例】

部分城市的《政府服务热线管理办法》中明确规定了热线的智能化提升方向，例如：

第三十四条　热线中心对受理前台服务质量、业务能力和工作效能等进行考核，对承办单位的办理情况、满意度、热线知识库建设更新情况等进行考核，并通报考核结果。考核结果纳入政府目标管理考核体系。

第七节　开放度

九维成熟度评价体系的开放度指标关注政务热线应在政府间、社会、企业、媒体、第三方机构等群体中开放合作的广度与深度。

九维成熟度评价体系的开放度指标设计目的是推动政务热线搭建热线合作生态圈，拓展热线全方位的合作广度与深度，融合多方力量实现政务热线高质量发展。

九维成熟度评价体系的开放度指标包括以下几方面。

(1) 政府间协作，面向政府部门、单位间合作，如人大、政协、信访、公安等。

(2) 社会开放，即面向社会开放的在线大学、志愿者参与情况、社会公益活动举办情况、第三方监督员配置情况。

(3) 政企合作，即面向科技公司、运营企业合作。

(4) 媒体合作，即与官方媒体合作、参办栏目的情况。

(5) 第三方合作，即与行业协会、科研机构、高校的合作情况。

九维成熟度评价体系的开放度指标与价值度、影响度、数治度有关。

【案例】

　　部分城市的《政府服务热线管理办法》中明确了社会媒体监督热线的规定，例如：

　　第三十三条　热线接受媒体监督，定期报道投诉举报案例、发布咨询热点问题和政策解读，提出城市治理的意见和建议。

　　热线制度执行不力和对诉求人合法合理的诉求不积极回应、不及时办理、不耐心解释造成不良影响的承办单位，提交给媒体曝光。

第八节　影响度

　　九维成熟度评价体系的影响度指标关注政务热线以无形或间接的方式对人们认知、行为的影响水平，如市民对政务热线的信任及依赖程度等。

　　九维成熟度评价体系的影响度指标设计目的是推动政务热线加强影响力运营，在行业、社会中构建真正"有血有肉"的便民服务热线。

　　九维成熟度评价体系的影响度指标包括以下几方面。

　　(1) 服务规模，年度服务市民诉求与辖区人口对比情况。

　　(2) 增长趋势，即服务量增长趋势。

　　(3) 品牌识别，即品牌标识、品牌衍生、品牌影响。

　　(4) 行业影响力，即政府内部及行业奖项、国家专利情况。

　　(5) 社会影响力，即媒体宣传报道的关注度。

　　九维成熟度评价体系的影响度指标与价值度、体验度、完整度有关。

第九节　价值度

　　九维成熟度评价体系的价值度指标关注政务热线向行业、向社会、向政府输出的价值，如创造的经济价值、推动行业发展、辅助政府决策等。

　　九维成熟度评价体系的价值度指标设计目的是推动政务热线积极参与价值创造，向政府决策提供支撑、向行业发展提供指导、向社会活动提供支持。

九维成熟度评价体系的价值度指标包括以下几方面。

(1) 面向政府的价值：在推动法律法规、政府管理制度、政务服务体系的完善，辅助政府决策，提升政府服务效能，监督政府执行力等方面的成效。

(2) 面向社会的价值：在挽回经济损失、创造经济价值、剖析社会热点、维护社会稳定、推动社会发展等方面的成效。

(3) 面向行业的价值：在政务热线行业创新工作模式、输出行业标准、推动行业发展等方面的成效。

九维成熟度评价体系的价值度指标与影响度、体验度、开放度有关。

【案例】

部分城市的《政府服务热线管理办法》中明确规定了热线服务中心对社会治理的监督预警作用，例如：

第三十条　热线中心利用热线信息系统，加强对事项的受理、办理、督办等环节的监测、预判和管控，对各环节异常情况进行实时智能预警。

第三十一条　热线中心加强数据分析，实现数据实时可视化，聚焦社会热点、难点问题，通过工作简报、专报和个性化数据展现等形式，为政府科学决策、精准施政提供依据。

九维成熟度评价体系的运用，能够从设计与规划、运营与管理、数据与绩效、客户体验、创新与提高等方面，突破国家和行业现有标准，科学地评价政府服务热线。参考文献

参考文献

[1] 刘淑春 . 数字政府战略意蕴、技术构架与路径设计——基于浙江改革的实践与探索 [J]. 中国行政管理，2018 (9)：37-45.

[2] 北京大学课题组，曾渝，张权 . 平台驱动的数字政府：能力、转型与现代化 [J]. 电子政务，2020 (7)：2-30.

[3] 卓越 . 公共部门绩效评估的主体建构 [J]. 中国行政管理，2004 (5)：17-20.

[4] 徐晓林，明承瀚，陈涛 . 数字政府环境下政务服务数据共享研究 [J]. 行政论坛，2018，25 (1)：50-59.

[5] 沈费伟，诸靖文 . 数据赋能：数字政府治理的运作机理与创新路径 [J]. 政治学研究，2021 (1)：104-115，158.

[6] 张开云，张兴杰，李倩 . 地方政府公共服务供给能力：影响因素与实现路径 [J]. 中国行政管理，2010 (1)：92-95.

[7] 范梓腾，谭海波 . 地方政府大数据发展政策的文献量化研究——基于政策"目标 - 工具"匹配的视角 [J]. 中国行政管理，2017 (12)：46-53.

[8] 陈涛，董艳哲，马亮，等 . 推进"互联网＋政务服务"提升政府服务与社会治理能力 [J]. 电子政务，2016 (8)：1-5.

[9] 周民，贾一苇 . 推进"互联网＋政务服务"，创新政府服务与管理模式 [J]. 电子政务，2016 (6)：73-79.

[10] 陈文 . 政务服务"信息孤岛"现象的成因与消解 [J]. 中国行政管理，2016 (7).

[11] 韩娜娜 . 中国省级政府网上政务服务能力的生成逻辑及模式 ——基于 31 省数据的模糊集定性比较分析 [J]. 公共行政评论，2019，12 (4)：82-100M0005，M0006.

[12] 徐梦周，吕铁 . 赋能数字经济发展的数字政府建设：内在逻辑与创新路径 [J].
　　 学习与探索，2020 (3)：78-85，175.

[13] 郭泽德 . 政务微信助力社会治理创新——以"上海发布"为例 [J]. 电子政务，
　　 2014 (4)：76-83.

[14] 翟云 . 整体政府视角下政府治理模式变革研究——以浙、粤、苏、沪等省级"互
　　 联网 + 政务服务"为例 [J]. 电子政务，2019 (10)：34-45.

[15] 吴克昌，闫心瑶 . 数字治理驱动与公共服务供给模式变革——基于广东省的
　　 实践 [J]. 电子政务，2020 (1)：76-83.

[16] 翟云 . 政府职能转变视角下"互联网 + 政务服务"优化路径探讨 [J]. 国家行
　　 政学院学报，2017 (6)：131-135.